戴葆庭集拓中外錢幣珍品

後學史樹青題

中華書局

圖書在版編目(CIP)數據

戴葆庭集拓中外錢幣珍品/戴葆庭輯;戴志强,沈鳴鏑整理.—2版.—北京:中華書局,2008.4

ISBN 978-7-101-00684-1

Ⅰ.戴… Ⅱ.①戴…②戴…③沈… Ⅲ.貨幣-世界-圖集 Ⅳ.K875.62

中國版本圖書館CIP數據核字(2007)第160203號

戴葆庭集拓中外錢幣珍品

戴葆庭 輯

戴志强 沈鳴鏑 整理

*

中 華 書 局 出 版 發 行

(北京市豐臺區太平橋西里38號 100073)

http://www.zhbc.com.cn

E-mail:zhbc@zhbc.com.cn

北京市白帆印務有限公司印刷

*

787×1092毫米 1/16·52印張·1插頁

1990年4月第1版 2008年4月第2版

2008年4月北京第2次印刷

印數:1501-2500册 定價:248.00元

ISBN 978-7-101-00684-1/H·63

足齋泉拓集珍

啓功題籤

戴葆庭先生

是年四十二歲　攝於一九三六年

出版説明

本書原名《足齋泉拓集珍》，是已故著名錢幣收藏家戴葆庭先生所拓錢拓精品的彙集。戴先生名重海内，所鑒藏錢拓奚啻千萬，所傳錢拓五十年前亦已有名於世。本書是他晚年從所藏中精選而成，故其中多名品、珍品、孤品和絶品，其珍貴處自與一般錢譜不同。

近年來，由於錢幣收藏活動的發展，對錢幣書籍的需要也日益擴大。本書爲錢幣的收藏研究提供了重要的參考資料，它的出版一定會受到錢幣學界的歡迎。

本書拓片絶大部爲戴先生夫人沈燕三女士手拓，極爲精美，其細微處不讓攝影，且較攝影傳神。雖製版印刷後神采略減，但仍足備讀者觀賞。

又，近世鑄幣面值用字頗不統一，或繁或簡，紛錯雜陳，今一仍其舊，不作統一改更。至原幣未標數字者，記其面值時，則一律大寫繁體，以合慣例。

本書承胡修章先生大力協助，採用新式工藝，完成印製工作，在此謹表謝意。

中華書局編輯部

一九八九年七月

足齋泉拓集珍序

千家駒

戴葆庭先生(一八九五——一九七六),號足齋,浙江山陰人,是我國著名的錢幣收藏家和錢幣學家。他出身清寒,酷愛古泉,鍥而不捨,數十年如一日,終成一代泉家。他的業績,至今仍爲錢幣界所稱頌。

葆庭先生爲了收羅古錢,從廿五歲起,浪跡天涯,除新疆、青海、西藏等少數省、區外,都有他的足跡。他深入到窮鄉僻壤,長途跋涉,風雨無阻,寒暑不恤。這不僅使他獲得了大量的珍奇古錢,更重要的是他發掘和搶救了祖國不少寶貴的錢幣文化遺産。他幾乎每天要和錢幣打交道,常常一過手便是幾十、幾百,甚至幾千枚錢幣。在實地考察和反復摩挲中,掌握了别人所無法得到的第一手資料,積累起豐富的經驗。對於錢幣的鑒定,他高人一籌,有超越的眼力,就是這樣長期實踐的結果。

葆庭先生勤奮好學,他雖沒有接受正規的教育,但愛讀史書,勤練書法,好繪水墨蘭花。他幾乎把畢生精力投入錢幣的蒐集和鑒定中去,把它作爲終身事業,因而取得了卓越成就,這決非偶然。二十世紀三四十年代,丁福保先生編纂《古錢大辭典》、《歷代古錢圖説》、《古錢學綱要》以及有關泉學的其他專著,多得力於葆庭先生鼎力協助。五六十年代,彭信威先生編著《中國貨幣史》一書,涉及錢幣方面的論述,也常向葆庭先生請益。一九四〇年,他和丁福保、羅伯昭、鄭家相、王蔭嘉等人共同發起成立「中國泉幣學社」,創辦雙月刊《泉幣》雜誌三十二期,他負責日常工作,任勞任怨,始終如一。

葆庭先生是重然諾,輕名利的人,他待人忠厚,對於事業,從不以名利相爭。對晚生後學,有求必應,從不保守。當别人有危難時,每能慷慨相助,相見以誠。他的這種高尚風格,在泉界同仁中傳爲美談。

葆庭先生蒐集的珍泉,後多歸張叔馴、方若、陳仁濤、羅伯昭以及沈子槎、孫鼎、李蔭軒諸收藏大家。其多數又相繼歸中國歷史博物館、上海博物館和天津歷史博物館珍藏。一九五九年,葆庭先生以包括「平靖勝寶當千」等孤品在内的一百一十九枚太平天國珍稀錢幣,捐贈中國歷史博物館,受到國家文化部的嘉獎。

三十年代有《足齋泉拓》原拓本三册傳世，已爲泉界所熟知。當時每册只收拓片五十幀，計一百五十品。現在由中華書局出版的這本《足齋泉拓集珍》，是葆庭先生在七十高齡時整理集成的，原拓片分裝廿三册，計二千餘幀，今統纂成册，洋洋大觀，實爲葆庭先生畢生蒐集珍泉的一個概覽。這本拓集，以古錢爲主，兼收錢範和中外稀見金銀幣。因它不收普通品、常見品，僅收膾炙人口的名品、珍品、孤品和絶品，故稱「泉拓集珍」，有較高的文物價值。這本拓集雖無文字説明，但每枚錢的入選和排列，處處包含着編纂者的苦心孤詣。如「壹當伯錢」列之於唐，與「得壹元寳」、「順天元寳」同列；「助國元寳」、「牡國元寳」列之於遼，而不作安南錢看待，即爲明證。故此拓集又不失有重大的學術價值。

我還要特别介紹的是，這本拓集的拓本，除個别出於葆庭先生手拓，或他人贈拓者外，均由戴夫人沈燕三精心工拓。夫人追隨先生奔走南北，歷盡甘苦，對於先生之事業，襄助之功，彌足稱頌。

我與葆庭先生無一面之雅，但與葆庭先生之哲嗣志强先生共事有年。志强兄繼承父學，家學淵源，對錢幣造詣之深，不亞其翁。今將其先人手藏珍品付梓，公諸同好，將博得泉學界之歡迎，可以預見，故樂而爲之序。

目録

古錢部分

春秋戰國

布幣

0001 土空首布……一

0002 壬空首布……二

0003 鄅釿空首布……二

0004 市西小化空首布……三

0005 東周空首布……三

0006 東周空首布……四

0007 邵文空首布……四

0008 三川釿空首布……五

0009 武安空首布……五

0010 武安空首布……六

0011 武文空首布……六

0012 武采空首布……七

0013 分布橋足布……七

0014 殽一釿橋足布……八

0015 殽一釿橋足布……八

0016 乐一釿橋足布……八

0017 乐一釿橋足布……九

0018 乐半釿橋足布……九

0019 高安一釿橋足布……九

0020 高安一釿橋足布……一〇

0021 高安一釿橋足布……一〇

0022 文安半釿橋足布……一〇

0023 文安半釿橋足布……一一

0024 圁陽二釿橋足布……一一

0025 圁陽一釿橋足布……一一

0026 圁陽一釿橋足布……一二
0027 甫坂一釿橋足布……一二
0028 陰晉一釿橋足布……一二
0029 陰晉半釿橋足布……一三
0030 安陰二橋足布……一三
0031 安陰橋足布……一三
0032 虒半釿橋足布……一四
0033 共半釿橋足布……一四
0034 安邑半釿橋足布……一四
0035 梁正尚金當寽橋足布(異樣)……一五
0036 涅金鋭角布……一五
0037 涅金鋭角布……一六
0038 盧氏涅金鋭角布……一六
0039 唐是小方足布……一七
0040 唐是小方足布……一七
0041 宅陽小方足布……一七
0042 茲城小方足布……一八
0043 霫小方足布……一八
0044 郞子小方足布……一八
0045 渝小方足布……一九
0046 渝小方足布……一九
0047 渝小方足布……一九
0048 井(尹？ 邢？)陽小方足布……二〇
0049 平備小方足布……二〇
0050 平貝小方足布……二〇
0051 木貝小方足布……二一
0052 奇氏小方足布……二一
0053 壤陰小方足布……二一
0054 木邑小方足布……二二
0055 盧陽小方足布……二二
0056 烏邛小方足布……二二
0057 咎奴小方足布……二三
0058 王氏小方足布……二三
0059 馬服吕小方足布……二三
0060 鄬小方足布……二四
0061 安邑陽小方足布……二四
0062 安陽(陽反書)小方足布……二四
0063 安陽(反文)小方足布……二五

0064 ⿰立長安小方足布……二五
0065 同是小方足布……二五
0066 涅小方足布……二六
0067 涅小方足布……二六
0068 陽是(反文)小方足布……二六
0069 陽是(省筆)小方足布……二七
0070 平陽小方足布……二七
0071 陽邑小方足布……二七
0072 乇邑小方足布……二八
0073 纕坪小方足布……二八
0074 旆錢當折背十貨長布……二九
0075 四錢當折連布……三〇
0076 大陰尖足布……三一
0077 榆即尖足布……三一
0078 邪山尖足布……三二
0079 茲氏尖足布……三二
0080 茲氏尖足布……三三
0081 閔尖足布……三三
0082 閔尖足布……三四
0083 閔小尖足布……三四
0084 成高小尖足布……三五
0085 陽文小尖足布……三五
0086 辛城小尖足布……三五
0087 離石小尖足布……三六
0088 于半小尖足布……三六
0089 昜化小尖足布(異形)……三六
0090 離石圓足布……三七
0091 離石圓足布……三七
0092 閔小圓足布……三八
0093 枲一兩三孔布……三八
0094 枲一兩三孔布……三九
0095 妬邑一兩三孔布……三九
0096 鳶即一兩三孔布……四〇
0097 南行唐十二朱三孔布……四〇
0098 阿十二朱三孔布……四一

刀幣

0099 □針首刀……四二
0100 無文大尖首刀……四三

0101 無文尖首刀……四四
0102 E尖首刀……四四
0103 夂尖首刀……四五
0104 山截首刀……四五
0105 明刀(異文)……四六
0106 齊明刀……四六
0107 博山明刀……四七
0108 小明刀……四七
0109 小明刀……四八
0110 無文小刀……四八
0111 閔字刀……四八
0112 白人刀……四九
0113 城白刀……四九
0114 齊之法化刀,背法甘……五〇
0115 莭鄿之法化刀,背闢封……五一
0116 莭鄿之法化刀,背法甘……五二
0117 莭鄿之法化刀,背大行……五三
0118 小莭鄿法化刀……五四
0119 小莭鄿法化刀……五五
0120 安陽之法化刀……五六
0121 齊建邦㫄法化刀……五七
0122 齊建邦㫄法化刀……五八
0123 齊法化刀(錯範)……五九

蟻鼻錢

0124 君字蟻鼻錢……六〇
0125 金字蟻鼻錢……六〇
0126 王懿榮舊藏蟻鼻錢及題款……六一

楚金版

0127 郢爰……六二
0128 郢爰……六二

圜錢

0129 濟陰……六三
0130 共屯赤金……六四
0131 共屯赤金……六四
0132 共屯赤金……六五
0133 共……六五
0134 閔……六六
0135 黍垣一釿……六六

0136 黍垣一釿……六七
0137 黍垣一釿……六七
0138 黍垣一釿……六八
0139 黍垣一釿……六八
0140 一珠重一兩十二……六九
0141 一珠重一兩十二……六九
0142 一珠重一兩十四……七〇
0143 一珠重一兩十四……七〇
0144 圣坪……七一
0145 西周……七一
0146 西周……七二
0147 渝陽……七二

方孔圓錢

0148 閔……七三
0149 半兩……七三
0150 半兩……七四
0151 半兩(傳書,兩倒書)……七四
0152 半兩(傳書)……七四
0153 半兩(傳書)……七五
0154 半兩(傳書)……七五
0155 半兩(傳書)……七五
0156 半兩(傳書)……七六
0157 半兩(傳書)……七六
0158 兩甾……七六
0159 長安……七七
0160 文信……七七
0161 文信……七七
0162 文信……七七
0163 明四……七八
0164 一化背吉鉛錢……七八
0165 賹六化……七八
0166 賹化……七九
0167 賹化……七九
0168 賹化……七九
0169 賹化……七九
0170 賹化……八〇
0171 賹化……八〇
0172 賹化……八〇

秦

0173 半兩……八一

西漢

0174 八銖半兩，穿下彡……八二
0175 半兩(兩倒書)……八三
0176 四銖半兩，穿下彡……八三
0177 四銖半兩，穿下倒書兩……八三
0178 四銖半兩(重文)……八三
0179 半兩(特厚)……八四
0180 三銖……八四
0181 三銖……八四
0182 三銖……八五
0183 有郭半兩(兩倒書)……八五
0184 丞相四朱……八五
0185 丞相四朱……八五
0186 臨淄四朱……八五
0187 第一重四兩……八六
0188 第七重四兩……八六
0189 第九重四兩……八七
0190 第一……八七
0191 第七……八八
0192 第十……八八
0193 第十八……八九
0194 星座辟关五銖(反書)……八九
0195 辟关五銖(傳書)……八九
0196 四決五銖(傳書)……九〇
0197 五銖……九〇
0198 五銖(大星)……九〇
0199 銀五銖……九〇
0200 上劃小五銖……九〇
0201 闊緣小五銖……九〇
0202 缺筆小五銖……九〇
0203 有郭小五銖……九〇

新

0204 一刀平五千……九一

0205 契刀五百 九二
0206 小泉直一 九二
0207 幺泉一十 九二
0208 幺泉一十 九三
0209 幼泉二十 九三
0210 幼泉二十 九三
0211 中泉三十 九三
0212 中泉三十 九四
0213 壯泉四十 九四
0214 壯泉四十 九四
0215 壯泉四十 九四
0216 壯泉四十 九五
0217 壯泉四十 九五
0218 大泉五十 九五
0219 大泉五十別品 九五
0220 大泉五十別品 九六
0221 大泉五十(重輪傳書) 九六
0222 小布一百 九六
0223 小布一百 九七
0224 幺布二百 九七
0225 幺布二百 九七
0226 幼布三百 九八
0227 幼布三百 九八
0228 序布四百 九八
0229 序布四百 九九
0230 差布五百 九九
0231 差布五百 九九
0232 中布六百 一〇〇
0233 中布六百 一〇〇
0234 壯布七百 一〇〇
0235 壯布七百 一〇一
0236 第布八百 一〇一
0237 第布八百 一〇一
0238 次布九百 一〇二
0239 次布九百 一〇二
0240 大布黄千(異範) 一〇二
0241 四出貨泉 一〇三
0242 貨泉別品 一〇三

0243 貨貨……一〇三
0244 泉泉……一〇三
0245 國寶金匱直萬……一〇四

東漢

0246 續銖……一〇五
0247 双雀五銖……一〇六
0248 四出五銖別品……一〇六

魏晉南北朝

0249 大泉當千……一〇七
0250 大泉當千……一〇八
0251 大泉二千……一〇八
0252 大泉二千……一〇八
0253 大泉二千……一〇八
0254 大泉五千……一〇九
0255 大泉五千……一〇九
0256 平當五銖……一一〇
0257 平當五銖……一一〇
0258 平當五銖……一一〇
0259 平當五銖……一一〇
0260 五五……一一一
0261 朱朱……一一一
0262 太平百錢……一一一
0263 豐貨……一一二
0264 直漢興……一一三
0265 橫漢興……一一三
0266 凉造新泉……一一三
0267 凉造新泉……一一三
0268 大夏真興……一一三
0269 太元貨泉……一一三
0270 大泉五銖……一一三
0271 高昌吉利……一一三
0272 高昌吉利……一一四
0273 兩銖……一一四
0274 永光……一一四
0275 景和……一一四
0276 景和……一一五

0277 小五銖……一一五
0278 梁双星五銖……一一五
0279 闊緣五銖……一一五
0280 大吉五銖……一一六
0281 双柱四出五銖……一一六
0282 太清豐樂……一一六
0283 太清豐樂……一一六
0284 太清豐樂……一一七
0285 太清豐樂……一一七
0286 六銖……一一七
0287 太和五銖……一一七
0288 永通萬國（闊緣）……一一八
0289 五五（合背）……一一八
0290 五銖別品……一一八
0291 五銖別品……一一九
0292 五銖別品……一一九
0293 五銖別品……一一九
0294 五銖別品……一一九
0295 王金五銖……一二〇
0296 王金五銖……一二〇
0297 十五……一二〇
0298 鐵五金……一二〇

唐

0299 開元通寶背雲月……一二一
0300 開元通寶背三雲……一二一
0301 乾元重寶背如意頭……一二二
0302 乾元重寶背雲……一二二
0303 乾元重寶背雲……一二二
0304 乾元重寶背雀……一二二
0305 乾元重寶背雀……一二三
0306 重輪乾元重寶背月……一二三
0307 乾元重寶背十……一二三
0308 乾元重寶闊緣特大錢……一二四
0309 建中通寶……一二四
0310 建中通寶……一二四
0311 建中通寶……一二五
0312 當十開元通寶……一二五

0313 開元通寶(花邊)……………………一二五
0314 開元通寶背永……………………一二五
0315 開元通寶背福……………………一二六
0316 開元通寶背雲紋……………………一二六
0317 咸通玄寶……………………一二六
0318 得壹元寶背月……………………一二六
0319 得壹元寶背月……………………一二七
0320 得壹元寶背四月……………………一二七
0321 得壹元寶背四月……………………一二七
0322 順天元寶闊緣特大錢……………………一二八
0323 順天元寶狹緣背月……………………一二八
0324 壹當伯錢……………………一二八
0325 天授通寶……………………一二九
0326 突騎施開元通寶……………………一二九
0327 突騎施粟特文錢……………………一二九
0328 突騎施粟特文錢……………………一二九
0329 突騎施粟特文錢……………………一三〇
0330 突騎施粟特文錢……………………一三〇
0331 突騎施粟特文錢……………………一三〇

五代十國

0332 開平元寶……………………一三二
0333 天成元寶……………………一三三
0334 天成元寶……………………一三三
0335 天成元寶……………………一三三
0336 天成元寶……………………一三三
0337 天成元寶……………………一三三
0338 天成元寶……………………一三三
0339 清泰元寶……………………一三三
0340 天福元寶(大樣)……………………一三四
0341 天福元寶(傳書)……………………一三四
0342 周元通寶背星月……………………一三四
0343 永平元寶……………………一三四
0344 通正元寶(大樣)……………………一三五
0345 廣政通寶……………………一三五
0346 廣政通寶……………………一三五
0347 廣政通寶……………………一三五
0348 廣政通寶……………………一三六

0349 鐵廣政通寶……一三六
0350 大蜀通寶……一三六
0351 大蜀通寶……一三六
0352 鉛開元通寶背閩月……一三七
0353 鉛開元通寶背閩月……一三七
0354 鉛開元通寶背閩月……一三八
0355 鐵開元通寶背星……一三八
0356 鐵永隆通寶背閩月……一三九
0357 鐵永隆通寶背閩月星……一三九
0358 天德重寶背殷……一四〇
0359 天德重寶背殷……一四〇
0360 天策府寶……一四一
0361 天策府寶……一四一
0362 天策府寶……一四二
0363 天策府寶……一四二
0364 鎏金天策府寶……一四三
0365 鎏金天策府寶……一四三
0366 乾封泉寶背天府……一四四
0367 乾封泉寶背天府……一四四
0368 乾封泉寶背天……一四五
0369 乾封泉寶背天……一四五
0370 鐵乾封泉寶背天策……一四六
0371 鐵乾封泉寶背天策……一四六
0372 鐵乾封泉寶背天策……一四七
0373 鐵乾封泉寶背天……一四七
0374 鐵乾封泉寶背天……一四八
0375 鐵乾封泉寶背策……一四八
0376 乾元重寶……一四八
0377 大齊通寶……一四九
0378 保大元寶背天……一四九
0379 保大元寶背天……一四九
0380 保大元寶背天……一五〇
0381 保大元寶背天……一五〇
0382 鐵保大元寶背天……一五〇
0383 鐵保大元寶背天……一五一
0384 開元通寶闊緣……一五一
0385 開元通寶闊緣背星月……一五一
0386 開元通寶闊緣背月……一五二

0387 開元通寶闊緣背月……一五二
0388 開元通寶大錢……一五二
0389 開元通寶大錢……一五三
0390 開元通寶大錢背仰月……一五三
0391 開元通寶大錢背俯月……一五四
0392 永通泉貨（八分書）……一五四
0393 永通泉貨（篆書）……一五五
0394 永通泉貨（篆書）……一五五
0395 永通泉貨（篆書）……一五五
0396 永通泉貨（篆書）……一五六
0397 乾亨通寶……一五六
0398 乾亨通寶……一五六
0399 通行泉貨……一五七
0400 鐵永安一十……一五七
0401 鐵永安五百……一五七
0402 鐵順天元寶背月當十……一五八
0403 鐵順天元寶背月當百……一五八

北宋

0404 宋元通寶鐵母……一五九
0405 宋元通寶背星鐵母……一五九
0406 宋元通寶鐵母（大字）……一六〇
0407 太平通寶背寄角星……一六〇
0408 太平通寶鐵母……一六〇
0409 太平通寶鐵母……一六〇
0410 太平通寶鐵母……一六一
0411 太平通寶背星大鐵錢……一六一
0412 縮水淳化元寶……一六二
0413 縮水淳化元寶……一六二
0414 草書淳化元寶鐵母……一六二
0415 草書淳化元寶鐵母……一六二
0416 祥符元寶背日月……一六三
0417 祥符元寶折二鐵母……一六三
0418 祥符元寶折三鐵母……一六三
0419 祥符元寶折三鐵母……一六四
0420 祥符元寶大錢……一六四

0421 天禧通寶(大樣)……一六五
0422 天禧通寶折二鐵母……一六五
0423 真書天聖元寶折二鐵母……一六五
0424 九疊篆皇宋通寶……一六六
0425 九疊篆皇宋通寶……一六六
0426 真書皇宋通寶鐵母……一六六
0427 康定元寶鐵錢……一六六
0428 慶曆重寶鐵母……一六七
0429 慶曆重寶平錢……一六七
0430 至和元寶(美製)……一六七
0431 至和重寶背虢……一六八
0432 至和重寶(虢背型)……一六八
0433 至和重寶(坊背型)……一六八
0434 至和重寶(坊背型)……一六九
0435 熙寧元寶背衡……一六九
0436 熙寧元寶背衡……一六九
0437 真書熙寧重寶折二、直讀……一七〇
0438 真書熙寧通寶折二鐵母……一七〇
0439 真書熙寧通寶折三鐵母……一七〇
0440 真書熙寧通寶折三鐵母……一七一
0441 篆書元豐通寶背仰月……一七一
0442 篆書元豐通寶背俯月……一七一
0443 隸書元豐通寶鐵母……一七二
0444 隸書元豐通寶鐵母……一七二
0445 隸書元豐通寶鐵母……一七二
0446 篆書元豐通寶折三鐵母……一七二
0447 篆書元豐通寶折三鐵母……一七三
0448 篆書元豐通寶背月折三鐵母……一七三
0449 行書元豐通寶折三鐵母……一七三
0450 行書元豐通寶折三鐵母……一七四
0451 行書元豐通寶折三鐵母……一七四
0452 篆書元豐重寶……一七四
0453 行書元祐通寶背陝……一七五
0454 篆書元祐通寶背陝……一七五
0455 篆書元祐通寶折三鐵母……一七五
0456 篆書元豐通寶折三鐵母……一七六
0457 行書元豐通寶折三鐵母……一七六
0458 行書元豐通寶折三鐵母……一七六

0459 行書元豐通寶折三鐵母……一七七
0460 隸書紹聖元寶……一七七
0461 隸書紹聖元寶折二……一七七
0462 篆書紹聖元寶折三鐵母……一七八
0463 篆書紹聖元寶折三鐵母……一七八
0464 篆書紹聖元寶折三鐵母……一七八
0465 行書紹聖元寶折三鐵母……一七九
0466 行書紹聖元寶折三鐵母……一七九
0467 行書紹聖元寶折三鐵母……一七九
0468 行書紹聖元寶折三鐵母……一八〇
0469 行書紹聖元寶折三鐵母……一八〇
0470 行書紹聖元寶折三鐵母……一八〇
0471 紹聖通寶鐵錢……一八一
0472 紹聖通寶鐵母……一八一
0473 紹聖通寶鐵母……一八一
0474 紹聖通寶鐵母……一八一
0475 紹聖通寶背施鐵母……一八二
0476 篆書元符通寶樣錢……一八二
0477 篆書元符通寶背上鐵母……一八二
0478 隸書元符通寶背上鐵母……一八二
0479 真書元符通寶鐵母……一八三
0480 真書元符通寶鐵母……一八三
0481 篆書元符通寶折三鐵母……一八三
0482 行書元符通寶折三鐵母……一八四
0483 元符重寶鐵母……一八四
0484 建國通寶……一八四
0485 真書聖宋元寶（木宋）……一八五
0486 篆書聖宋元寶（木宋）……一八五
0487 篆書聖宋元寶背上……一八五
0488 隸書聖宋元寶……一八五
0489 隸書聖宋元寶……一八六
0490 隸書聖宋元寶折三鐵母背月……一八六
0491 隸書聖宋元寶折三鐵母……一八六
0492 行書聖宋元寶折三鐵母……一八六
0493 行書聖宋元寶折三鐵母……一八七
0494 篆書聖宋通寶當伍……一八七
0495 真書聖宋通寶當伍……一八七
0496 崇寧通寶小平（闊緣大樣）……一八七

0497 崇寧通寶小平（背星）……………………一八八
0498 崇寧通寶小平（異書）……………………一八八
0499 崇寧通寶（異範）……………………一八八
0500 崇寧通寶鐵母……………………一八九
0501 崇寧通寶（長尾通）……………………一八九
0502 崇寧通寶（長尾大樣）……………………一八九
0503 崇寧通寶（大字）……………………一九〇
0504 崇寧通寶（大字）……………………一九〇
0505 崇寧通寶（大字）……………………一九〇
0506 崇寧重寶（異書）……………………一九一
0507 崇寧重寶（異書）……………………一九一
0508 崇寧重寶（闊緣）……………………一九一
0509 崇寧重寶背十……………………一九二
0510 崇寧重寶背式……………………一九二
0511 崇寧重寶背月……………………一九二
0512 崇寧重寶背直紋……………………一九三
0513 崇寧重寶鐵母……………………一九三
0514 崇寧元寶……………………一九四
0515 崇寧元寶……………………一九四
0516 行書大觀通寶……………………一九四
0517 大觀通寶特大錢……………………一九五
0518 真書政和通寶（長尾）……………………一九六
0519 真書政和通寶（抱正）……………………一九六
0520 真書政和通寶（真正）……………………一九六
0521 隸書政和通寶折三鐵母……………………一九六
0522 隸書政和通寶折三鐵母……………………一九七
0523 隸書政和通寶折三鐵母……………………一九七
0524 隸書政和通寶折三鐵母……………………一九七
0525 隸書政和通寶折三鐵母……………………一九八
0526 隸書政和通寶折三鐵母……………………一九八
0527 隸書政和通寶折三鐵母……………………一九八
0528 隸書政和通寶折三鐵母……………………一九九
0529 隸書政和通寶折三鐵母……………………一九九
0530 隸書政和通寶折三鐵母……………………一九九
0531 隸書政和通寶折三鐵母……………………二〇〇
0532 隸書政和通寶折三鐵母（異體）……………………二〇〇
0533 隸書政和通寶折三鐵母（闊緣）……………………二〇〇
0534 隸書政和通寶折三鐵母（闊緣）……………………二〇一

0535 篆書政和通寶折三鐵母(闊緣)……二〇一
0536 篆書政和通寶折三鐵母(闊緣)……二〇一
0537 篆書政和通寶折三鐵母……二〇二
0538 篆書政和通寶折二鐵母……二〇二
0539 真書政和重寶鐵母……二〇二
0540 真書政和重寶鐵母……二〇三
0541 篆書重和通寶……二〇三
0542 隸書重和通寶……二〇三
0543 篆書宣和元寶(闊元)……二〇三
0544 隸書宣和元寶(闊元)……二〇四
0545 篆書宣和元寶(正様)……二〇四
0546 隸書宣和元寶(正様)……二〇四
0547 篆書宣和元寶(降和)……二〇四
0548 隸書宣和元寶(降和)……二〇五
0549 篆書宣和元寶(細緣長宣)……二〇五
0550 隸書宣和元寶(大様大字)……二〇五
0551 篆書宣和通寶金錢……二〇五
0552 宣和通寶背陜……二〇六
0553 真書宣和通寶(旋讀)……二〇六
0554 篆書宣和通寶鐵母……二〇六
0555 篆書宣和通寶鐵母……二〇六
0556 隸書宣和通寶鐵母……二〇七
0557 篆書宣和通寶(鉅頭)……二〇七
0558 隸書宣和通寶(鉅頭)……二〇七
0559 篆書宣和通寶(離寶)……二〇七
0560 隸書宣和通寶(離寶)……二〇八
0561 隸書宣和通寶(離寶大字)……二〇八
0562 篆書宣和通寶(闊緣寄郭)……二〇八
0563 篆書宣和通寶(細緣大様)……二〇八
0564 篆書宣和通寶(肥郭)……二〇九
0565 隸書宣和通寶(異宣)……二〇九
0566 隸書宣和通寶折二鐵母……二〇九
0567 隸書宣和通寶折二鐵母……二〇九
0568 隸書宣和通寶折三鐵母……二一〇
0569 篆書靖康通寶鐵母……二一〇
0570 隸書靖康通寶鐵母……二一〇
0571 隸書靖康通寶鐵母……二一一
0572 真書靖康通寶背四決……二一一

0573 真書靖康通寶(大字)……二二一
0574 真書靖康通寶(闊緣)……二二一
0575 篆書靖康通寶(大字)……二二二
0576 真書靖康通寶折二(闊緣)……二二二
0577 篆書靖康通寶(闊緣)……二二二
0578 篆書靖康通寶(大字)……二二二
0579 篆書靖康通寶……二二三
0580 隸書靖康元寶……二二三
0581 隸書靖康元寶折二(小樣)……二二三
0582 應感通寶……二二三
0583 應感通寶……二二四
0584 應感通寶……二二四
0585 應感通寶鐵錢……二二四
0586 應運元寶……二二四
0587 應運通寶鐵錢……二二五
0588 應運通寶鐵錢……二二五
0589 應感應運鐵錢題記……二二五

南宋

0590 篆書建炎元寶小平……二二七
0591 篆書建炎元寶小平……二二七
0592 隸書建炎元寶小平……二二八
0593 隸書建炎元寶小平……二二八
0594 篆書建炎通寶小平鐵母……二二八
0595 真書建炎通寶小平大樣……二二八
0596 篆書紹興元寶小平……二二九
0597 真書紹興元寶小平……二二九
0598 紹興通寶小平鐵母……二二九
0599 紹興通寶折二鐵母……二二九
0600 紹興通寶折三(旋讀)……二三〇
0601 真書乾道元寶小錢……二三〇
0602 真書乾道元寶小平背同鐵母……二三〇
0603 真書乾道元寶折二背正……二三一
0604 真書乾道元寶折二背松鐵母……二三一
0605 真書乾道元寶折二鐵母……二三一
0606 真書淳熙元寶小平背舒同鐵錢……二三一

0607 真書淳熙元寶小平背春鐵錢……二二二
0608 真書淳熙元寶小平鐵錢……二二二
0609 真書淳熙元寶小平鐵母……二二二
0610 真書淳熙元寶小平鐵母……二二二
0611 真書淳熙元寶折二背正……二二三
0612 真書淳熙元寶折二背冶鐵錢……二二三
0613 真書淳熙元寶折二背冶鐵錢……二二三
0614 真書淳熙元寶折二背舒松月鐵錢……二二三
0615 真書淳熙元寶折二背利鐵母……二二四
0616 真書淳熙元寶折二背利鐵母……二二四
0617 篆書淳熙元寶折二背利鐵母……二二四
0618 篆書淳熙通寶小平背月……二二四
0619 紹熙元寶小鐵錢……二二五
0620 紹熙元寶折二背光二鐵錢……二二五
0621 紹熙元寶折二背春元鐵母……二二五
0622 紹熙元寶折三背：）四七鐵母……二二五
0623 紹熙通寶背四大錢……二二六
0624 慶元通寶直讀小平背春元鐵母……二二六
0625 慶元通寶旋讀背：）鐵母……二二六
0626 嘉泰元寶折三背川二卅九鐵母……二二七
0627 嘉泰通寶折二背漢二鐵母……二二七
0628 開禧通寶折二背同三鐵母……二二七
0629 開禧通寶背利大錢……二二八
0630 開禧通寶背利大錢……二二八
0631 嘉定通寶折二背漢二鐵母……二二九
0632 嘉定通寶折二背漢五鐵母……二二九
0633 嘉定通寶折二背漢十五鐵母……二二九
0634 嘉定通寶折二背春八鐵母……二二九
0635 嘉定通寶折二背春十四鐵母……二三〇
0636 嘉定通寶折二背春十六鐵母……二三〇
0637 嘉定通寶背西四伍鐵母……二三〇
0638 嘉定元寶背利州一鐵母……二三一
0639 嘉定元寶背利州二鐵母……二三一
0640 嘉定元寶背利州伍鐵母……二三一
0641 嘉定元寶背利壹⧖鐵母……二三三
0642 篆書嘉定元寶背三三鐵錢……二三三
0643 嘉定安寶背三鐵錢……二三三
0644 嘉定大寶背：）鐵錢……二三三

0645 大宋通寶背當拾……二三三
0646 大宋通寶背當拾……二三四
0647 端平元寶背定伍北上鐵母……二三四
0648 端平元寶背定伍北下鐵母……二三五
0649 端平元寶背定伍東下鐵母……二三五
0650 端平元寶背定伍東下鐵母……二三五
0651 端平通寶背惠伍東中鐵母……二三六
0652 端平重寶……二三六
0653 嘉熙通寶背十西一鐵錢……二三六
0654 淳祐通寶小平……二三七
0655 淳祐通寶折二……二三七
0656 淳祐通寶折二……二三七
0657 淳祐通寶折三……二三七
0658 淳祐通寶折三……二三八
0659 淳祐通寶折三……二三八
0660 淳祐通寶當百（中樣）……二三八
0661 銀太平通寶……二三九
0662 太平通寶……二三九
0663 太平通寶……二三九
0664 太平通寶……二四〇
0665 太平通寶……二四〇
0666 太平通寶……二四〇
0667 臨安府行用準壹拾文省鉛牌……二四一
0668 臨安府行用準貳伯文省銅牌……二四一
0669 臨安府行用準貳伯文省銅牌……二四一
0670 臨安府行用準貳伯文省銅牌……二四二
0671 臨安府行用準貳伯文省銅牌……二四二
0672 臨安府行用準貳伯文省銅牌……二四二
0673 臨安府行用準貳伯文省銅牌……二四三
0674 臨安府行用準叁伯文省銅牌……二四三
0675 臨安府行用準叁伯文省銅牌……二四三
0676 臨安府行用準叁伯文省銅牌……二四四
0677 臨安府行用準叁伯文省銅牌……二四四
0678 臨安府行用準叁伯文省銅牌……二四四
0679 臨安府行用準伍伯文省銅牌……二四五
0680 臨安府行用準伍伯文省銅牌……二四五
0681 臨安府行用準伍伯文省銅牌……二四六
0682 臨安府行用準伍伯文省銅牌……二四六

0683 臨安府行用準伍伯文省銅牌……二四七
0684 招納信寶背使上……二四七
0685 招納信寶背使上……二四八
0686 招納信寶背使上……二四八
0687 招納信寶背使上……二四八

遼

0688 助國元寶……二四九
0689 牡國元寶……二四九
0690 天贊通寶……二五〇
0691 天贊通寶……二五〇
0692 天贊通寶……二五〇
0693 天顯通寶……二五〇
0694 應曆通寶……二五一
0695 統和元寶……二五一
0696 統和元寶……二五一
0697 統和元寶……二五一
0698 統和元寶……二五二
0699 統和元寶……二五二
0700 至道元寶……二五二
0701 清寧元寶……二五三
0702 清寧元寶……二五三
0703 壽昌元寶(折二異書)……二五四
0704 乾統通寶……二五四
0705 乾統元寶……二五四
0706 乾統元寶……二五五
0707 大遼天慶……二五五
0708 天朝萬順(契丹大字)……二五六
0709 天朝萬順(契丹大字)……二五六
0710 契丹大字錢(?)……二五七
0711 福壽永昌(契丹小字)……二五七
0712 千秋萬歲……二五七
0713 千秋萬歲……二五八
0714 千秋萬歲……二五八
0715 千秋萬歲……二五九
0716 千秋萬歲……二五九

西夏

0717 福聖寶錢（西夏文）……二六〇
0718 大安寶錢（西夏文）……二六〇
0719 大安寶錢（西夏文）……二六一
0720 貞觀寶錢（西夏文）……二六一
0721 貞觀寶錢（西夏文）……二六一
0722 元德通寶……二六一
0723 元德重寶……二六二
0724 大德通寶……二六二
0725 天盛元寶……二六二
0726 天盛元寶背西鐵母……二六三
0727 乾祐寶錢（西夏文）……二六三
0728 真書乾祐元寶鐵母……二六三
0729 真書乾祐元寶鐵母……二六三
0730 真書乾祐元寶……二六四
0731 真書乾祐元寶……二六四
0732 行書乾祐元寶……二六四
0733 行書乾祐元寶……二六四
0734 天慶寶錢（西夏文）……二六五
0735 天慶寶錢（西夏文）……二六五
0736 天慶寶錢（西夏文）……二六五
0737 天慶元寶……二六五

金

0738 正隆元寶（出頭正）……二六六
0739 大定通寶背申……二六六
0740 大定通寶花背……二六七
0741 泰和通寶小平……二六七
0742 泰和通寶小平……二六七
0743 泰和通寶折二（闊緣）……二六七
0744 泰和通寶折二（細緣）……二六八
0745 泰和通寶折二……二六八
0746 泰和通寶折三……二六八
0747 泰和通寶折三……二六九
0748 泰和通寶折三……二六九
0749 泰和通寶折三……二六九
0750 泰和通寶折十……二七〇

0751 泰和重寶花背……二七〇
0752 泰和重寶……二七一
0753 泰和重寶……二七二
0754 崇慶通寶小平……二七三
0755 貞祐通寶小平……二七三
0756 貞祐通寶折三……二七三
0757 篆書阜昌元寶……二七四
0758 真書阜昌元寶……二七四
0759 真書阜昌元寶……二七四
0760 篆書阜昌通寶……二七四
0761 篆書阜昌通寶……二七五
0762 真書阜昌通寶……二七五
0763 真書阜昌通寶……二七五
0764 篆書阜昌重寶……二七六
0765 真書阜昌重寶……二七六
0766 阜昌通寶大錢……二七七

元

0767 銀大朝通寶……二七八
0768 銀大朝通寶……二七八
0769 中統元寶……二七九
0770 中統元寶……二七九
0771 中統元寶背四星……二七九
0772 中統元寶背四星……二七九
0773 至元通寶背玉……二八〇
0774 至元通寶背玉……二八〇
0775 篆書至元通寶……二八〇
0776 至元通寶折二……二八〇
0777 元貞通寶（蒙文）……二八一
0778 元貞通寶……二八一
0779 元貞通寶……二八一
0780 大德通寶（蒙文）……二八二
0781 大德通寶（蒙文）……二八二
0782 大德通寶（蒙文）……二八二
0783 大德通寶……二八三
0784 大德通寶……二八三
0785 至大通寶折二……二八三
0786 大元通寶（蒙文闊緣）……二八四

0787 大元通寶……二八四
0788 大元通寶……二八四
0789 大元通寶……二八五
0790 大元國寶背龍紋……二八五
0791 大元國寶背龍紋……二八六
0792 延祐元寶……二八六
0793 延祐元寶……二八六
0794 延祐三年背寶鈔平一……二八七
0795 延祐三年背大元通寶……二八七
0796 至治通寶大錢……二八七
0797 泰定通寶……二八八
0798 泰定元寶……二八八
0799 至正通寶折二（[illegible]二）……二八八
0800 至正通寶折三（[illegible]）……二八九
0801 至正通寶折五（[illegible]）……二八九
0802 至正通寶折五（[illegible]五）……二九〇
0803 至正通寶折十（[illegible]十）……二九〇
0804 至正通寶折十（[illegible]十）……二九一
0805 至正背穆清銅寶……二九一
0806 至正背穆清銅寶……二九一
0807 至正元寶背吉權鈔伍分……二九二
0808 至正元寶背吉權鈔伍分……二九二
0809 至正元寶背吉權鈔伍分……二九三
0810 至正元寶背吉權鈔伍分……二九三
0811 至正元寶背吉權鈔壹錢……二九四
0812 至正元寶背吉權鈔壹錢伍分……二九五
0813 至正元寶背吉權鈔弍錢伍分……二九六
0814 至正元寶背吉權鈔伍錢……二九七
0815 貳拾伍文背[illegible]……二九八
0816 龍鳳通寶小平……二九九
0817 龍鳳通寶小平……二九九
0818 龍鳳通寶折二……二九九
0819 龍鳳通寶折二……二九九
0820 龍鳳通寶折三……三〇〇
0821 龍鳳通寶折三……三〇〇
0822 龍鳳通寶折三……三〇〇
0823 龍鳳通寶折三……三〇一
0824 天啓通寶小平……三〇一

0825 天啓通寶小平……三〇一
0826 天啓通寶小平……三〇二
0827 天啓通寶小平……三〇二
0828 天啓通寶折二……三〇二
0829 篆書天啓通寶折二……三〇三
0830 天啓通寶折三……三〇三
0831 天啓通寶折三……三〇三

明

0832 大中通寶折三背京……三〇四
0833 大中通寶折三背京……三〇四
0834 大中通寶折五背京……三〇五
0835 大中通寶折五背北平……三〇五
0836 大中通寶折三背鄂……三〇六
0837 大中通寶折三背鄂……三〇六
0838 大中通寶折五背鄂……三〇六
0839 大中通寶折五背鄂……三〇七
0840 大中通寶小平背濟……三〇七
0841 大中通寶小平背福……三〇七
0842 大中通寶背二福……三〇八
0843 大中通寶背五福……三〇八
0844 大中通寶背五福……三〇九
0845 大中通寶背桂三……三〇九
0846 大中通寶背桂五……三一〇
0847 大中通寶背桂五……三一〇
0848 大中通寶小平背廣……三一一
0849 大中通寶背廣二……三一一
0850 大中通寶背廣三……三一一
0851 洪武通寶折二……三一二
0852 洪武通寶折三……三一二
0853 洪武通寶折三……三一二
0854 洪武通寶折五……三一二
0855 洪武通寶背三……三一三
0856 洪武通寶背十(折二型)……三一三
0857 洪武通寶折二背北平……三一三
0858 洪武通寶折三背北平……三一四
0859 洪武通寶折五背北平……三一四
0860 洪武通寶背二福……三一四

0861 洪武通寶背三福……三一五
0862 洪武通寶背桂二……三一五
0863 洪武通寶小平背鄂……三一五
0864 洪武通寶折二背鄂……三一六
0865 洪武通寶折三背鄂……三一六
0866 洪武通寶折三背濟……三一六
0867 洪武通寶折三背濟……三一七
0868 洪武通寶折五背濟……三一七
0869 洪武通寶小平背廣……三一七
0870 洪武通寶背廣五……三一八
0871 洪武通寶背廣五……三一八
0872 弘治通寶大錢……三一九
0873 嘉靖通寶背二錢……三一九
0874 嘉靖通寶背二錢……三一九
0875 嘉靖通寶背二錢……三二〇
0876 嘉靖通寶背二錢……三二〇
0877 嘉靖通寶背三錢……三二〇
0878 嘉靖通寶背五錢……三二一
0879 嘉靖通寶背十·一兩雕母……三二一
0880 嘉靖通寶背十·一兩雕母……三二二
0881 嘉靖通寶背十·一兩雕母……三二二
0882 嘉靖通寶異書大錢……三二三
0883 萬曆通寶小平雕母……三二三
0884 萬曆通寶小平背正……三二三
0885 萬曆通寶小平背正……三二四
0886 萬曆通寶小平背月……三二四
0887 萬曆通寶小平背孕月……三二四
0888 萬曆通寶折二背星月……三二四
0889 萬曆通寶折二背文……三二五
0890 萬曆通寶礦銀……三二五
0891 萬曆通寶礦銀……三二五
0892 萬曆通寶礦銀……三二五
0893 萬曆通寶礦銀四錢……三二六
0894 銀萬曆年造背二錢……三二六
0895 萬曆通寶大錢……三二七
0896 泰昌通寶(大字)……三二八
0897 天啓通寶背一錢……三二八
0898 天啓通寶背雲紋……三二八

0899 天啓元年背一錢……三二八
0900 崇禎通寶背星母錢……三二九
0901 崇禎通寶背八……三二九
0902 崇禎通寶背制……三二九
0903 崇禎通寶背嘉……三二九
0904 崇禎通寶背嘉……三三〇
0905 崇禎通寶背行……三三〇
0906 崇禎通寶背寧……三三〇
0907 崇禎通寶背上下沪……三三〇
0908 崇禎通寶背勅二……三三一
0909 崇禎通寶背勅二……三三一
0910 崇禎通寶背局‖……三三一
0911 崇禎通寶背‖……三三一
0912 崇禎通寶背四沪……三三二
0913 崇禎通寶大錢……三三二
0914 崇禎通寶背十·二兩……三三三
0915 大明通寶大錢……三三三
0916 弘光通寶折二(異書)……三三四
0917 隆武通寶背南……三三四
0918 永曆通寶背道……三三四
0919 大順通寶背川户……三三四
0920 金西王賞功……三三五
0921 銀西王賞功……三三五
0922 西王賞功……三三六
0923 利用通寶背十鐵錢……三三六
0924 利用通寶背壹分(横書)……三三七
0925 利用通寶背一分(横書)……三三七
0926 洪化通寶背壹乂……三三八
0927 裕民通寶背一兩……三三八

清

0928 天命通寶小平(滿文)……三三九
0929 天命通寶折十(滿文)……三四〇
0930 天命通寶小平……三四〇
0931 天命通寶折十……三四一
0932 天聰通寶背當十(滿文)……三四一
0933 順治通寶背東一厘母錢……三四二
0934 順治通寶背東一厘……三四二

0935 順治通寶背宣（穿上）…………三四二
0936 順治通寶背□原…………三四二
0937 順治通寶背福（滿漢文）母錢…………三四三
0938 順治通寶背寶泉…………三四三
0939 順治通寶背十·一兩…………三四三
0940 康熙通寶背西（滿漢文）…………三四四
0941 康熙通寶背鞏（滿漢文）…………三四四
0942 康熙通寶□福母錢…………三四四
0943 康熙通寶寶源大錢…………三四五
0944 雍正通寶小平寶泉雕母…………三四五
0945 雍正通寶折二寶泉雕母…………三四五
0946 雍正通寶折二寶源雕母…………三四六
0947 乾隆通寶寶泉雕母…………三四六
0948 乾隆通寶寶泉雕母…………三四六
0949 乾隆通寶寶泉大錢…………三四七
0950 乾隆通寶寶浙雕母…………三四七
0951 乾隆通寶喀十雕母…………三四七
0952 康熙通寶背乾隆通寶樣錢…………三四八
0953 嘉慶通寶寶泉雕母…………三四八
0954 嘉慶通寶寶泉雕母…………三四八
0955 嘉慶通寶寶源雕母…………三四八
0956 嘉慶通寶背天下太平樣錢…………三四九
0957 道光通寶寶泉雕母…………三四九
0958 道光通寶寶源雕母…………三四九
0959 道光通寶寶源雕母…………三五〇
0960 道光通寶寶源雕母…………三五〇
0961 道光通寶寶源雕母…………三五〇
0962 道光通寶阿克蘇八年二十…………三五〇
0963 咸豐通寶寶泉母錢…………三五一
0964 咸豐通寶寶泉母錢…………三五一
0965 咸豐通寶寶泉母錢…………三五一
0966 咸豐通寶寶泉母錢…………三五一
0967 咸豐通寶寶泉五文雕母…………三五二
0968 咸豐通寶寶泉五文雕母…………三五二
0969 咸豐通寶寶泉拾文…………三五二
0970 咸豐通寶寶泉拾文雕母…………三五三
0971 咸豐重寶寶泉當五…………三五三
0972 咸豐重寶寶泉當五…………三五三

0973 咸豐重寶寶泉當五……三五四
0974 咸豐重寶寶泉伍文雕母……三五四
0975 咸豐重寶寶泉當十雕母……三五四
0976 咸豐重寶寶泉當十雕母……三五五
0977 咸豐重寶寶泉當十雕母……三五五
0978 咸豐重寶寶泉當十雕母……三五五
0979 咸豐重寶寶泉拾文……三五六
0980 咸豐重寶寶泉當五十雕母……三五六
0981 咸豐重寶寶泉當百雕母……三五七
0982 咸豐元寶寶泉當百牙樣……三五八
0983 咸豐元寶寶泉當二百星月雕母……三五八
0984 咸豐元寶寶泉當五百雕母……三五九
0985 咸豐元寶寶泉鎮庫……三六〇
0986 咸豐通寶寶源雕母……三六二
0987 咸豐重寶寶源當十雕母……三六二
0988 咸豐重寶寶源當五十（四星）……三六二
0989 咸豐元寶寶源當五百雕母……三六三
0990 寶源局造鎮庫……三六四
0991 咸豐通寶寶浙雕母……三六六
0992 咸豐通寶寶浙當五……三六六
0993 咸豐重寶背浙（滿漢文）當十……三六六
0994 咸豐重寶背浙（滿漢文）當十……三六七
0995 咸豐重寶背浙（滿漢文）當十……三六七
0996 咸豐重寶背浙（滿漢文）當十……三六七
0997 咸豐重寶寶浙當二十……三六八
0998 咸豐重寶背浙（滿漢文）當二十……三六八
0999 咸豐重寶背浙（滿漢文）當二十……三六九
1000 咸豐重寶寶浙當三十……三六九
1001 咸豐重寶寶浙當三十……三六九
1002 咸豐重寶背浙（滿漢文）當三十……三七〇
1003 咸豐重寶背浙（滿漢文）當三十……三七〇
1004 咸豐重寶寶浙當四十……三七一
1005 咸豐重寶背浙（滿漢文）當四十……三七一
1006 咸豐重寶寶浙當五十……三七二
1007 咸豐重寶背浙（滿漢文）當五十……三七二
1008 咸豐重寶背浙（滿漢文）當百……三七三
1009 咸豐重寶寶浙穿上十……三七四
1010 咸豐重寶寶浙穿上百……三七四

1011 咸豐通寶寶蘇雕母……三七五
1012 咸豐通寶寶蘇雕母……三七五
1013 咸豐重寶寶蘇花錢……三七五
1014 咸豐重寶寶蘇當五……三七六
1015 咸豐重寶寶蘇當十……三七六
1016 咸豐重寶寶蘇當二十……三七六
1017 咸豐重寶寶蘇當三十……三七七
1018 咸豐重寶寶蘇當三十……三七七
1019 咸豐重寶寶蘇當五十……三七八
1020 咸豐重寶寶蘇當五十……三七八
1021 咸豐重寶寶蘇當五十……三七九
1022 咸豐重寶寶蘇當五十(花邊)……三七九
1023 咸豐元寶寶蘇當百……三八〇
1024 咸豐元寶寶蘇當五百……三八一
1025 咸豐通寶大清寶福二十……三八二
1026 咸豐通寶寶福一十……三八二
1027 咸豐通寶寶福二十……三八二
1028 咸豐通寶寶福二十……三八三
1029 咸豐通寶背二十·壹兩五錢……三八三
1030 咸豐通寶寶福五十……三八四
1031 咸豐通寶寶福五十……三八四
1032 咸豐通寶寶福五十……三八五
1033 咸豐通寶寶福一百……三八六
1034 咸豐重寶寶福五文三錢八分……三八七
1035 咸豐重寶寶福當一十文七錢五分……三八七
1036 咸豐重寶寶福當五二錢五分……三八七
1037 咸豐重寶寶福當五二錢五分……三八八
1038 咸豐重寶寶福一十計重五錢……三八八
1039 咸豐重寶寶福二十計重一兩……三八八
1040 咸豐重寶寶福二十計重一兩……三八九
1041 咸豐重寶寶福五十二兩五錢……三八九
1042 咸豐重寶寶福五十二兩五錢……三九〇
1043 咸豐重寶寶福一百計重五兩……三九一
1044 咸豐重寶背二十(寶福局樣錢)……三九二
1045 咸豐重寶背二十(寶福局樣錢)……三九二
1046 集換局票背當用一十……三九三
1047 咸豐通寶寶河……三九三
1048 咸豐重寶寶河當五……三九三

1049 咸豐元寶寶河當百雕母……三九四
1050 咸豐重寶寶陝當五鐵錢……三九四
1051 咸豐重寶寶陝當五鐵錢……三九五
1052 咸豐重寶寶陝陝十……三九五
1053 咸豐重寶寶陝陝十……三九五
1054 太平重寶背寶陝錢局……三九六
1055 咸豐重寶寶晉當五十雕母……三九六
1056 咸豐元寶寶廸當八十……三九七
1057 咸豐元寶寶廸當八十……三九七
1058 咸豐重寶寶伊當四……三九八
1059 咸豐元寶庫車（滿回文）當百……三九八
1060 咸豐元寶葉尔羌（滿回文）當千……三九九
1061 祺祥通寶寶泉雕母……三九九
1062 祺祥重寶寶泉當十雕母……三九九
1063 祺祥通寶寶源雕母……四〇〇
1064 祺祥重寶寶源當十雕母……四〇〇
1065 祺祥通寶寶鞏母錢……四〇〇
1066 祺祥通寶和闐（滿回文）樣錢……四〇〇
1067 祺祥通寶烏什（滿回文）樣錢……四〇一
1068 同治重寶寶泉當十雕母……四〇一
1069 同治通寶寶源雕母……四〇一
1070 同治重寶寶源當十雕母……四〇一
1071 同治通寶寶福雕母……四〇二
1072 同治重寶寶晉當十雕母……四〇二
1073 同治重寶寶鞏當五雕母……四〇二
1074 同治重寶寶伊當四雕母……四〇二
1075 同治重寶寶伊當四雕母……四〇三
1076 光緒通寶寶泉雕母……四〇三
1077 光緒通寶寶泉雕母……四〇三
1078 光緒通寶寶泉雕母……四〇三
1079 光緒通寶寶泉穿上收雕母……四〇四
1080 光緒通寶寶泉穿上宇雕母……四〇四
1081 光緒重寶寶泉當十雕母……四〇四
1082 光緒重寶寶泉當十牙樣……四〇四
1083 光緒通寶寶源大錢……四〇五
1084 光緒重寶寶源當拾雕母……四〇五
1085 光緒通寶寶蘇母錢……四〇五
1086 光緒通寶寶晉……四〇六

1087 光緒通寶寶晉樣錢……四〇六
1088 光緒通寶樣錢……四〇六
1089 光緒通寶寶廣……四〇七
1090 光緒重寶寶廣當十……四〇七
1091 光緒通寶喀十……四〇七
1092 草書光緒通寶背圈……四〇七
1093 光緒通寶背山東壹文(圓穿)……四〇八
1094 光緒通寶背山東壹文(無穿)……四〇八
1095 光緒通寶寶鞏官板四分(無穿)……四〇八
1096 光緒通寶背奉天機器局造紫銅當十錢
重二錢四分……四〇八
1097 宣統通寶寶泉雕母……四〇九
1098 宣統通寶寶泉雕母……四〇九
1099 宣統通寶寶泉雕母……四〇九
1100 宣統通寶寶雲……四〇九
1101 宣統通寶庫十……四一〇
1102 一統萬年背江南試造當十制錢……四一〇
1103 一統萬年背江南試造當十制錢……四一〇
1104 一統萬年背江南試造當十制錢……四一一
1105 天子萬年背江南試造當十制錢……四一一
1106 天子萬年背江南試造當十制錢……四一一
1107 天國背通寶(方頭通)……四一二
1108 天國背通寶(尖頭通)……四一二
1109 天國背通寶(尖頭通)……四一二
1110 天聖通寶……四一三
1111 天國聖寶背太平……四一三
1112 天國背聖寶……四一三
1113 天國背聖寶(重文)……四一四
1114 天國背聖寶折十……四一四
1115 天國背聖寶折十(無穿)……四一四
1116 天國背聖寶折十(重文)……四一五
1117 太平天國背下□……四一五
1118 太平背二十四文……四一五
1119 太平天國背聖寶鎮庫錢……四一六
1120 太平天國背聖寶鎮庫錢……四一七
1121 太平天國背聖寶鎮庫錢……四一九
1122 太平天國背聖寶大花錢……四二一
1123 太平天國背聖寶大花錢……四二三

1124 太平天國背聖寶大花錢……………………四二五
1125 太平天國背聖寶大花錢……………………四二七
1126 平靖勝寶背興漢滅滿禱天福武正軍當千……四二九
1127 平靖勝寶背前營……………………………四三〇
1128 平靖勝寶背後營……………………………四三〇
1129 平靖勝寶背左營……………………………四三〇
1130 平靖勝寶背右營……………………………四三〇
1131 平靖勝寶背中營……………………………四三一
1132 平靖勝寶背長勝軍…………………………四三一
1133 平靖勝寶背長勝軍…………………………四三一
1134 平靖勝寶背長勝軍…………………………四三一
1135 平靖勝寶背御林軍…………………………四三一
1136 天朝通寶背永………………………………四三一
1137 天朝通寶背永………………………………四三一
1138 皇帝通寶[illegible]浙（闊緣大樣）……………………四三一
1139 明道通寶背天………………………………四三三
1140 嗣統通寶……………………………………四三三
1141 嗣統通寶（異書）…………………………四三三
1142 義記金錢背震忠團練………………………四三三
1143 義記金錢背天………………………………四三四
1144 義記金錢背地………………………………四三四
1145 裕國通商背壹千文正………………………四三四

民國

1146 民國通寶背一文……………………………四三五
1147 福建通寶背省造二文………………………四三六
1148 福建省造背二文……………………………四三六
1149 閩省通用背二文……………………………四三六

壓勝錢

吉語錢

1150 宜子半兩……………………………………四三七
1151 如言半兩……………………………………四三七
1152 宜子門孫五銖………………………………四三八
1153 長思君恩五銖………………………………四三八
1154 骨五銖………………………………………四三八
1155 壽如西王母，富長安東西市………………四三八

1156 予天母極宜子保孫……四三九
1157 北斗大泉五十……四三九
1158 宜封子孫大泉五十……四三九
1159 泉千萬大泉五十……四三九
1160 花背大泉五十……四四〇
1161 花背大泉五十……四四〇
1162 花背永通泉貨……四四〇
1163 永傳萬國……四四一
1164 龜龟鶴齊壽……四四二
1165 龜鶴齊壽（合背）……四四三
1166 龜齡鶴筭……四四三
1167 伊藩吉昌……四四四
1168 德壽重寶……四四四
1169 景德元寶背龍紋……四四五
1170 紹定萬歲……四四五
1171 寶祐萬年……四四五
1172 景定萬年……四四五
1173 業精於勤……四四六
1174 道經師寶……四四六
1175 謙尊而光背孜……四四六
1176 宜兄宜弟……四四七
1177 泰和重寶……四四八
1178 泰和重寶……四四九
1179 泰和重寶……四四九
1180 銀長命萬壽……四四九
1181 福寧萬壽……四五〇
1182 承華普慶……四五〇
1183 承華普慶……四五〇
1184 萬曆通寶背天下太平……四五〇
1185 萬曆通寶背龍鳳……四五一
1186 天天天天背工工工工……四五一
1187 崇崇崇背清清清清……四五一
1188 禎禎禎禎背忠忠忠忠……四五一
1189 忠忠忠忠合背……四五二
1190 崇禎通寶背壽……四五二
1191 天下和平……四五二
1192 千秋萬歲……四五三
1193 大泉千金……四五三

1194 永安五男……四五三
1195 永安五男……四五四
1196 家國永安……四五四
1197 瓜瓞綿綿……四五五
1198 萬壽無疆背大雅……四五五
1199 嘉慶萬壽……四五六
1200 得采……四五六
1201 福禄壽喜背伍百文正……四五六

將馬錢

1202 將……四五七
1203 將……四五八
1204 中軍元帥……四五八
1205 魏騎驥足……四五八
1206 魏將吴起……四五九
1207 趙將廉頗……四五九
1208 趙將特勒……四五九
1209 特勒驟馬……四五九
1210 趙將李牧……四六〇
1211 吴將孫武……四六〇
1212 燕將樂毅……四六〇
1213 燕將樂毅……四六〇
1214 燕將散騎……四六一
1215 秦將白起……四六一
1216 秦將驌驦……四六一
1217 秦將散騎……四六一
1218 項王之騅……四六二
1219 吕輿聖馬……四六二
1220 漢將韓信……四六二
1221 前漢韓信……四六二
1222 鄂公特勒……四六三
1223 蜀諸葛亮……四六三
1224 唐將尉遲……四六三
1225 唐將散騎……四六三
1226 英公朱汗……四六四
1227 鉅鹿彦起……四六四
1228 絳電侯影……四六四
1229 虎牙將軍……四六四
1230 建威將軍……四六五

1231 崇寧將馬……四六五
1232 將馬……四六五
1233 將馬……四六五
1234 將馬……四六六
1235 將馬……四六六
1236 淮陰……四六六
1237 强將……四六六
1238 吴騎……四六七
1239 青騅駿馬……四六七
1240 什伐赤馬……四六七
1241 什伐赤……四六七
1242 飛黄……四六八
1243 飛黄……四六八
1244 驊騮……四六八
1245 驊騮……四六九
1246 華留……四六九
1247 華留……四六九
1248 躡足……四七〇
1249 騏驥……四七〇
1250 騏驥……四七〇
1251 騏驥之馬……四七〇
1252 緑耳……四七一
1253 緑耳……四七一
1254 緑耳……四七一
1255 緑耳……四七一
1256 緑耳……四七二
1257 緑耳……四七二
1258 的盧……四七二
1259 赤兔……四七二
1260 山子……四七三
1261 山子……四七三
1262 驌驦……四七三
1263 驌驦……四七三
1264 騕褭……四七四
1265 騕褭……四七四
1266 騕褭……四七四
1267 騕褭之馬……四七四
1268 盗驪……四七五

1269 追電……四七五
1270 追風……四七五
1271 追風……四七五
1272 追風之馬……四七六
1273 追風之馬……四七六
1274 千里……四七六
1275 千里……四七六
1276 千里……四七七
1277 千里之馬……四七七
1278 千里之馬……四七七
1279 千里之馬……四七七
1280 千里之馬……四七八
1281 青佳……四七八
1282 乌騅……四七八
1283 乌騅馬……四七八
1284 金喙……四七九
1285 滿梢……四七九
1286 桃驂……四七九
1287 龍駒……四七九
1288 龍駒之馬……四八〇
1289 赤電之馬……四八〇
1290 御史……四八〇
1291 京兆……四八〇
1292 大宛……四八一
1293 躡雲……四八一
1294 紫燕……四八一
1295 紫燕之馬……四八一
1296 赤獸……四八二
1297 赤獸……四八二
1298 渠黃……四八二
1299 渠黃……四八二
1300 奉毛騧……四八三
1301 奔馬……四八三
1302 奔馬……四八三
1303 奔馬……四八四
1304 將馬……四八四
1305 將馬……四八四

其他壓勝錢

1306 唵啉嚧嘇……四八五
1307 梵文銀錢……四八六
1308 地支未生人錢……四八六
1309 生肖故事錢……四八七
1310 職貢圖錢……四八八
1311 人物故事錢……四八八
1312 異文故事錢……四八八

錢範

1313 陰文半兩銅範（殘）……四八九
1314 西漢元鳳六年九月陽文五銖陶範（殘）……四九〇
1315 西漢本始元年陽文五銖陶範（殘）……四九二
1316 西漢陰文五銖銅範（殘）……四九二
1317 西漢陰文五銖銅範（殘）……四九五
1318 西漢五銖銅母範（殘）……四九七
1319 西漢五銖銅母範……四九八
1320 大泉五十銅母範……五〇〇
1321 大泉五十銅母範……五〇二
1322 大泉五十銅母範……五〇三
1323 小泉直一銅母範……五〇四
1324 大布黄千銅母範……五〇五
1325 大布黄千銅母範……五〇六
1326 貨泉銅母範……五〇八
1327 貨泉銅母範……五一〇
1328 貨泉銅母範……五一二
1329 貨泉銅母範……五一四
1330 貨泉銅母範……五一五
1331 貨布銅母範……五一六
1332 東漢建武十七年五銖銅母範……五一八
1333 六朝五銖銅母範……五二〇
1334 六朝五銖銅母範……五二〇
1335 六朝五朱銅母範……五二一
1336 梁五銖子範……五二三
1337 梁五銖子範……五二三
1338 梁大吉大富大通五銖子範……五二四
1339 梁大吉大富大通五銖子範……五二五

朝鮮

1340 乾元重寶背東國鐵錢……五二六
1341 海東通寶(小樣)……五二六
1342 南國通寶……五二七
1343 𤨏國通寶……五二七
1344 十錢通寶……五二七
1345 常平通寶背全……五二八
1346 常平通寶背兵……五二八
1347 開禧通寶背元……五二八

琉球

1348 世高通寶(折二型)……五二九
1349 金帶通寶……五二九

日本

1350 神功開寶……五三〇
1351 承和昌寶……五三〇
1352 饒益神寶……五三一
1353 延喜通寶……五三一
1354 延喜通寶……五三一
1355 乾元大寶……五三一
1356 天正通寶……五三二
1357 天聖元寶(反書)……五三二
1358 寬永通寶背川……五三二
1359 筑前通寶當百……五三三
1360 細倉當百……五三三
1361 細倉當百……五三四
1362 南部馬市金壹兩……五三五
1363 明治通寶背官上弍錢……五三六
1364 元禄開珎……五三六

越南

1365 天福鎮寶……五三七
1366 明道元寶……五三七
1367 天感元寶……五三八
1368 天感元寶背乾王……五三八
1369 政平通寶……五三八

1370 政平通寶……五三八
1371 紹隆通寶……五三九
1372 開泰元寶……五三九
1373 開泰元寶……五三九
1374 紹豐元寶……五三九
1375 紹豐通寶……五四〇
1376 紹豐通寶（旋讀）……五四〇
1377 大治元寶……五四〇
1378 大治通寶……五四〇
1379 大治通寶……五四一
1380 大治通寶……五四一
1381 大治通寶……五四一
1382 大治通寶（異通）……五四一
1383 太和通寶……五四二
1384 延寧通寶……五四二
1385 光順通寶……五四二
1386 陳公新寶……五四二
1387 明德通寶……五四三
1388 明德元寶……五四三
1389 景興通寶背壬戌……五四三
1390 景興通寶背平南……五四三
1391 景興通寶背平南大錢……五四四
1392 景興通寶背元大錢……五四四
1393 景興通寶背元大錢……五四四
1394 景興通寶背元大錢……五四五
1395 景興通寶背一兩大錢……五四五
1396 景興通寶背龍紋……五四五
1397 壬刄通寶背景興……五四六
1398 景興中寶……五四六
1399 景興中寶……五四六
1400 景興太寶……五四七
1401 景興正寶……五四七
1402 景盛通寶花錢……五四七
1403 景盛通寶……五四八
1404 嘉隆通寶背九分……五四八
1405 明命通寶背如山如川如岡如阜……五四八
1406 明命通寶背河流順軌年穀豐登……五四九
1407 嗣德寶鈔背準一十文……五四九

1408 銀嗣德年造價錢壹貫……五四九
1409 同慶通寶折二……五五〇
1410 成泰通寶背六文……五五〇
1411 啓定通寶……五五〇
1412 政初通寶……五五〇
1413 大觀通寶……五五一
1414 楊沄元寶……五五一
1415 大庶通寶……五五一
1416 大安通寶……五五一
1417 詳祐元寶……五五二
1418 漢元通寶……五五二
1419 大興通寶……五五二
1420 嘉緒通寶……五五二
1421 皇恩通寶……五五三
1422 雲隆元寶……五五三
1423 元德通寶……五五三

待考

1424 梵文錢……五五四
1425 梵文錢……五五四
1426 回文錢……五五五
1427 回文錢……五五五
1428 日月金光……五五五
1429 西域回回……五五五
1430 回文錢……五五六
1431 回文錢……五五六
1432 回文錢……五五六
1433 回文錢……五五六
1434 憑牌過錢壹千文銅牌……五五七
1435 周元通寶……五五七
1436 延喜通寶……五五八
1437 太元通寶……五五八
1438 面貼大吉……五五八
1439 定居通寶……五五九
1440 延德湛寶……五五九
1441 康和通寶……五五九
1442 長和通寶……五五九
1443 永萬通寶……五六〇

1444 久安通寶……五六〇
1445 盛德通寶……五六〇
1446 永德通寶……五六〇
1447 唐平通寶……五六一
1448 祥興通寶……五六一
1449 印平元寶……五六一
1450 盛元通寶……五六一
1451 永官通寶……五六二
1452 永和通寶……五六二
1453 永安大藏……五六二
1454 康平内寶拾貫大錢……五六三

機製幣部分

中國機製幣

金幣

1455 西藏二十兩金……五六五
1456 西藏二十兩金……五六五
1457 新疆阿古柏金……五六六
1458 新疆阿古柏金……五六六
1459 新疆省造光緒金元二錢……五六六
1460 新疆餉金二錢……五六六
1461 新疆餉金一錢……五六七
1462 新疆餉金一錢……五六七
1463 大清金幣單面試樣……五六七
1464 大清金幣丙午一兩……五六八
1465 大清金幣丙午一兩……五六八
1466 大清金幣丁未一兩……五六九
1467 孫中山開國紀念金幣……五六九
1468 袁像貳拾圓金……五六九
1469 袁像拾圓金……五七〇
1470 民國三年袁像伍圓金……五七〇
1471 洪憲紀元拾圓金……五七〇
1472 唐繼堯拾圓金……五七〇
1473 雲南省銀幣拾圓金……五七一
1474 雲南省銀幣拾圓金……五七一
1475 雲南省銀幣伍圓金……五七一
1476 雲南省銀幣伍圓金……五七一

1477 滇字拾圓金……五七二
1478 滇字伍圓金……五七二
1479 山東龍鳳貳拾圓金……五七二
1480 山東龍鳳拾圓金……五七二
1481 一八九六年李鴻章遊漢伯克紀念金章……五七三
1482 徐世昌仁壽同登紀念金章……五七三
1483 民國三十八年貳錢伍分金幣銅樣……五七四
1484 民國三十八年貳拾圓金幣銅樣……五七四
1485 中央造幣廠廠條金……五七四

銀幣

1486 道光壽星銀餅……五七五
1487 道光壽星銀餅（癸二）……五七六
1488 漳州軍餉銀餅（[illegible]）……五七六
1489 如意軍餉銀餅……五七七
1490 如意軍餉銀餅……五七七
1491 筆寶軍餉銀餅……五七八
1492 筆寶軍餉銀餅……五七八
1493 謹慎軍餉銀餅……五七九
1494 謹慎軍餉銀餅……五七九
1495 謹慎軍餉銀餅……五八〇
1496 謹慎軍餉銀餅……五八〇
1497 謹慎軍餉銀餅……五八〇
1498 上海經正記豐年造壹兩銀餅……五八一
1499 上海經正記萬全造伍錢銀餅……五八一
1500 上海郁森盛豐年造壹兩銀餅……五八一
1501 上海郁森盛平正造壹兩銀餅……五八二
1502 上海郁森盛王壽造五錢銀餅……五八二
1503 上海王永盛萬全造壹兩銀餅……五八二
1504 上海王永盛萬全造壹兩銀餅……五八三
1505 湖南大清銀行壹兩銀餅……五八三
1506 湖南大清銀行壹兩銀餅……五八三
1507 湖南官錢局造壹兩銀餅……五八四
1508 湖南阜南官局五錢銀餅……五八四
1509 貴州官錢局壹兩銀餅……五八四
1510 山東製造局五錢銀餅……五八四
1511 新疆光緒銀錢五分……五八五
1512 新疆光緒銀圓壹錢……五八五
1513 新疆光緒銀圓五錢……五八五

1514 新疆省造光緒銀元一錢……五八六
1515 新疆喀什銀元叁錢……五八六
1516 新疆喀什銀元二錢……五八六
1517 新疆喀什銀元二錢……五八六
1518 新疆喀什銀元二錢……五八七
1519 新疆喀什銀元壹錢……五八七
1520 新疆喀什銀元壹錢……五八七
1521 新疆喀什光緒元寶三錢……五八七
1522 新疆喀什光緒元寶伍錢……五八八
1523 新疆喀什造大清銀幣湘平五錢……五八八
1524 新疆喀什造大清銀幣湘平二錢……五八八
1525 新疆喀什大清銀幣湘平壹兩……五八九
1526 新疆喀什大清銀幣湘平壹兩……五八九
1527 新疆喀什宣統元寶五錢……五八九
1528 新疆阿城光緒銀元伍錢……五九〇
1529 新疆阿城光緒銀元三錢……五九〇
1530 新疆阿城光緒銀元三錢……五九〇
1531 新疆阿城光緒銀元二錢……五九〇
1532 新疆阿城光緒銀元一錢……五九一
1533 新疆餉銀一兩……五九一
1534 新疆餉銀一兩……五九一
1535 新疆餉銀五錢……五九二
1536 新疆餉銀四錢……五九二
1537 新疆餉銀二錢……五九二
1538 新疆餉銀二錢（背回文）……五九三
1539 新疆壬子餉銀一兩……五九三
1540 新疆壬子餉銀伍錢……五九三
1541 新疆喀造中華民國餉銀五錢（六葉花）……五九四
1542 新疆喀造中華民國餉銀五錢（大花）……五九四
1543 新疆喀造中華民國餉銀五錢（五角星）……五九四
1544 新疆迪化民國七年銀圓壹兩……五九五
1545 新疆省造民國三十八年壹圓……五九五
1546 新疆省造民國三十八年壹圓（空心字）……五九五
1547 西藏宣統寶藏……五九六
1548 西藏獅子壹兩……五九六
1549 西藏獅子伍錢……五九六
1550 西藏獅子叁兩……五九六
1551 西藏獅子新版叁兩……五九七

1552 西藏獅子壹兩伍錢……五九七
1553 吉林光緒十年廠平壹兩……五九七
1554 吉林光緒十年廠平柒錢……五九八
1555 吉林光緒十年廠平半兩……五九八
1556 吉林光緒十年廠平三錢……五九八
1557 吉林光緒十年廠平壹錢……五九九
1558 吉林光緒十年廠平弍錢……五九九
1559 吉林光緒元寶丁未壹角……五九九
1560 吉林光緒元寶戊申花籃壹圓……六〇〇
1561 吉林光緒元寶戊申花籃半圓……六〇〇
1562 吉林光緒元寶戊申花籃半圓……六〇〇
1563 吉林光緒元寶戊申花籃貳角……六〇一
1564 吉林光緒元寶戊申壹圓（Ⅱ）……六〇一
1565 吉林光緒元寶戊申壹角（Ⅰ）……六〇一
1566 廣東光緒元寶七三番版壹圓……六〇二
1567 廣東光緒元寶七三番版半圓……六〇二
1568 廣東光緒元寶七三番版貳角……六〇三
1569 廣東光緒元寶七三番版壹角……六〇三
1570 廣東光緒元寶七三番版伍分……六〇三
1571 廣東光緒元寶七二番版壹角……六〇三
1572 廣東光緒元寶壽字壹兩……六〇四
1573 廣東光緒元寶壽字壹兩……六〇四
1574 廣東民國元年壹毫……六〇四
1575 湖北光緒元寶本省壹圓……六〇五
1576 湖北光緒元寶本省壹圓……六〇五
1577 湖北光緒元寶本省壹角……六〇五
1578 湖北大清銀幣壹兩（大字）……六〇六
1579 湖北宣統元寶貳角……六〇六
1580 湖北宣統三年大清銀幣壹角……六〇六
1581 北洋光緒二十二年壹圓……六〇七
1582 北洋光緒二十二年五角……六〇七
1583 北洋光緒二十二年二角……六〇七
1584 北洋光緒二十二年一角……六〇八
1585 北洋光緒二十二年半角……六〇八
1586 北洋與造幣總廠光緒元寶壹圓合背……六〇八
1587 北洋光緒元寶一兩……六〇九
1588 北洋光緒元寶一兩……六〇九
1589 浙江光緒元寶二十二年貳角……六〇九

1590 浙江光緒元寶二十二年壹角……六一〇
1591 浙江光緒元寶二十二年壹角……六一〇
1592 浙江光緒元寶二十二年壹角……六一〇
1593 浙江光緒元寶二十三年壹角……六一〇
1594 浙江光緒元寶壹圓……六一一
1595 浙江民國十三年貳毫（雙旗）……六一一
1596 浙江民國十三年貳毫（20）……六一一
1597 江蘇光緒十五年壹圓（面鳳背龍）……六一二
1598 老江南光緒元寶壹圓……六一二
1599 老江南光緒元寶半圓……六一二
1600 江南光緒元寶戊戌貳角（龍外有圈）……六一三
1601 江南光緒元寶庚子伍角……六一三
1602 江南光緒元寶庚子貳角……六一三
1603 江南光緒元寶癸卯壹圓（面無花星）……六一四
1604 江南光緒元寶甲辰壹圓鋼模……六一四
1605 奉天光緒二十四年五角……六一五
1606 奉天光緒二十五年一圓……六一五
1607 奉天光緒二十五年五角……六一五
1608 奉天光緒二十五年五角（錯版）……六一六
1609 黑龍江光緒元寶半圓銅樣……六一六
1610 福建光緒元寶壹圓……六一六
1611 陝西光緒元寶壹圓……六一七
1612 陝西光緒元寶貳角……六一七
1613 四川光緒元寶伍角（缶寶）……六一七
1614 四川一卢比（臉向右）……六一八
1615 四川二分之一盧比……六一八
1616 四川四分之一盧比……六一八
1617 雲南光緒元寶壹圓單面试樣……六一九
1618 雲南光緒元寶伍角單面试樣……六一九
1619 雲南光緒元寶貳角單面试樣……六一九
1620 貴州光緒十四年黔寶壹圓（雙龍喜珠）……六二〇
1621 貴州光緒十四年黔寶壹圓（环花）……六二〇
1622 貴州光緒十四年黔寶半圓……六二〇
1623 貴州光緒十六年黔寶壹圓……六二一
1624 貴州官爐銀餅……六二一
1625 貴州民國三十八年黔字廿分……六二一
1626 貴州民國三十八年竹枝壹圓……六二一
1627 京局光緒元寶庚子貳角……六二二

1628 京局光緒元寶庚子壹角……六二三
1629 中外通寶關平壹兩……六二三
1630 户部光緒元寶壹兩鋼模……六二三
1631 户部光緒元寶貳錢鋼模……六二三
1632 户部光緒元寶一兩……六二三
1633 户部光緒元寶五錢……六二四
1634 户部光緒元寶二錢……六二四
1635 户部光緒元寶一錢……六二四
1636 户部光緒元寶五分……六二四
1637 雙龍戲珠紀念章……六二五
1638 「2」字銀毫……六二五
1639 大清銀幣鋼模……六二五
1640 大清銀幣試樣……六二五
1641 宣統三年大清銀幣反龍壹圓……六二六
1642 宣統三年大清銀幣大尾龍壹圓……六二六
1643 宣統三年大清銀幣短須龍壹圓……六二七
1644 宣統三年大清銀幣長須龍壹圓……六二七
1645 宣統三年大清銀幣伍角……六二七
1646 香港一八六六年壹圓光邊樣幣……六二八
1647 富字一兩正銀……六二八
1648 富字半兩正銀……六二八
1649 黎元洪開國紀念幣（背OE）……六二九
1650 程德全開國紀念幣……六二九
1651 袁世凱左側半面試版（簽字）……六二九
1652 袁世凱左側半面試版……六三〇
1653 袁世凱民國三年壹圓（簽字）……六三〇
1654 袁世凱民國三年中圓（簽字）……六三〇
1655 袁世凱民國三年壹圓陰陽面……六三一
1656 袁世凱民國三年壹圓（鷹洋邊）……六三一
1657 袁世凱民國三年壹圓（回紋邊）……六三一
1658 袁世凱民國三年甘肅一圓……六三一
1659 袁世凱洪憲紀元飛龍紀念章（大字）……六三二
1660 湖南洪憲元年中華銀幣壹角……六三二
1661 袁世凱民國九年壹圓（面陰刻「十四年一月李壯飛任天津造幣廠監督開鑄第壹幣」）……六三三
1662 袁世凱民國九年貳角……六三三
1663 張作霖民國十五年紀念幣……六三三

1664 張作霖民國十七年紀念幣……六三四
1665 褚玉樸民國十六年紀念章……六三四
1666 中華元寶貳角紀念幣……六三四
1667 民國十四年廣西貳毫（麦穗）……六三五
1668 民國十四年廣西貳毫（星）……六三五
1669 民國十六年革命軍東路總指揮入閩紀念幣貳毫……六三五
1670 孫中山開國紀念幣壹圓（T倒書）……六三六
1671 孫中山開國紀念幣（壹角）……六三六
1672 孫中山壹圓試版……六三六
1673 孫中山壹圓試版……六三七
1674 民國十五年孫中山壹圓試版……六三七
1675 民國十六年孫中山陵墓壹圓……六三七
1676 民國十八年孫中山試版合背……六三八
1677 民國十八年孫中山地球壹圓試版……六三八
1678 民國十八年孫中山嘉禾貳角試版……六三八
1679 民國十八年意國版三帆壹元（簽字）……六三九
1680 民國十八年奧國版三帆壹元……六三九
1681 民國十八年孫中山側像壹圓試版……六三九
1682 民國二十一年三鳥幣（邊陰文「中華民國中央造幣廠」）……六四〇
1683 民國二十一年金本位壹圓銅樣……六四〇
1684 民國二十一年金本位壹圓……六四〇
1685 民國二十一年金本位半毫……六四一
1686 民國二十一年金本位半毫（特厚）……六四一
1687 民國二十一年金本位貳仙……六四一
1688 民國二十四年孫像中圓……六四二
1689 民國二十五年孫像壹圓……六四二
1690 民國二十五年孫像中圓……六四二
1691 民國二十五年蔣像憲政紀念（脱帽）……六四三
1692 民國二十五年蔣像紀念章（戴帽）……六四三
1693 民國三十七年蔣像伍角……六四三
1694 一九三一年湖南省蘇維埃政府壹圓……六四四
1695 一九三二年鄂豫皖省蘇維埃俄文版壹圓（「已」起）……六四四
1696 一九三二年鄂豫皖省蘇維埃俄文版壹圓（「尺」起）……六四四
1697 一九三二年鄂豫皖省蘇維埃政府工農

銀行壹圓……六四五
1698 一九三二年鄂豫皖省蘇維埃政府工農銀行壹圓……六四五
1699 一九三二年鄂豫皖省蘇維埃政府工農銀行壹圓……六四五
1700 一九三三年中華蘇維埃共和國川陝省壹圓……六四六
1701 一九三四年中華蘇維埃共和國川陝省壹圓（空星）……六四六
1702 一九三四年中華蘇維埃共和國川陝省壹圓（小星大錘鐮）……六四六
1703 一九三四年中華蘇維埃共和國川陝省壹圓（小錘鐮）……六四七
1704 一九三四年中華蘇維埃共和國川陝省壹圓（鐮壓錘）……六四七
1705 一九三四年中華蘇維埃共和國川陝省壹圓（鐮壓錘）……六四七
1706 一九三四年中華蘇維埃共和國川陝省壹圓（鐮壓錘）……六四八
1707 一九三四年中華蘇維埃共和國川陝省壹圓（錘壓鐮）……六四八
1708 一九三四年中華蘇維埃共和國川陝省壹圓（錘壓鐮）……六四八
1709 一九三四年中華蘇維埃共和國川陝省壹圓（錘壓鐮）……六四九
1710 一九三四年中華蘇維埃共和國川陝省壹圓（鐮實心）……六四九

鎳鋁幣

1711 民國三年伍分鎳幣……六五〇
1712 湖北民國伍分鎳幣……六五〇
1713 山西民國十四年伍分鎳幣……六五一
1714 民國二十四年廿分鎳幣……六五一
1715 民國二十四年拾分鎳幣……六五一
1716 民國二十五年伍分鎳幣（平平）……六五一
1717 民國二十五年伍分鎳幣（津津）……六五二
1718 民國二十五年拾分鎳幣（平）……六五二
1719 民國二十五年拾分鎳幣（津）……六五二
1720 民國二十五年拾分鎳幣（平）……六五二

1721 民國二十五年拾分鎳幣（津）……六五三
1722 民國二十五年拾分鎳幣（平）……六五三
1723 民國二十五年拾分鎳幣（津）……六五三
1724 民國二十六年廿分鎳幣……六五三
1725 民國二十六年伍分鎳幣……六五四
1726 民國二十八年伍分鋁幣……六五四
1727 民國二十八年壹分鋁幣……六五四
1728 民國二十九年貳分鋁幣……六五四
1729 華興銀行廿分鎳幣……六五五
1730 華興銀行拾分鎳幣……六五五
1731 華興銀行伍分鎳幣……六五五
1732 華興銀行壹分鎳幣……六五五

銅幣

1733 廣西光緒元寶十文……六五六
1734 廣西光緒元寶十文……六五六
1735 山東光緒元寶十文……六五七
1736 湖北光緒元寶十文……六五七
1737 安徽獎字紀念章……六五七
1738 安徽獎字拾文……六五七
1739 安徽方孔光緒元寶十文……六五八
1740 安徽飛龍光緒元寶十文……六五八
1741 福建官局閩関光緒元寶十文……六五八
1742 光緒閩字戊申一文……六五八
1743 湖南光緒元寶十文……六五九
1744 湘字丙午大清銅幣十文……六五九
1745 湘字丙午大清銅幣十文……六五九
1746 江蘇光緒元寶十文……六五九
1747 江蘇光緒元寶十文……六六〇
1748 江南壬寅光緒元寶十文……六六〇
1749 江南光緒元寶拾文合背……六六〇
1750 江南甲辰光緒元寶二十文……六六〇
1751 四川光緒元寶伍文……六六一
1752 四川光緒元寶三十文（水龍）……六六一
1753 四川光緒元寶三十文（飛龍）……六六一
1754 四川官局光緒元寶五文……六六二
1755 四川官局光緒元寶十文……六六二
1756 川字丙午大清銅幣二文……六六二
1757 川字丙午大清銅幣五文……六六二

1758 江西光緒元寶十文（龍外珠圈）……六六三
1759 河南光緒元寶十文錯版（背宣統年造）……六六三
1760 汴字宣統己酉一文……六六三
1761 汴字大清銅幣二文……六六三
1762 汴字大清銅幣二十文試樣……六六四
1763 大清銅幣二十文鋼模……六六四
1764 大清銅幣己酉二文……六六五
1765 銅幣一文……六六五
1766 圓孔大清銅幣一文……六六五
1767 圓孔大清銅幣二文……六六五
1768 宣統三年五文試樣……六六六
1769 江西辛亥大漢銅幣拾文……六六六
1770 袁世凱共和紀念十文……六六六
1771 袁世凱共和紀念十文（大臉）……六六七
1772 中華民國當十銅元（湖南）……六六七
1773 中華民國共和紀念十文（簽字）……六六七
1774 中華民國開國紀念幣五文……六六七
1775 中華民國開國紀念幣二十文……六六八
1776 中華民國開國紀念幣五十文……六六八
1777 中華民國伍百文……六六八
1778 中華民國開國紀念安徽銅幣十文……六六九
1779 甘肅造幣廠五十文……六六九
1780 洪憲元年湖南十文……六六九
1781 新疆喀造洪憲銅幣當紅錢十文……六七〇
1782 新疆喀造洪憲銅幣當紅錢十文……六七〇
1783 新疆喀造洪憲銅幣當紅錢十文……六七〇
1784 新疆喀造中華民國當紅錢十文……六七一
1785 新疆喀造中華民國當紅錢十文……六七一
1786 新疆喀什造民國十年當紅錢十文……六七一
1787 庚午新疆省城造當紅錢十文……六七二
1788 西藏雙太陽獅子銅幣……六七二
1789 民國元年四川漢字五文（紅銅）……六七二
1790 民國二年四川漢字十文……六七三
1791 民國二年四川漢字壹百文……六七三
1792 民國五年圓孔貳分……六七三
1793 民國七年廣東貳仙鋼模……六七四
1794 廣東壹仙鋼模……六七四
1795 民國七年湖北漢字五十文……六七四

1796 民國八年徐世昌開國紀念幣……………………六七五
1797 民國八年徐世昌十文……………………六七五
1798 壹錢銅幣……………………六七五
1799 民國九年武昌造幣分廠徽章……………………六七六
1800 民國十一年武昌造幣廠紀念牌……………………六七六
1801 民國十四年伍分……………………六七六
1802 民國十五年五十文……………………六七七
1803 民國十七年孫像伍枚……………………六七七
1804 民國十七年軍工工友消費証伍分……………………六七七
1805 民國十八年東三省壹分(小字)……………………六七八
1806 民國十八年東三省壹分(大字)……………………六七八
1807 民國十九年哈爾濱壹分……………………六七八
1808 民國十九年四川壹分……………………六七八
1809 民國二十一年雲南壹仙……………………六七九
1810 民國二十一年山東貳拾文試樣……………………六七九
1811 民國二十二年山東貳拾文……………………六七九
1812 民國二十五年平字壹枚……………………六八〇
1813 民國二十五年津字壹枚……………………六八〇
1814 民國二十五年壹分(平)……………………六八〇
1815 民國二十六年半分……………………六八〇
1816 中華民國三像紀念幣……………………六八一
1817 一九三一年十月皖西北蘇維埃伍拾文……………………六八一

外國機製幣

金　幣

1818 奧地利瑪利亞・泰莉莎貳達卡金幣……………………六八二
1819 奧地利法蘭西斯・約瑟夫肆達卡金幣……………………六八三
1820 奧地利法蘭西斯・約瑟夫拾克朗金幣……………………六八三
1821 奧地利鷹圖貳拾伍先令金幣……………………六八三
1822 奧地利聖利奧波德拿教堂模型貳拾伍先令金幣……………………六八四
1823 比利時利奧波德二世貳拾法朗金幣……………………六八四
1824 比利時紋章圖三分之二達卡金幣……………………六八四
1825 巴西彼得二世貳万里斯金幣……………………六八五
1826 加拿大喬治五世伍元金幣……………………六八五
1827 埃及脫夫拉圖金幣……………………六八五
1828 阿比西尼亞曼尼里克二世金幣……………………六八六

1829 法國天使寫字圖壹佰法朗金幣……六八六
1830 德國威廉一世拾馬克金幣……六八六
1831 漢諾威英國王喬治四世拾泰勒金幣……六八七
1832 英國航船二分之一諾布爾金幣……六八七
1833 英國王座金幣……六八七
1834 英國喬治一世伍畿尼金幣……六八八
1835 英國維多利亞壹英鎊金幣……六八八
1836 匈牙利法蘭西斯・約瑟夫拾克朗金幣……六八八
1837 匈牙利法蘭西斯・約瑟夫壹佰克朗金幣……六八九
1838 印度孟加拉文八角形金幣……六八九
1839 印度方形金幣……六八九
1840 印度圓形金幣……六九〇
1841 印度圓形金幣……六九〇
1842 印度圓形金幣……六九〇
1843 印度圓形金幣……六九〇
1844 印度尼紮姆・米尔・馬布・阿里可汗金幣……六九一
1845 意大利維多・依曼奴爾三世伍拾里拉金幣……六九一
1846 撒丁島查爾斯・菲立克斯捌拾里拉金幣……六九一
1847 撒丁島查爾斯・菲立克斯貳拾里拉金幣……六九二
1848 撒丁島查爾斯・愛伯特壹佰里拉金幣……六九二
1849 日本「文」字壹分金幣……六九二
1850 日本「保」字壹分金幣……六九二
1851 日本明治三年二十圓金幣……六九三
1852 朝鮮開國四百九十五年二圜金幣……六九三
1853 朝鮮開國四百九十五年二十圜金幣……六九三
1854 西屬哥倫比亞查爾斯四世捌埃斯庫多金幣……六九四
1855 墨西哥手持自由帽在書上圖捌埃斯庫多金幣……六九四
1856 墨西哥西得哥伍比索金幣……六九四
1857 墨西哥阿芝特克日曆石貳拾比索金幣……六九五
1858 荷蘭威廉三世拾盾金幣……六九五
1859 荷蘭威爾海明娜拾盾金幣（一九一二

年）……六九五
1860 荷蘭威爾海明娜拾盾金幣（一九三二年）……六九五
1861 秘魯印第安人頭像二分之一磅金幣……六九六
1862 秘魯印第安人頭像一磅金幣……六九六
1863 葡萄牙約瑟夫一世肆埃斯庫多金幣……六九六
1864 葡萄牙瑪麗一世和彼得三世伉儷肆埃斯庫多金幣……六九六
1865 葡萄牙瑪麗一世肆埃斯庫多金幣……六九七
1866 葡萄牙攝政王子約翰肆埃斯庫多金幣……六九七
1867 俄國鷹圖叁盧布金幣……六九七
1868 俄國鷹圖伍盧布金幣……六九八
1869 南非克魯格二分之一磅金幣……六九八
1870 西班牙歐方索十三世壹佰比塞塔金幣……六九八
1871 瑞士女孩頭像貳拾法朗金幣……六九九
1872 瑞士阿爾卑斯山女孩頭像貳拾法朗金幣……六九九
1873 瑞士阿爾卑斯山女孩頭像拾法朗金幣……六九九
1874 土耳其脱夫拉圖伍拾比塞塔金幣……六九九

銀幣

1875 阿富汗御座房間貳點伍阿富汗尼銀幣……七〇〇
1876 阿根廷自由女神頭像伍拾分銀幣……七〇一
1877 澳大利亞喬治五世壹佛羅倫銀幣……七〇一
1878 奧地利瑪利亞·泰莉莎壹泰勒銀幣（一七六二年）……七〇一
1879 奧地利瑪利亞·泰莉莎壹泰勒銀幣（一七八〇年）……七〇二
1880 奧地利斐迪南一世壹泰勒銀幣……七〇二
1881 奧地利法蘭西斯·約瑟夫壹佛羅倫銀幣……七〇二
1882 奧地利第三次法國射擊節壹泰勒銀幣……七〇三
1883 奧地利弗朗茨·舒伯特貳先令銀幣……七〇三
1884 奧地利西奧多·比爾羅思博士貳先令銀幣……七〇三
1885 奧地利馮·德·沃格爾韋特貳先令銀幣……七〇四
1886 奧地利莫查特貳先令銀幣……七〇四
1887 奧地利海登貳先令銀幣……七〇四

1888 奧地利塞貝爾博士貳先令銀幣……七〇四
1889 奧地利多爾勞斯博士貳先令銀幣……七〇五
1890 奧地利呂格博士貳先令銀幣……七〇五
1891 奧地利尤金王子貳先令銀幣……七〇五
1892 奧地利聖却爾斯教堂貳先令銀幣……七〇五
1893 奧地利聖母立像伍先令銀幣……七〇六
1894 比利時佛蘭芒人拾法朗銀幣……七〇六
1895 比利時愛伯特貳拾法朗銀幣……七〇六
1896 不丹馬哈拉加・王促克零點伍盧比銀幣……七〇七
1897 波利維亞波利瓦捌索爾銀幣……七〇七
1898 巴西彼得一世貳仟里斯銀幣……七〇七
1899 智利鷹圖伍比索銀幣……七〇八
1900 古巴一八九七年紀念銀幣……七〇八
1901 捷克斯洛伐克獨立十周年拾克朗紀念銀幣……七〇八
1902 捷克斯洛伐克馬塞立克逝世貳拾克朗紀念銀幣……七〇九
1903 丹麥腓特烈七世壹斯貝西泰勒銀幣……七〇九
1904 丹麥克里斯丹九世貳克朗銀幣……七〇九
1905 丹麥克里斯丹九世統治四十年貳克朗紀念銀幣……七一〇
1906 多米尼加一九四四年貳拾伍分銀幣……七一〇
1907 埃及斐德貳比塞塔銀幣……七一〇
1908 埃及法魯克貳比塞塔銀幣……七一〇
1909 薩爾瓦多克里斯托拜耳庫隆壹比索銀幣……七一一
1910 阿比西尼亞曼尼里克二世壹比爾銀幣……七一一
1911 意屬厄立特里亞洪伯特一世伍里拉銀幣……七一一
1912 德國熊牆壹泰勒銀幣……七一二
1913 德國弗烈德利克貳馬克銀幣（一八八九年）……七一二
1914 德國弗烈德利克貳馬克銀幣（一九〇四年）……七一二
1915 德國路易一世壹泰勒銀幣……七一三
1916 德國馬克西米廉二世貳泰勒銀幣……七一三
1917 德國里根茨九十歲生日伍馬克紀念銀幣……七一三

1918 德國立神像壹泰勒銀幣……七一四
1919 德國查爾斯一世三分之二泰勒銀幣……七一四
1920 德國法兰克福貳泰勒銀幣……七一四
1921 德國法兰克福壹泰勒銀幣……七一五
1922 德國漢堡紋章雙獅伍馬克銀幣……七一五
1923 德國弗烈德利克·查爾斯·約瑟夫壹泰勒銀幣……七一五
1924 德國弗烈德利克·威廉三世壹泰勒銀幣……七一六
1925 德國弗烈德利克·威廉四世壹泰勒銀幣……七一六
1926 德國威廉與奥古斯特加冕典禮壹泰勒紀念銀幣……七一六
1927 德國威廉一世壹泰勒銀幣(一八六一年)……七一七
1928 德國威廉一世壹泰勒銀幣(一八六七年)……七一七
1929 德國戰勝法國壹泰勒紀念銀幣……七一七
1930 德國威廉一世貳馬克銀幣……七一八
1931 德國普魯士王國貳佰周年紀念銀幣……七一八
1932 德國戰勝拿破侖壹佰周年叁馬克紀念銀幣……七一八
1933 德國戰勝拿破侖壹佰周年貳馬克紀念銀幣……七一八
1934 德國弗烈德利克五世伍馬克銀幣……七一九
1935 德國威廉二世伍馬克銀幣……七一九
1936 德國卡爾貳馬克銀幣……七一九
1937 德國弗烈德利克·奥古斯特三分之二泰勒銀幣……七二〇
1938 德國弗烈德利克·奥古斯特壹泰勒銀幣……七二〇
1939 德國弗烈德利克·奥古斯特二世壹泰勒銀幣……七二〇
1940 德國約翰壹泰勒銀幣……七二一
1941 德國戰勝法國壹泰勒紀念銀幣……七二一
1942 德國愛伯特貳馬克銀幣……七二一
1943 德國愛伯特伍馬克銀幣……七二二
1944 德國喬治貳馬克銀幣……七二二

1945 德國弗列德利克・奥古斯特貳馬克銀幣……七二三
1946 德國卡爾貳馬克銀幣……七二三
1947 德國威廉二世伍馬克銀幣……七二三
1948 德國努爾德豪森一千周年叁馬克紀念銀幣……七二三
1949 德國農伯格九百周年叁馬克紀念銀幣……七二四
1950 德國萊森叁馬克紀念銀幣……七二四
1951 德國萊因蘭一千年伍馬克紀念銀幣……七二四
1952 德國馮興登堡爲戈茨所作伍馬克紀念銀幣……七二五
1953 英國喬治三世壹克朗銀幣……七二五
1954 英國喬治四世零點伍克朗銀幣……七二五
1955 英國維多利亞壹克朗銀幣……七二六
1956 英國喬治五世壹克朗銀幣……七二六
1957 希臘喬治一世伍德拉馬克銀幣……七二六
1958 希臘喬治一世貳德拉馬克銀幣……七二七
1959 希臘喬治一世壹德拉馬克銀幣……七二七
1960 危地馬拉山脉圖捌里亞爾銀幣……七二七
1961 海地婦女頭像伍拾生丁銀幣……七二八
1962 海地一九〇八年伍拾生丁鎳幣……七二八
1963 洪都拉斯女神像壹比索銀幣……七二八
1964 匈牙利法蘭西斯・約瑟夫壹克朗紀念銀幣……七二九
1965 匈牙利法蘭西斯・約瑟夫貳克朗銀幣……七二九
1966 匈牙利聖母像貳辨戈銀幣……七二九
1967 匈牙利聖・斯蒂芬伍辨戈銀幣……七三〇
1968 匈牙利霍蒂政府伍辨戈銀幣……七三〇
1969 葡屬印度路易一世壹盧比銀幣……七三〇
1970 印度銘刻銀幣……七三一
1971 印度銘刻銀幣……七三一
1972 伊朗阿麥德伍仟第納爾銀幣……七三一
1973 伊朗阿麥德貳仟第納爾銀幣……七三二
1974 伊拉克一九三二年貳佰費爾銀幣……七三二
1975 伊拉克一九三八年伍拾費爾銀幣……七三二
1976 意大利瑪莉・路易伍里拉銀幣……七三三
1977 意大利總督跪在聖馬克塵像前壹達卡銀幣……七三三

1978 意大利維多・依曼奴爾三世貳拾里拉銀幣……七三三
1979 意大利維多・依曼奴爾三世拾里拉銀幣……七三四
1980 意大利第一次世界大戰停戰十周年貳拾里拉紀念銀幣……七三四
1981 日本大正七年五十錢銀幣……七三四
1982 日本明治八年壹圓銀幣……七三五
1983 柬埔寨諾羅敦一世伍生丁銅幣……七三五
1984 柬埔寨諾羅敦一世拾生丁銅幣……七三五
1985 柬埔寨諾羅敦一世伍拾生丁銀幣……七三六
1986 柬埔寨諾羅敦一世銀紀念章……七三六
1987 柬埔寨諾羅敦一世壹法朗銀幣……七三六
1988 柬埔寨諾羅敦一世肆法朗銀幣……七三六
1989 朝鮮大東二錢銀幣……七三七
1990 朝鮮光武二年二戔五分錢幣……七三七
1991 朝鮮開國五百一年五兩銀幣……七三七
1992 朝鮮光武十年半錢銀幣……七三八
1993 西屬墨西哥盾形紋章銀幣……七三八
1994 西屬墨西哥盾形紋章銀幣……七三八
1995 西屬墨西哥盾形紋章銀幣……七三九
1996 墨西哥勝利女神貳比索銀幣……七三九
1997 尼泊爾雙刀伍派薩銀幣……七三九
1998 荷蘭東印度公司馬劍壹達卡銀幣……七四〇
1999 荷蘭馬劍壹達卡銀幣……七四〇
2000 荷蘭馬劍壹達卡銀幣……七四一
2001 荷蘭馬劍壹達卡銀幣……七四一
2002 荷蘭威廉二世貳點伍盾銀幣……七四二
2003 荷蘭站神像叁盾銀幣……七四二
2004 挪威立憲一百年貳克朗紀念銀幣……七四二
2005 巴拿馬波布亞壹巴波亞銀幣……七四三
2006 新幾內亞天堂鳥伍馬克銀幣……七四三
2007 秘魯婦女頭像伍比塞塔銀幣……七四三
2008 秘魯一九二一年紀念章……七四四
2009 波蘭少女像伍茲羅提銀幣……七四四
2010 葡萄牙路易一世伍佰里斯銀幣……七四四
2011 葡萄牙發現印度四百年伍佰里斯紀念銀幣……七四四

2012 葡萄牙女人頭像壹埃斯庫多銀幣……七四五
2013 葡萄牙女人頭像伍拾分銀幣……七四五
2014 葡萄牙女人頭像貳拾分銀幣……七四五
2015 葡萄牙女人頭像拾分銀幣……七四六
2016 羅馬尼亞邁可一世貳佰伍拾列伊銀幣……七四六
2017 聖馬力諾一九三五年伍里拉銀幣……七四六
2018 瑞典奥斯卡二世貳克朗銀幣（一八九二年）……七四六
2019 瑞典奥斯卡二世貳克朗銀幣（一九〇七年）……七四七
2020 瑞典古斯塔夫二世·亞道夫逝世三百周年貳克朗紀念銀幣……七四七
2021 瑞典特拉華平定三百周年貳克朗紀念銀幣……七四七
2022 瑞士一九三二年伍法朗銀幣……七四七
2023 瑞士弗列堡伍法朗銀幣……七四八
2024 突尼斯一三五三年貳拾法朗銀幣……七四八
2025 俄國彼得一世壹盧布銀幣……七四八
2026 俄國安壹盧布銀幣（一七三三年）……七四九
2027 俄國安壹盧布銀幣（一七三七年）……七四九
2028 俄國安壹盧布銀幣（一七三八年）……七四九
2029 俄國伊莉莎白壹盧布銀幣（一七五一年）……七五〇
2030 俄國伊莉莎白壹盧布銀幣（一七五七年）……七五〇
2031 俄國尼古拉二世加冕典禮壹盧布紀念銀幣……七五〇
2032 拉脱維亞婦女頭像伍拉梯銀幣……七五一
2033 美國大紋章鷹像壹美元銀幣……七五一
2034 美國大紋章鷹像半美元銀幣……七五一
2035 美國加利福尼亞半美元紀念銀幣……七五二
2036 美國門羅主義半美元紀念銀幣……七五二
2037 美國勒克新頓戰役一百五十年半美元紀念銀幣……七五二
2038 美國俄勒岡半美元紀念銀幣……七五二
2039 美國諾福克半美元紀念銀幣……七五三
2040 美國移民半美元紀念銀幣……七五三
2041 美國石頭山半美元紀念銀幣……七五三

2042 美國B・T・W，帕塞特半美元紀念銀幣……七五三
2043 美國富蘭克林半美元銀幣……七五四
2044 夏威夷王國卡拉考亞壹美元銀幣……七五四
2045 美國諾思美國一百周年銀紀念章……七五四
2046 美國路易斯安那州銀紀念章……七五五
2047 梵蒂岡格烈哥利十六世壹斯庫多銀幣……七五五
2048 梵蒂岡皮爾斯九世壹斯庫多銀幣……七五五
2049 梵蒂岡皮爾斯十一世伍里拉銀幣……七五六
2050 委内瑞拉波利瓦伍博利瓦銀幣……七五六
2051 越南一八三三年叁錢明命通寶……七五六
2052 越南一八三四年柒錢明命通寶……七五七
2053 古北非迦太基西芬尼像金銀合金幣……七五七
2054 古埃及托勒密銀幣……七五七

古錢部分

春秋戰國布幣

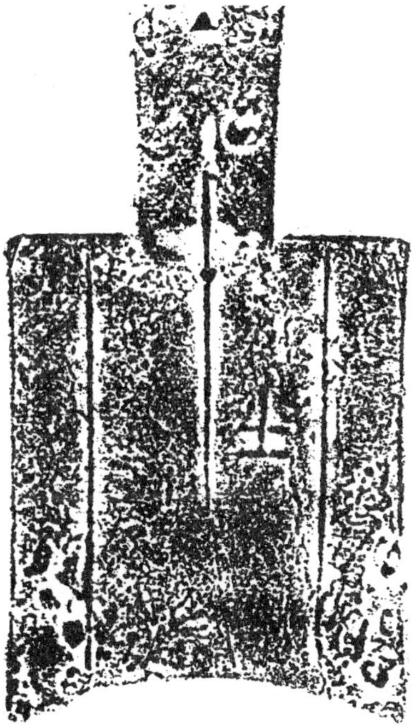

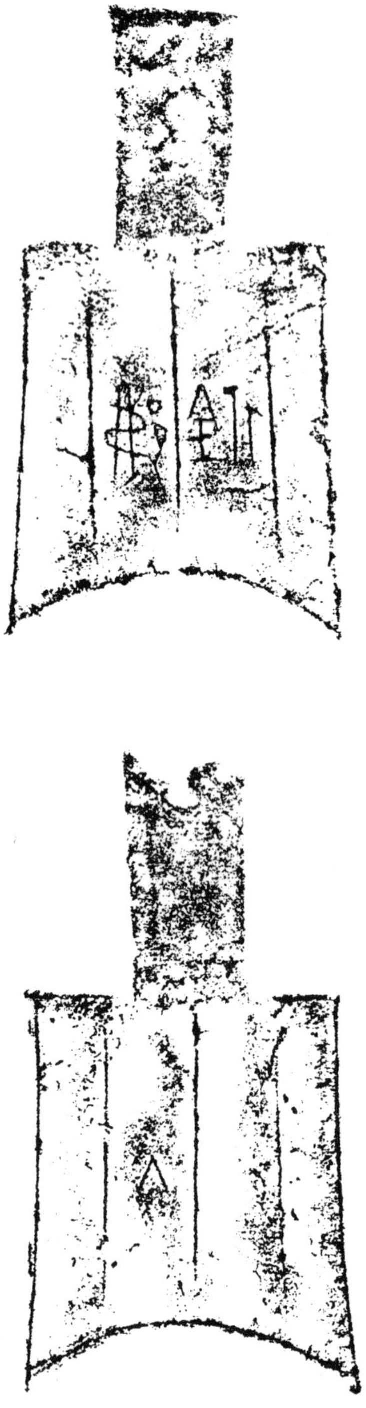

3

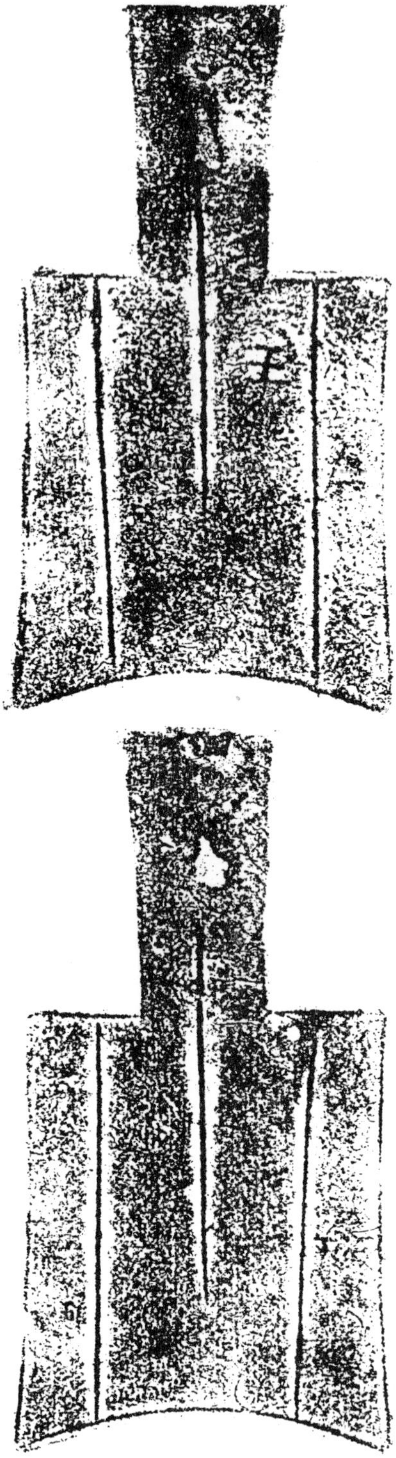

2

4

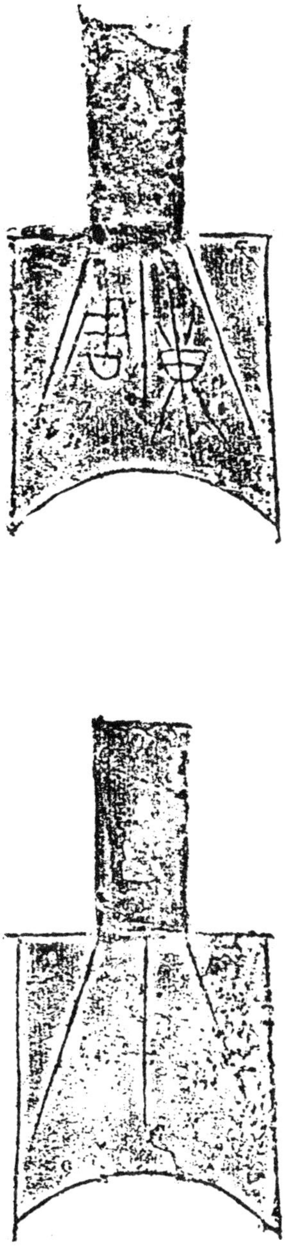

5

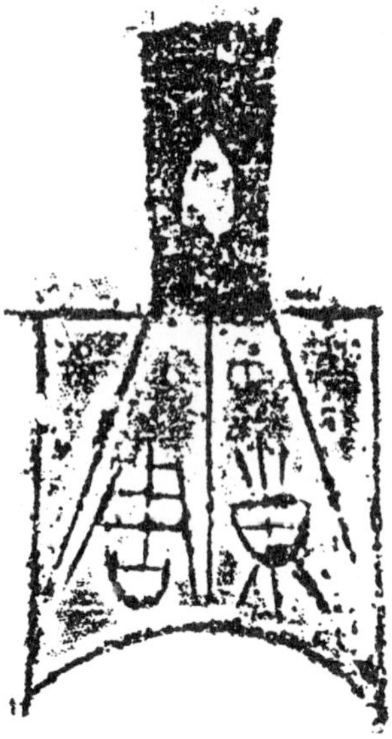

6

7

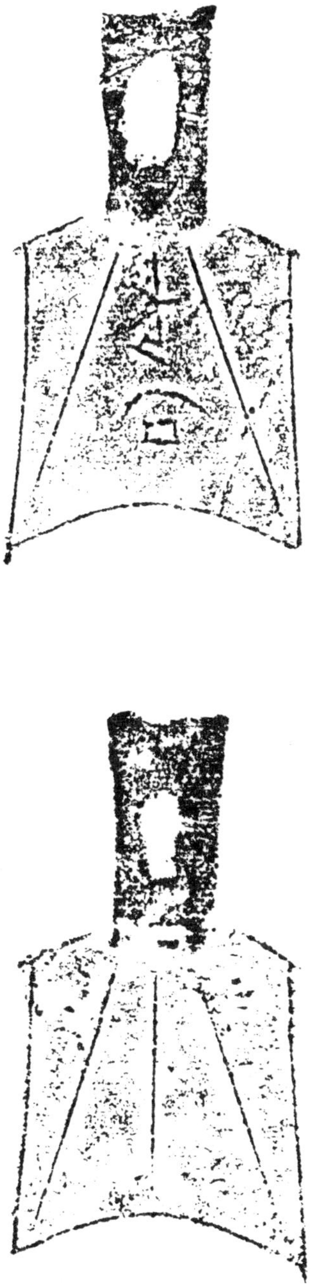

9

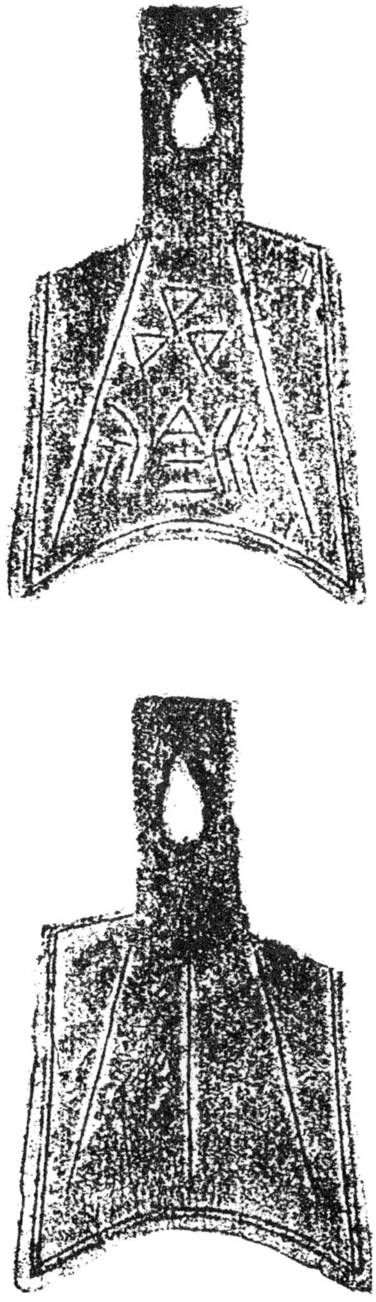

8

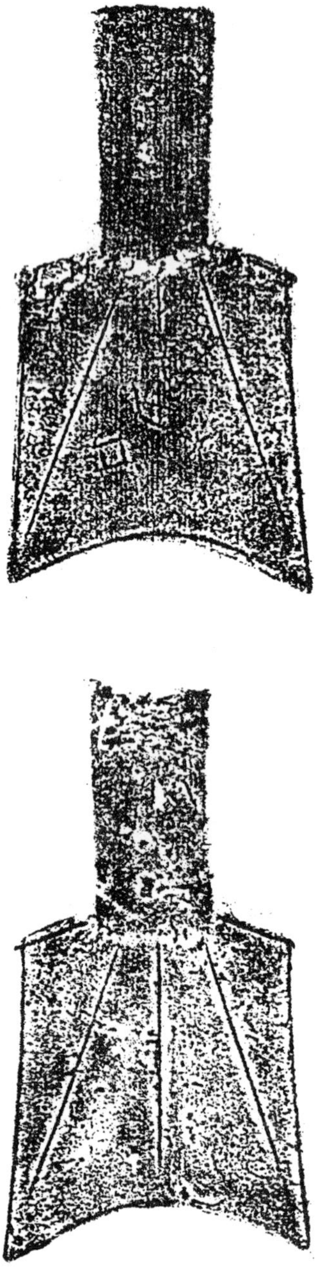

11

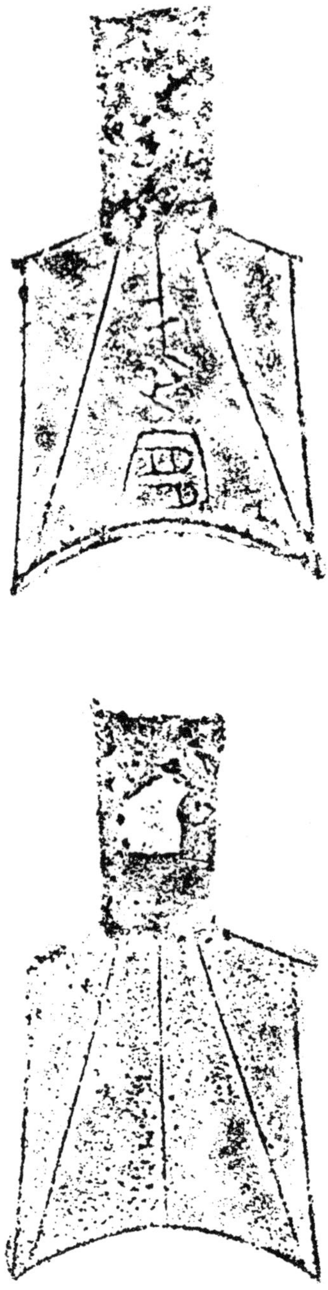

10

12

13

14

15

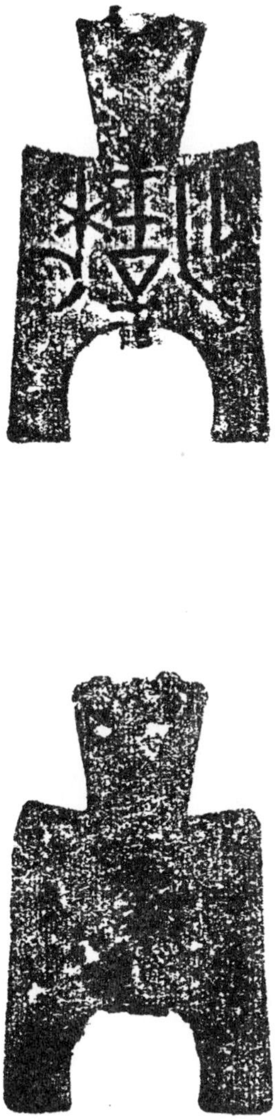

16

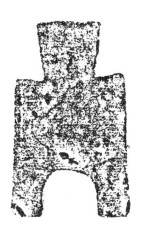

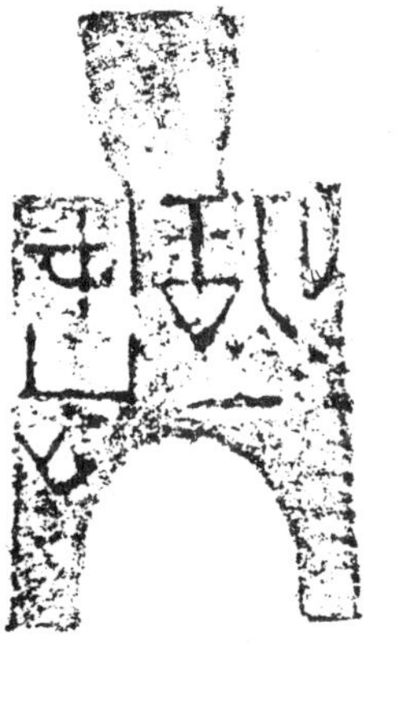

19

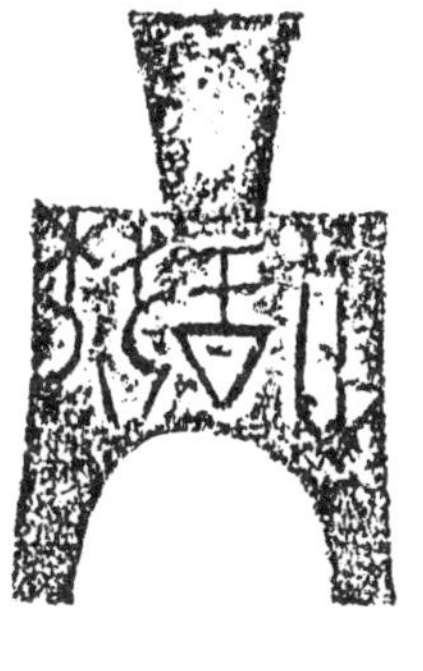

18

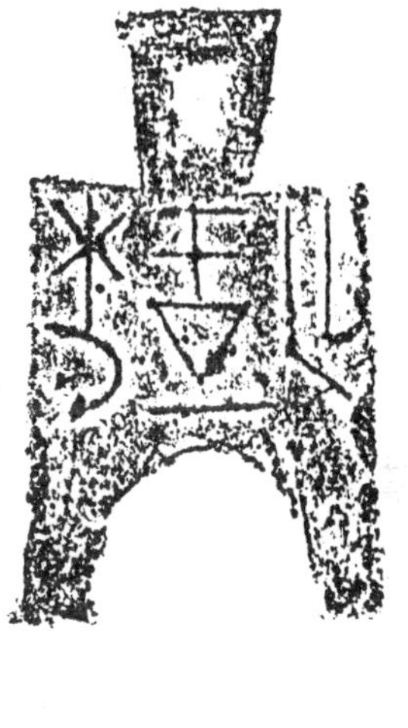

17

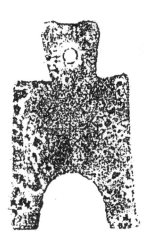

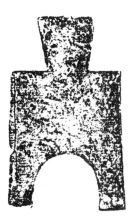

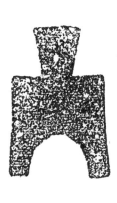

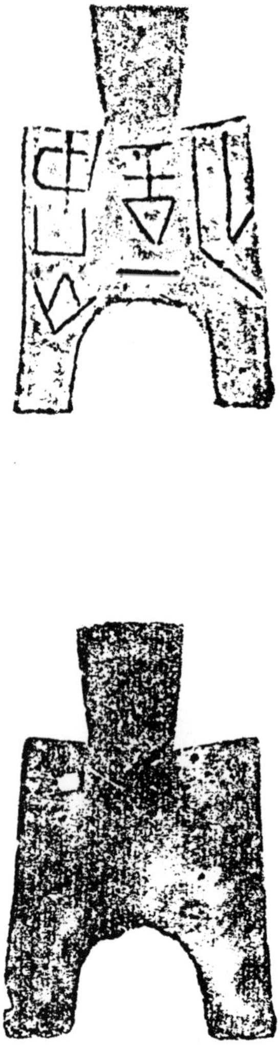

20

21

22

23

24

25

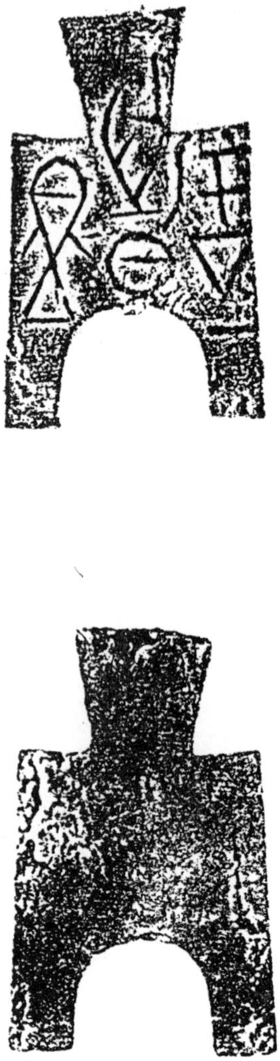

26

27

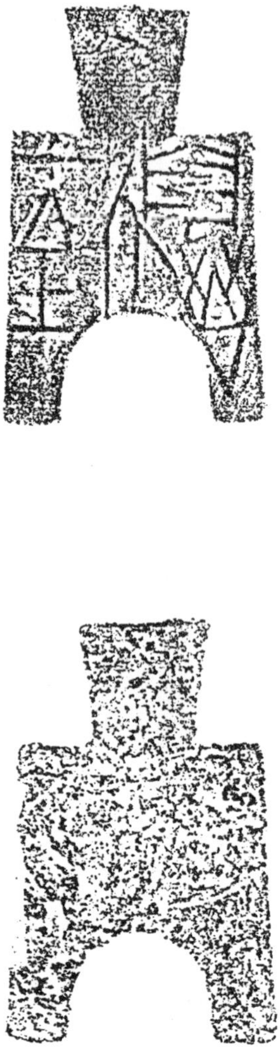

28

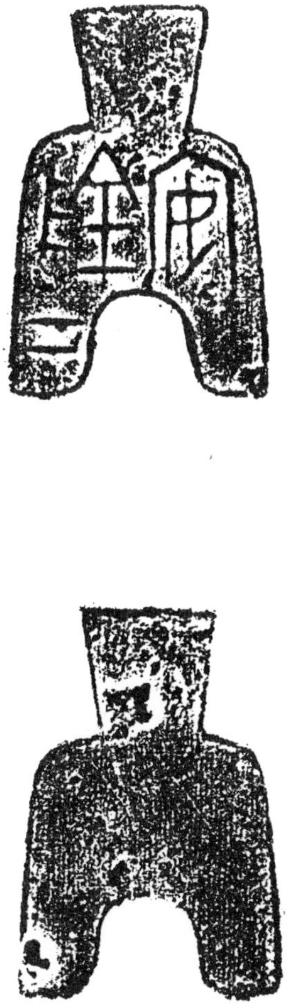

29

31

30

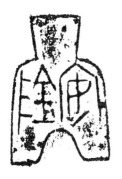

32

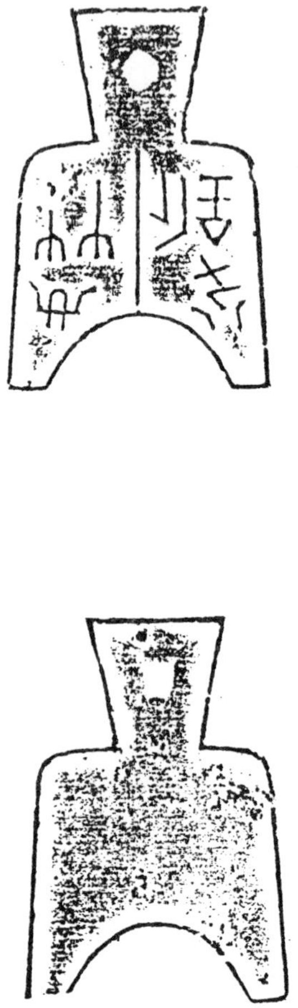

33

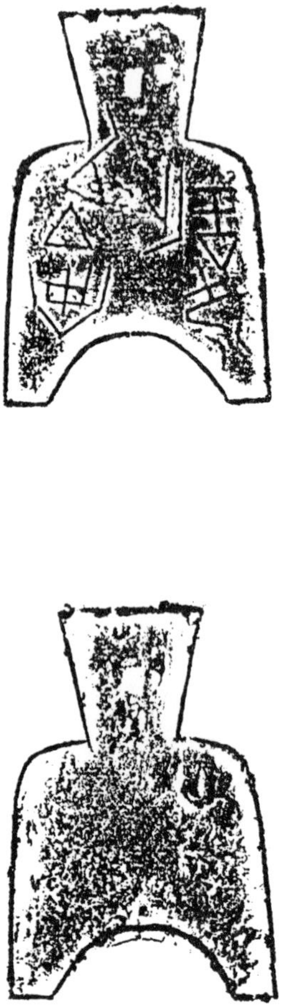

34

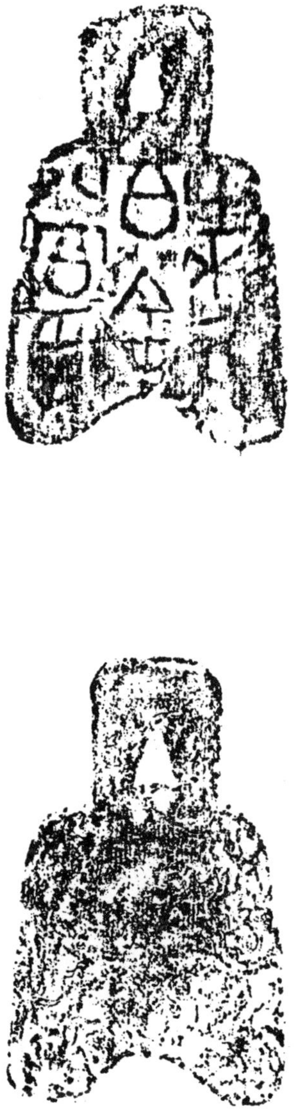

35

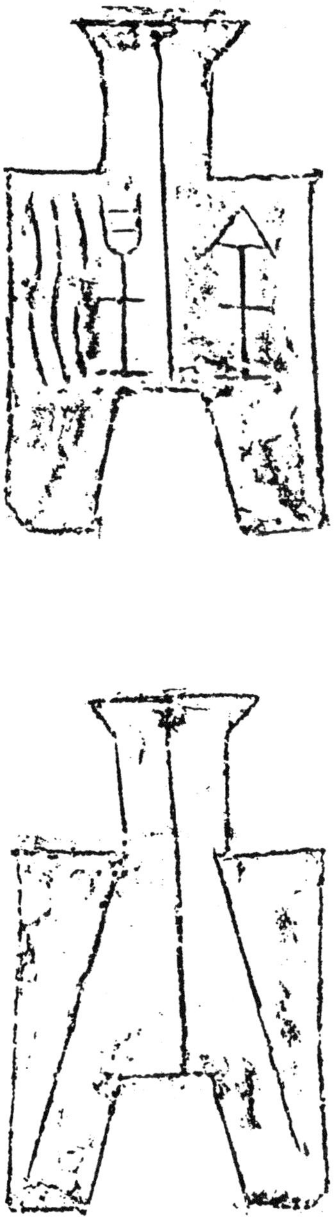

36

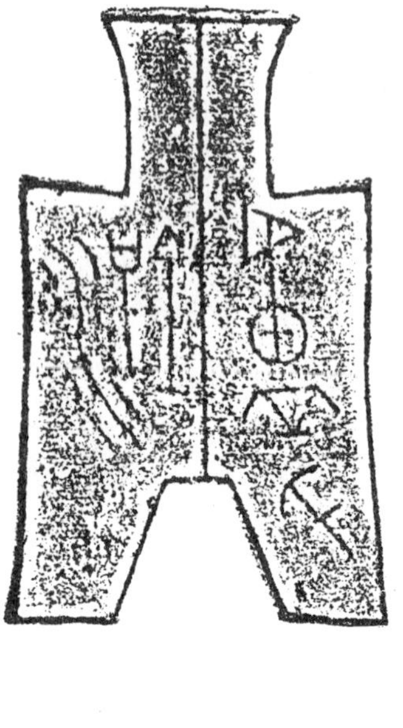

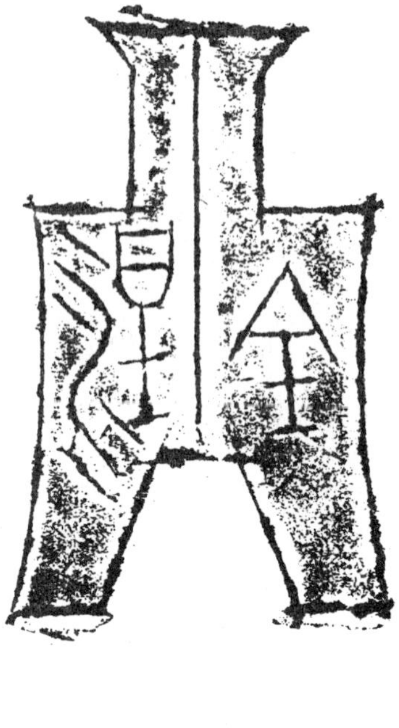

38　37

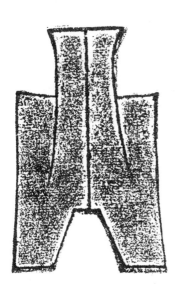

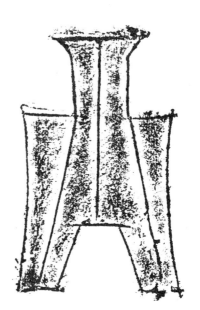

39

40

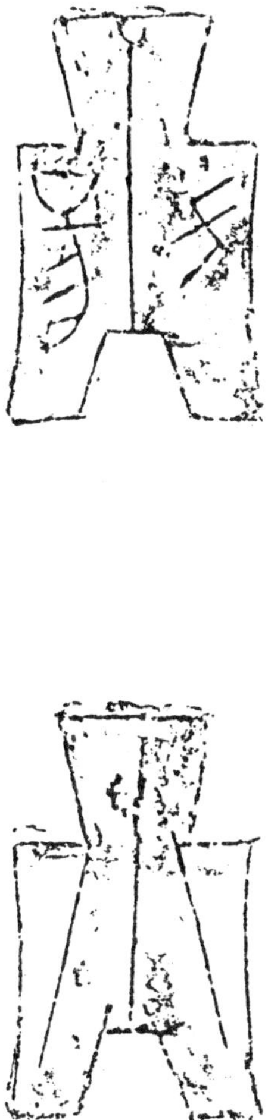

41

42

43

44

47

46

45

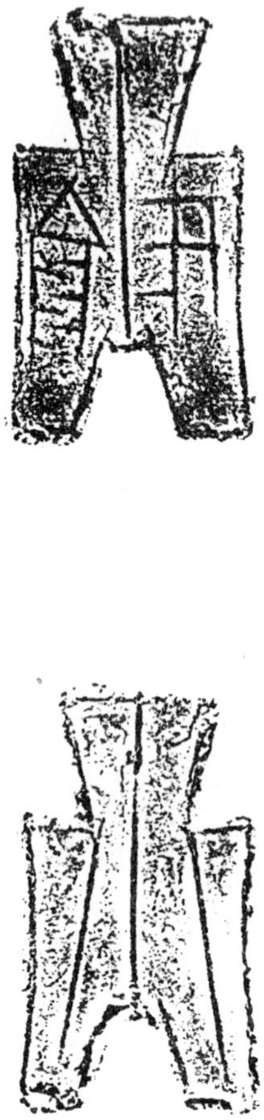

48

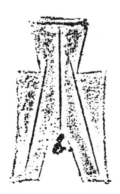

49

50

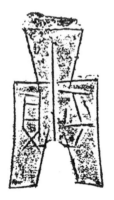

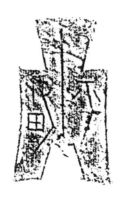

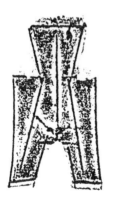

53

52

51

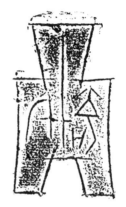

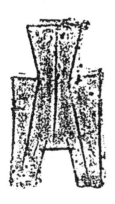

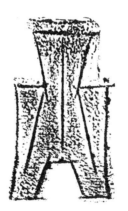

56

55

54

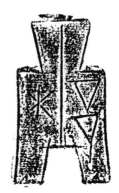

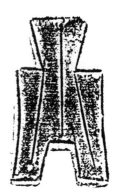

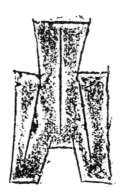

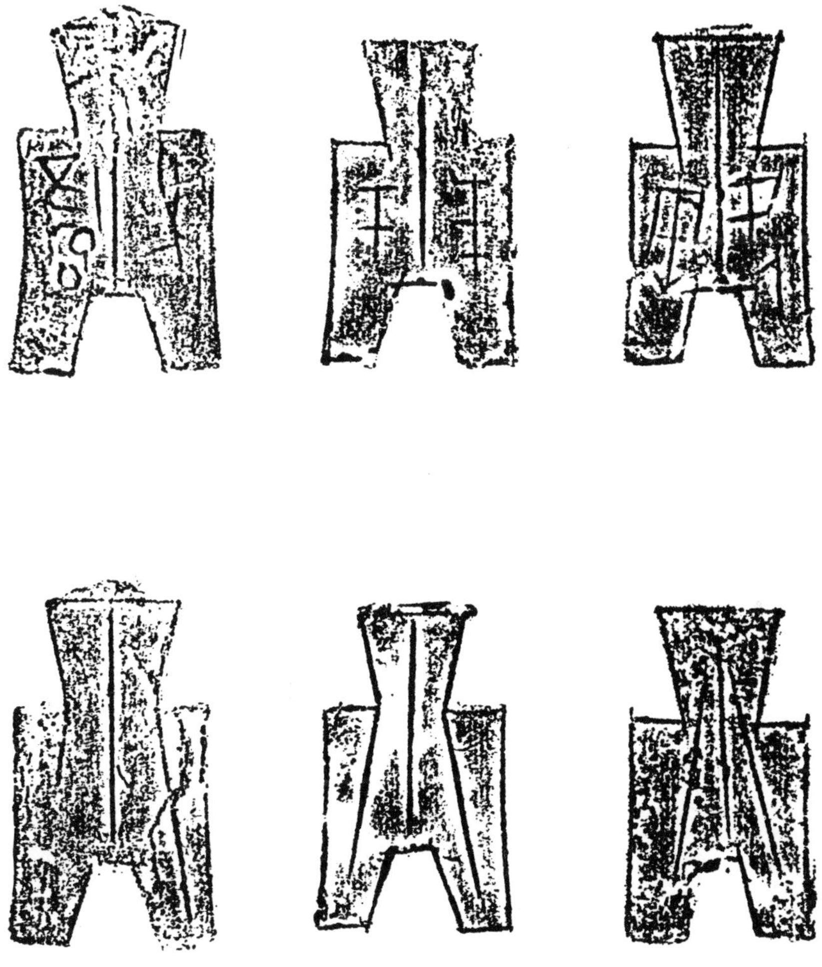

59 58 57

62

61

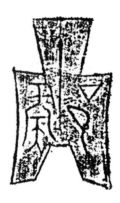

60

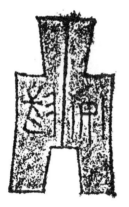

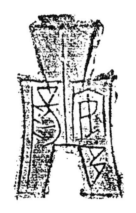

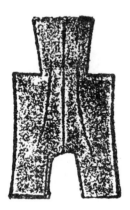

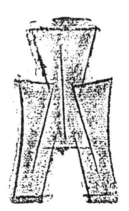

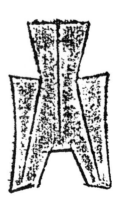

65

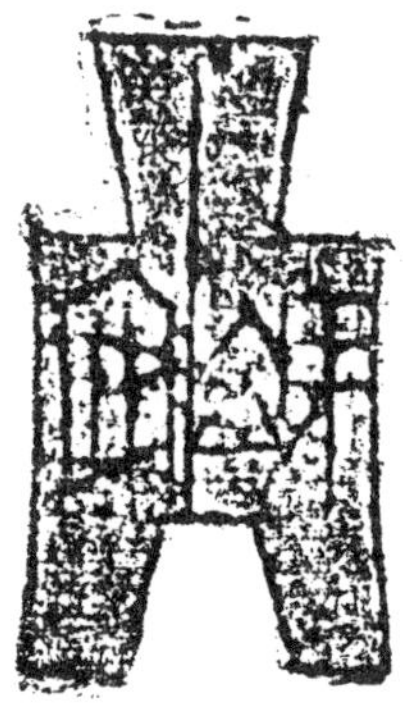

64

63

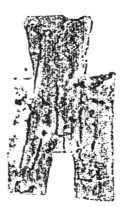

66

67

68

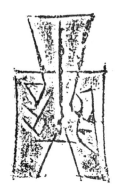

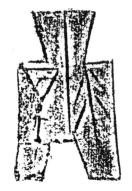

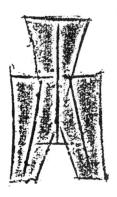

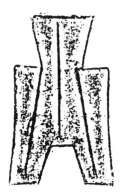

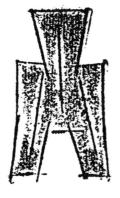

71

70

69

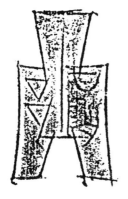

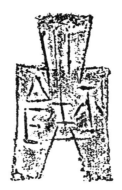

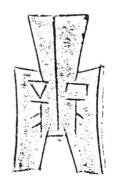

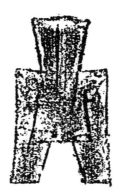

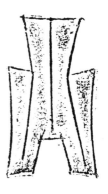

72

73

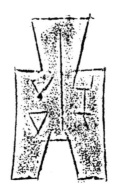

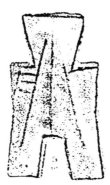

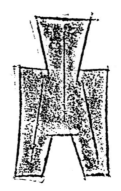

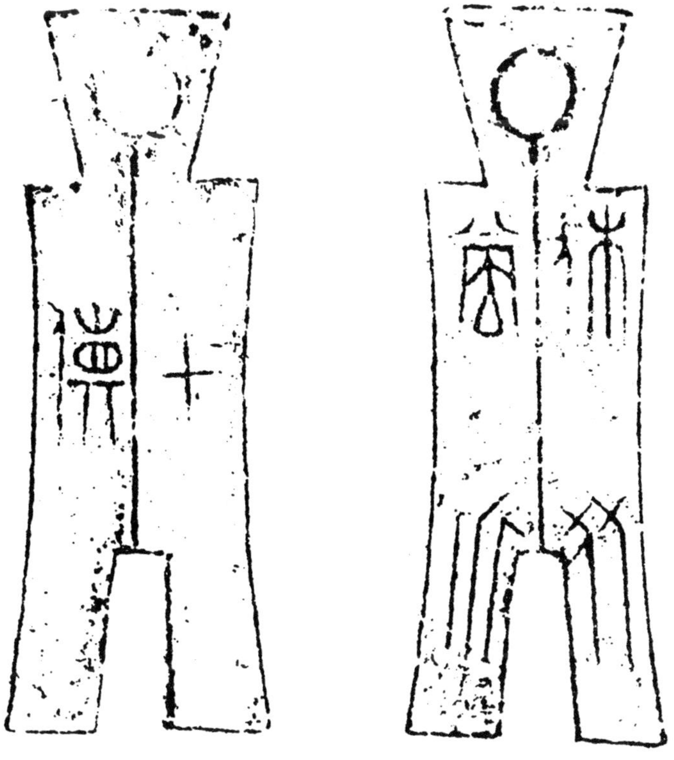

74

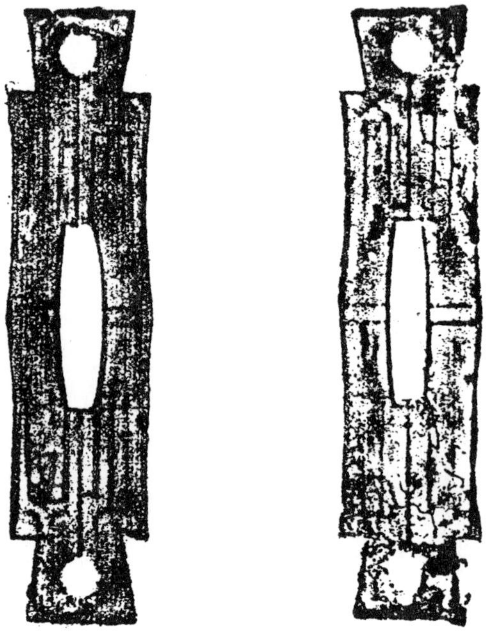

75

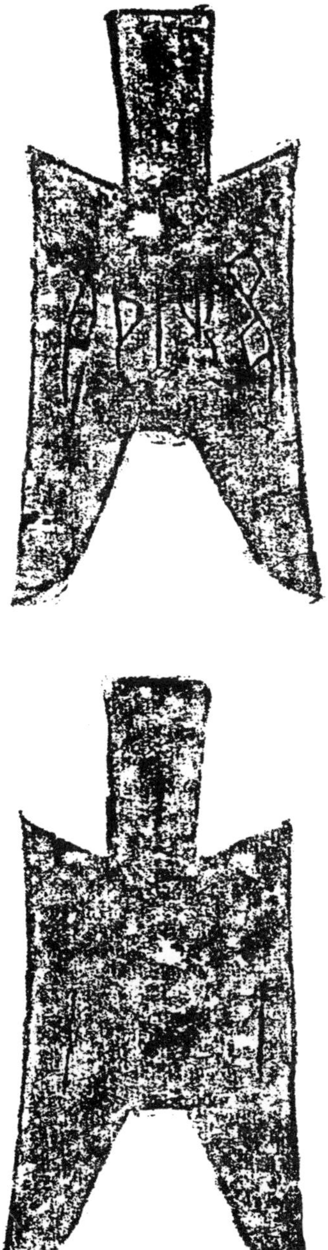

77

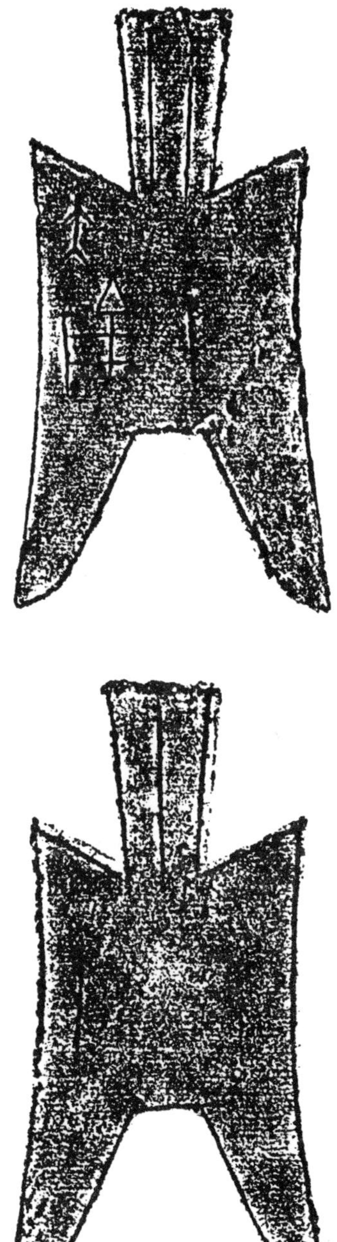

76

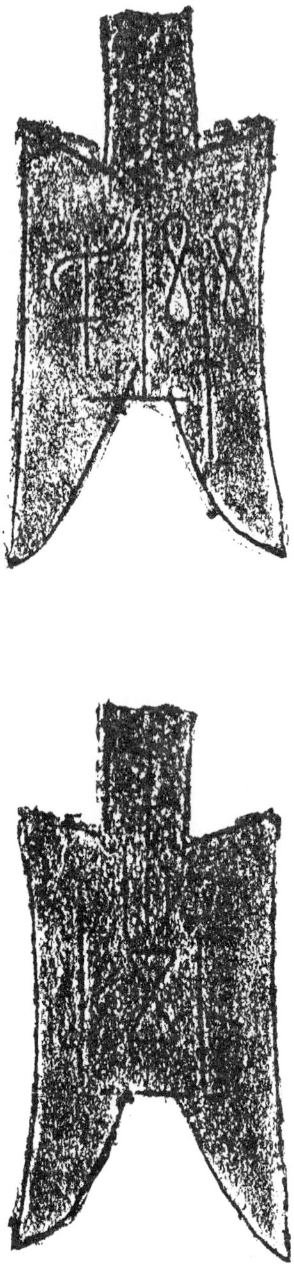

79

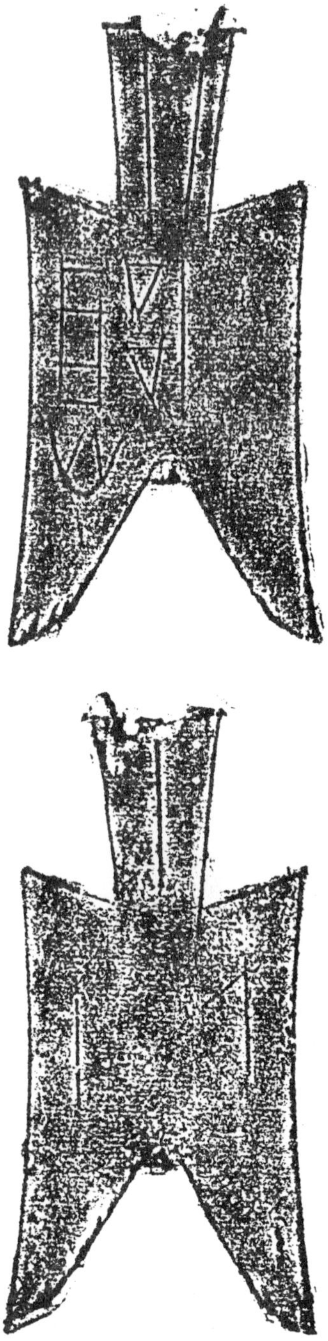

78

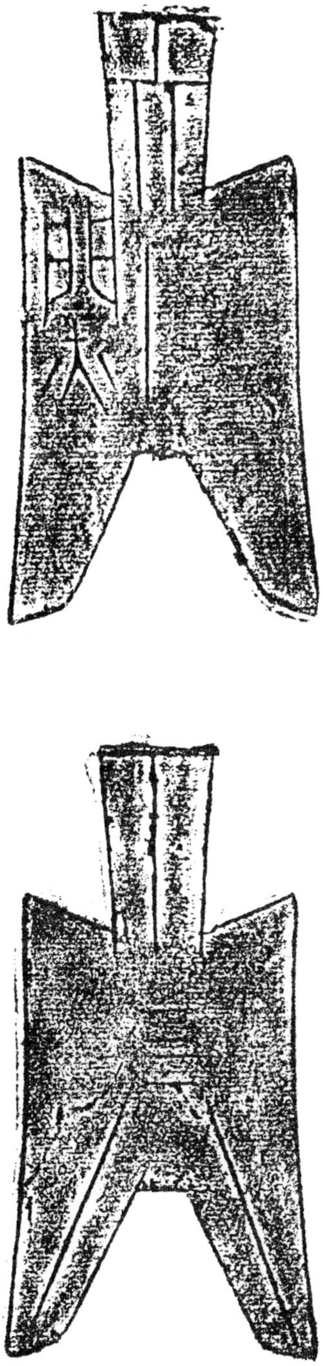

81

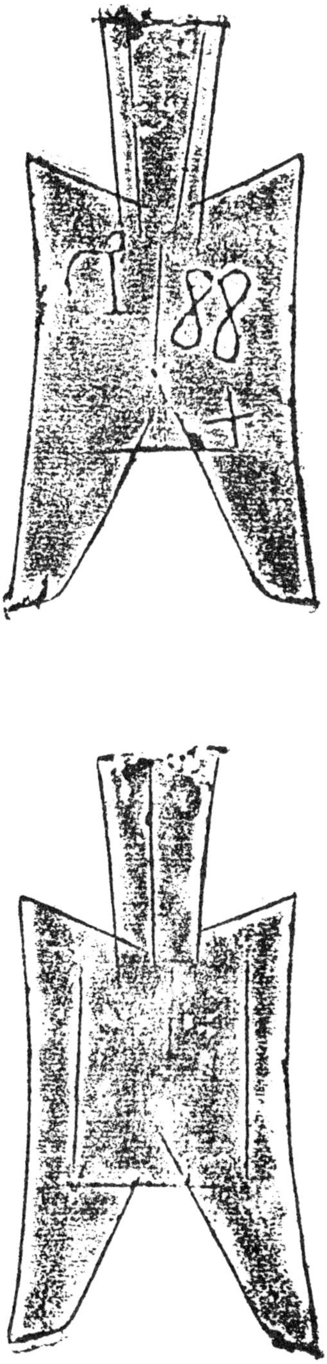

80

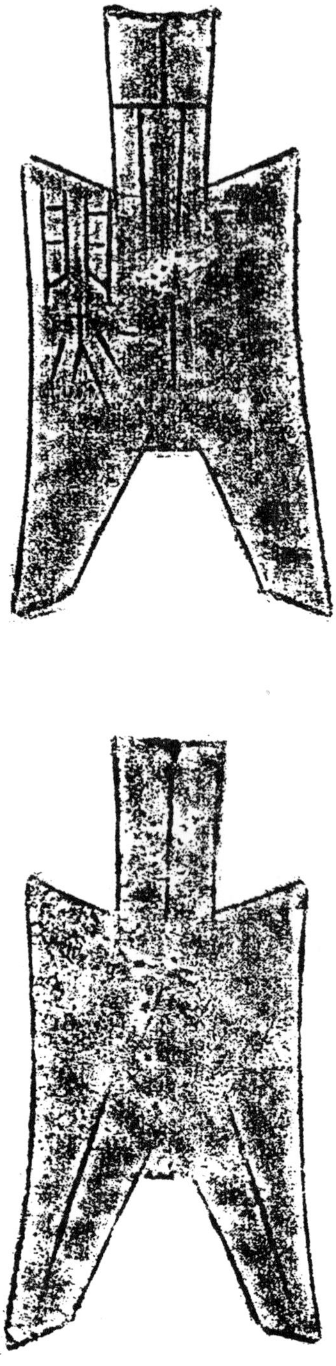

82

83

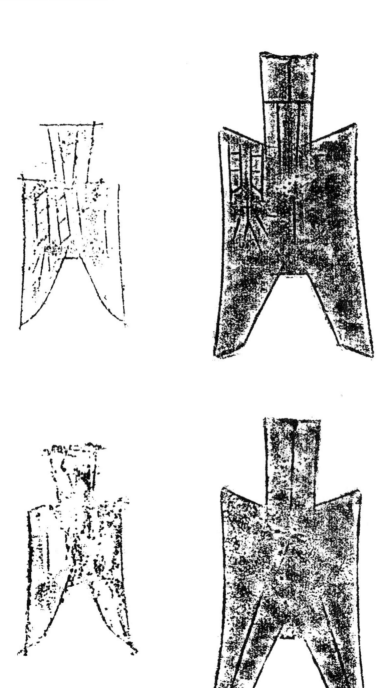

84

85

86

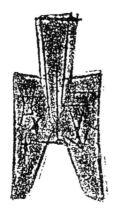

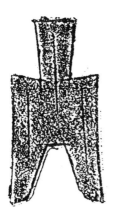

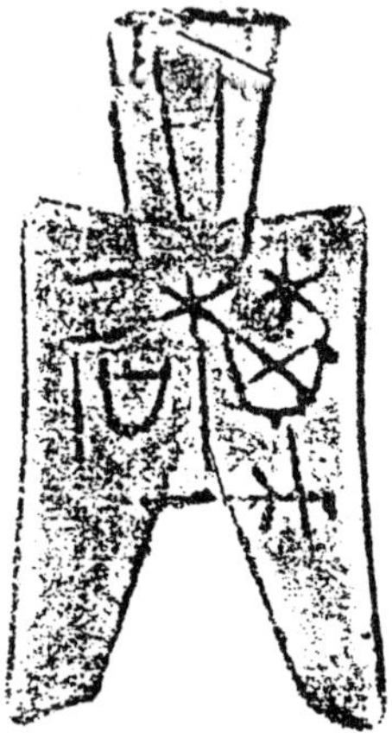

87

88

89

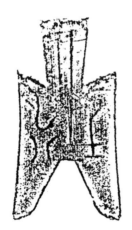

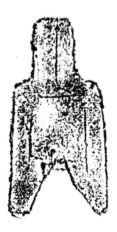

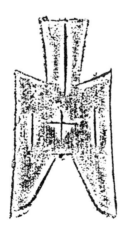

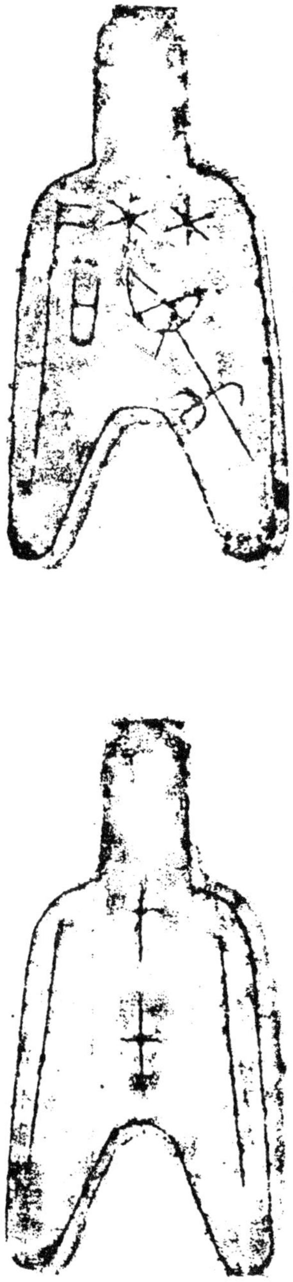

91

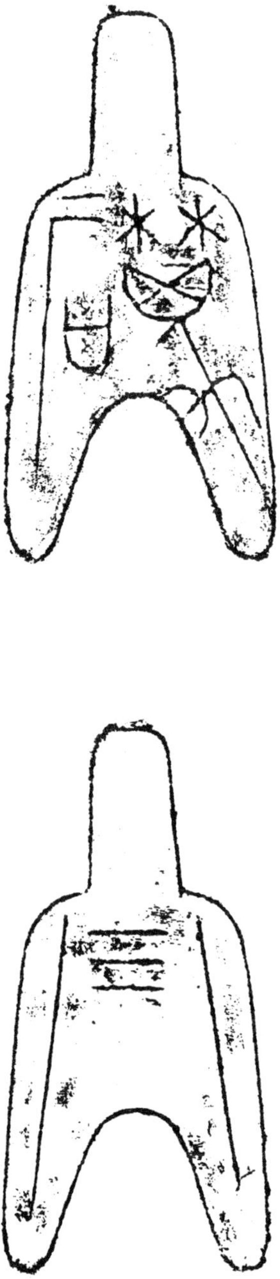

90

92

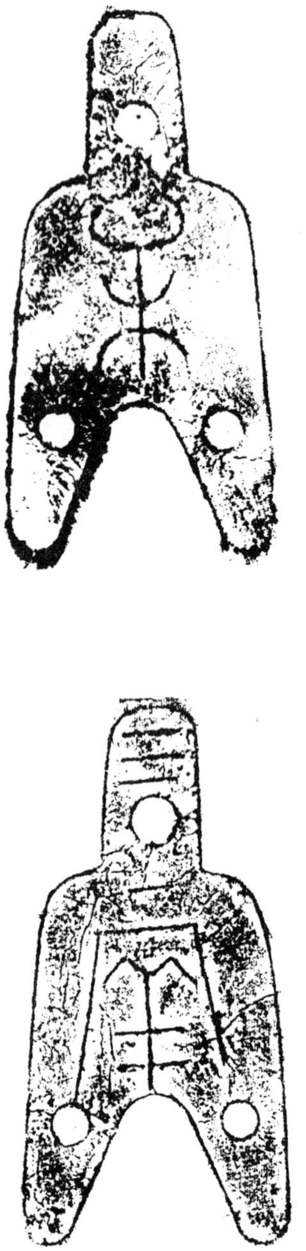

93

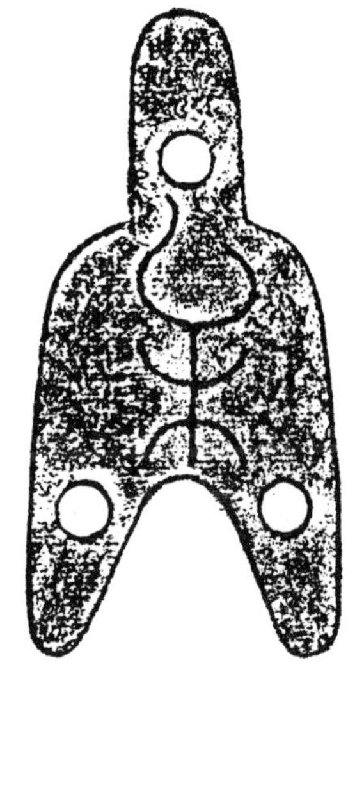

94

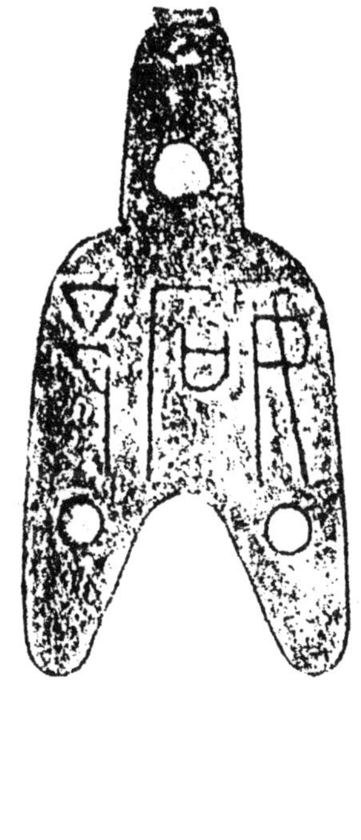

95

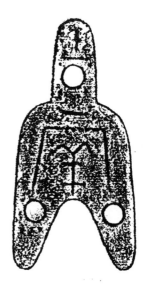

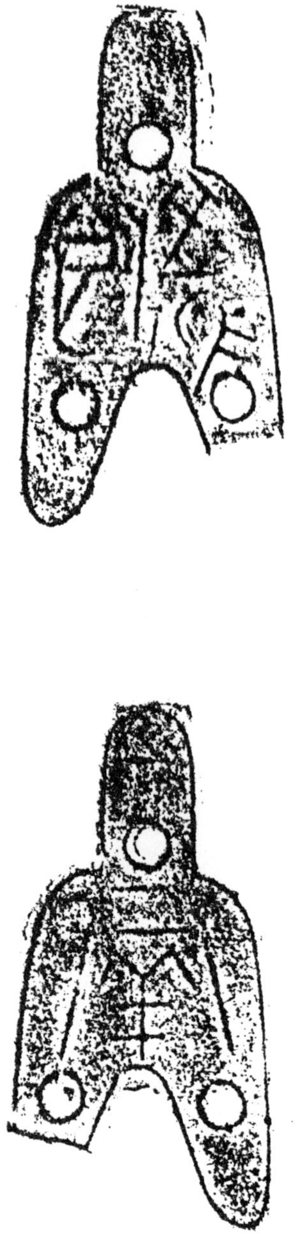

96

97

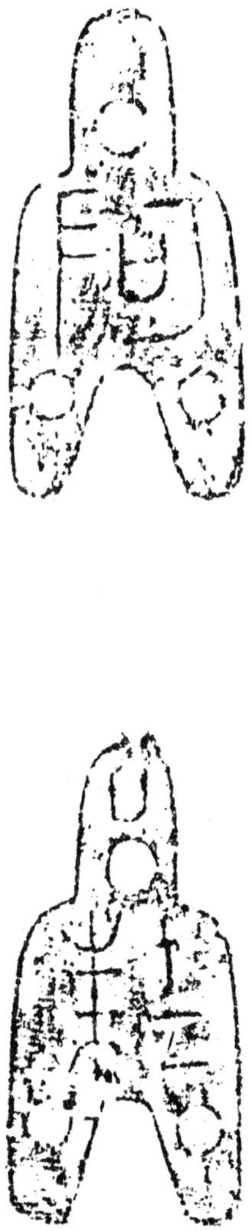

98

刀幣

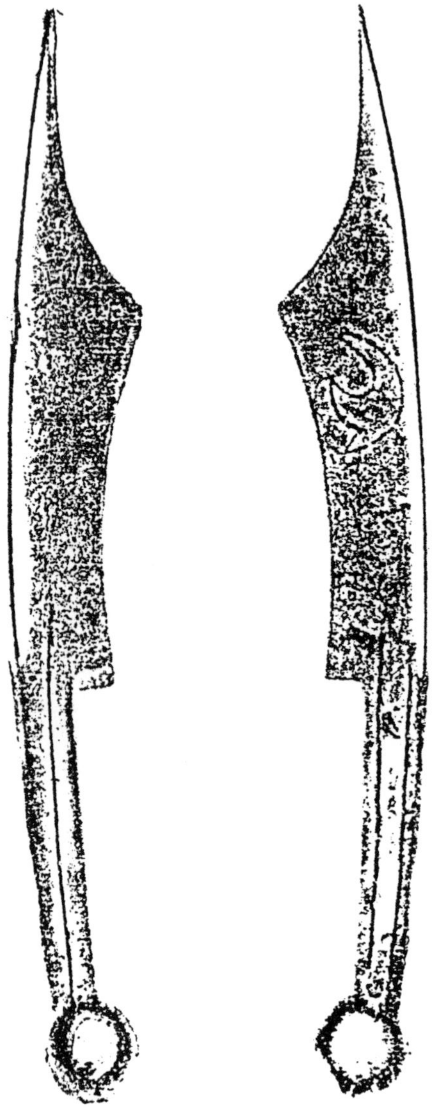

99

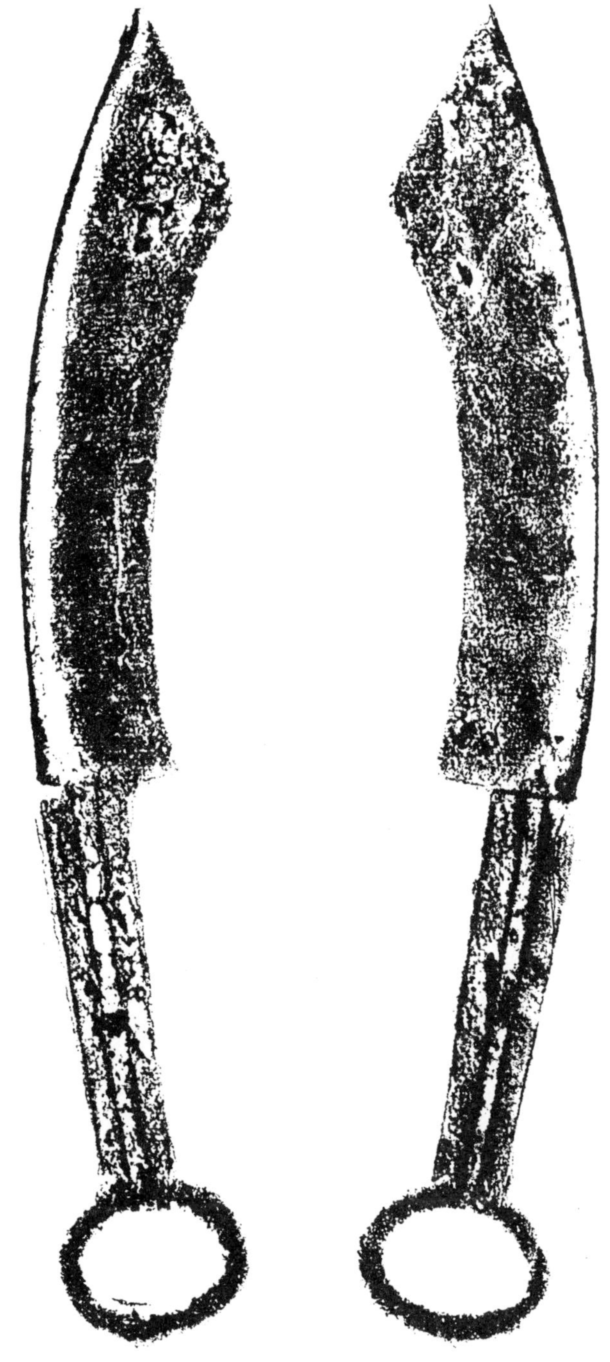

100

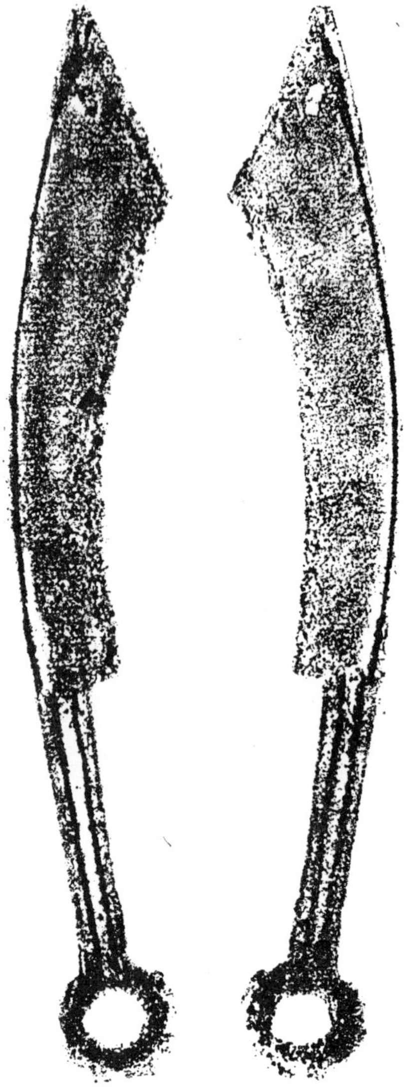

101

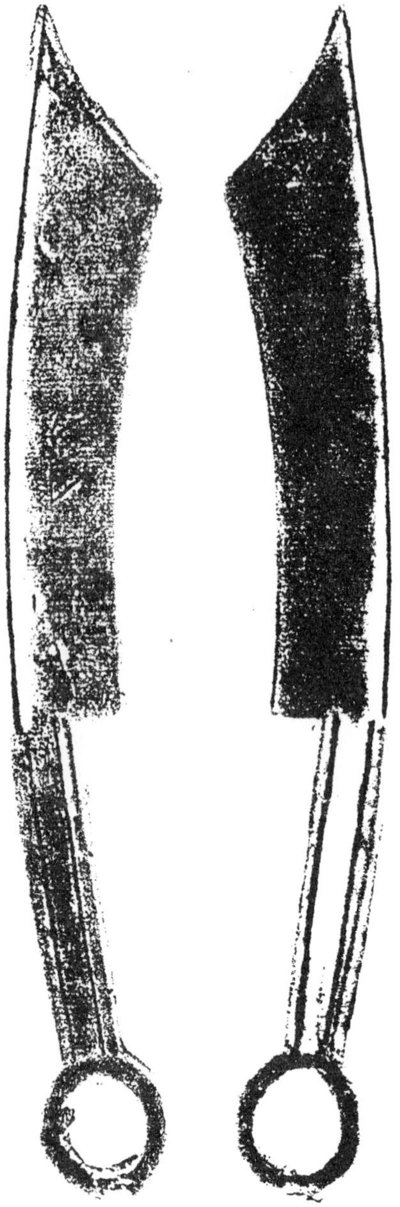

102

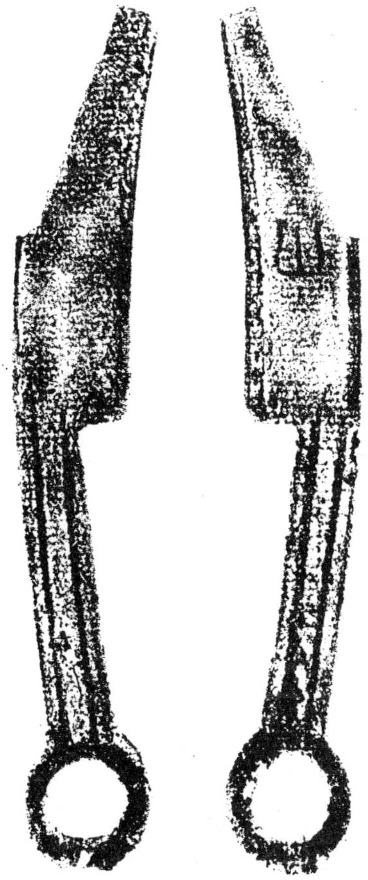

104

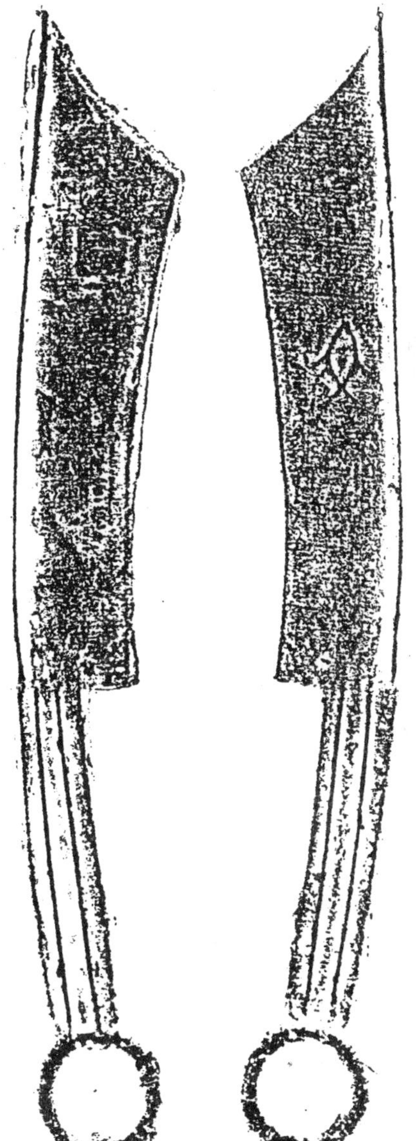

103

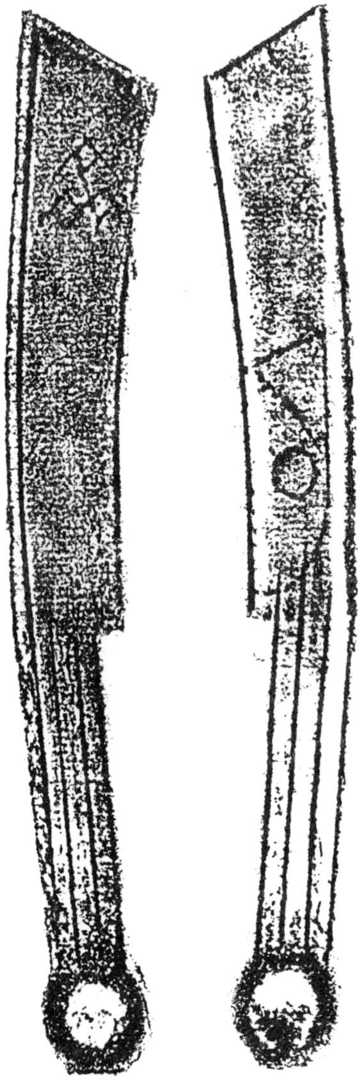

106

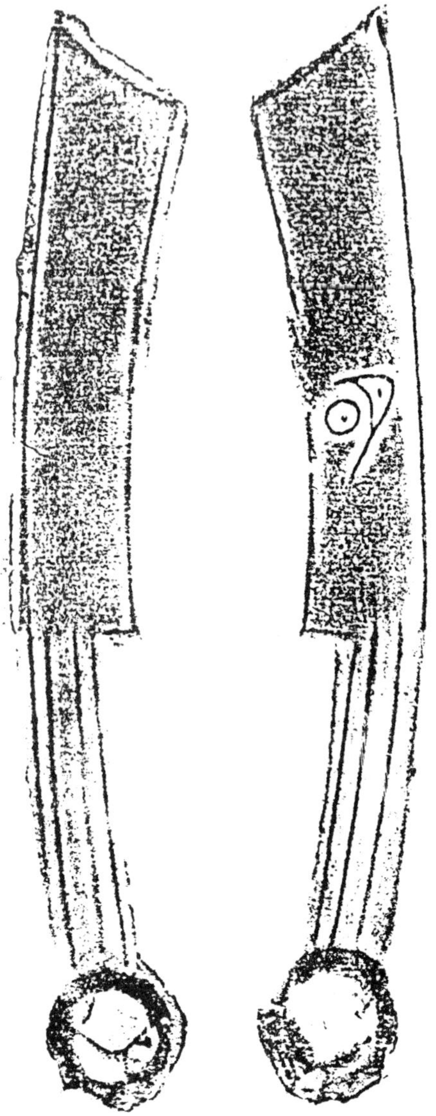

105

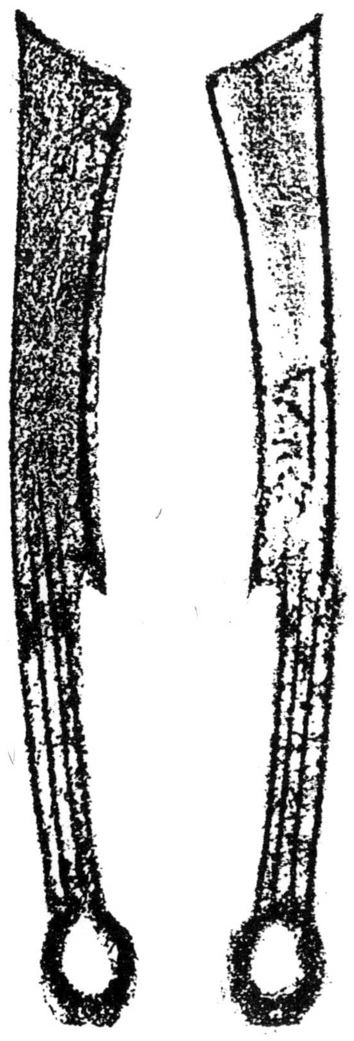

108

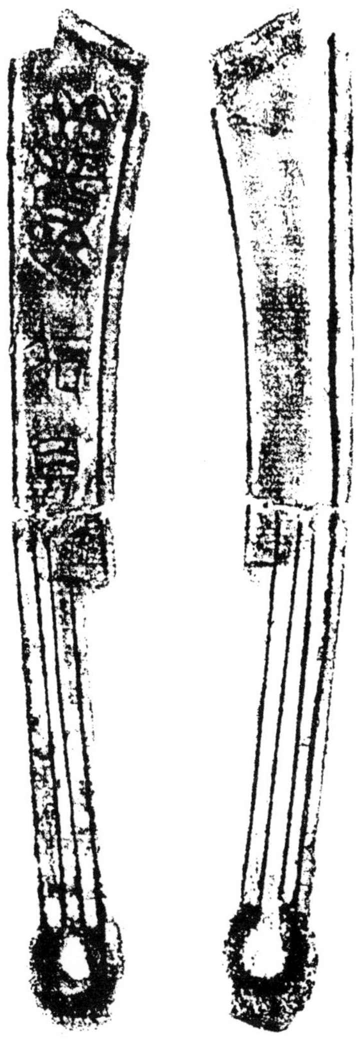

107

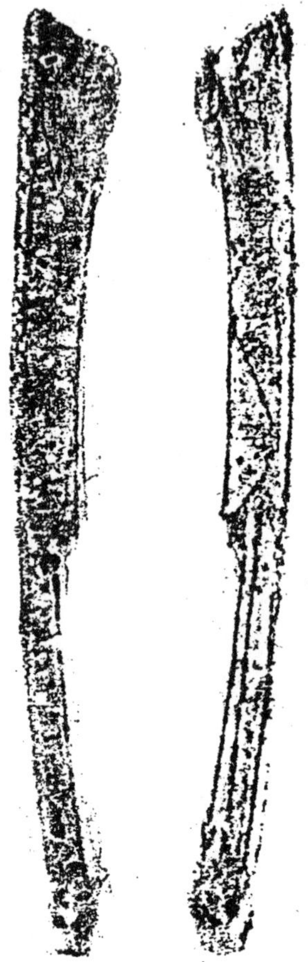

109

110

111

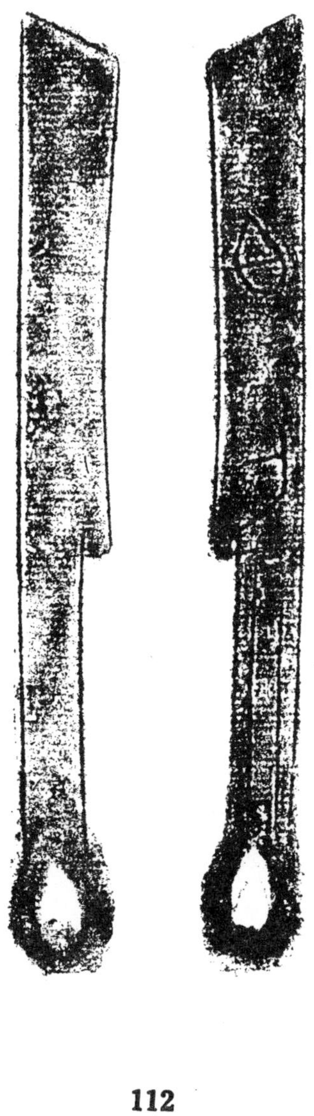

112

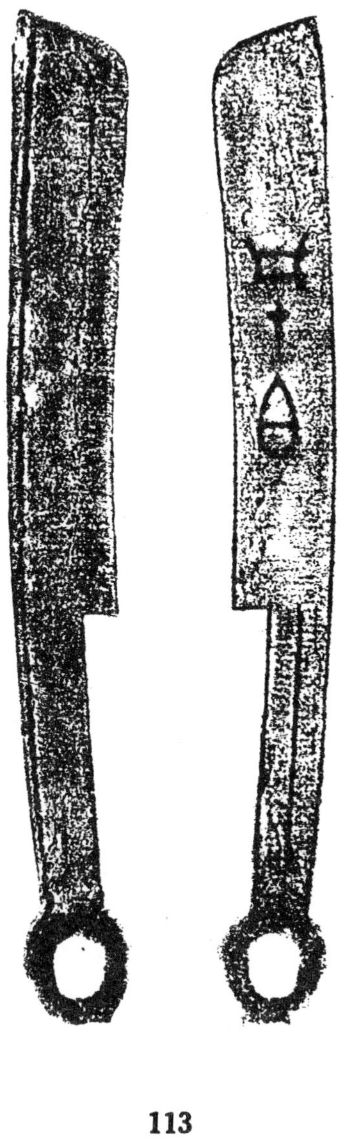

113

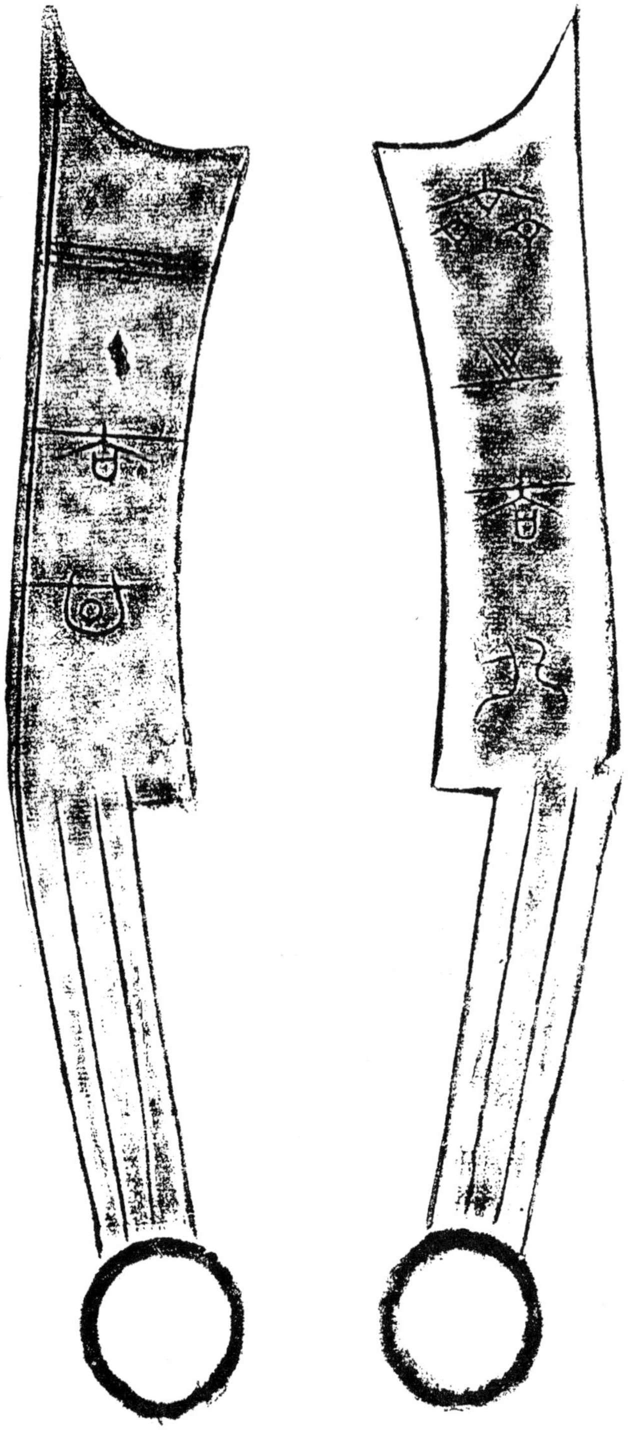

114

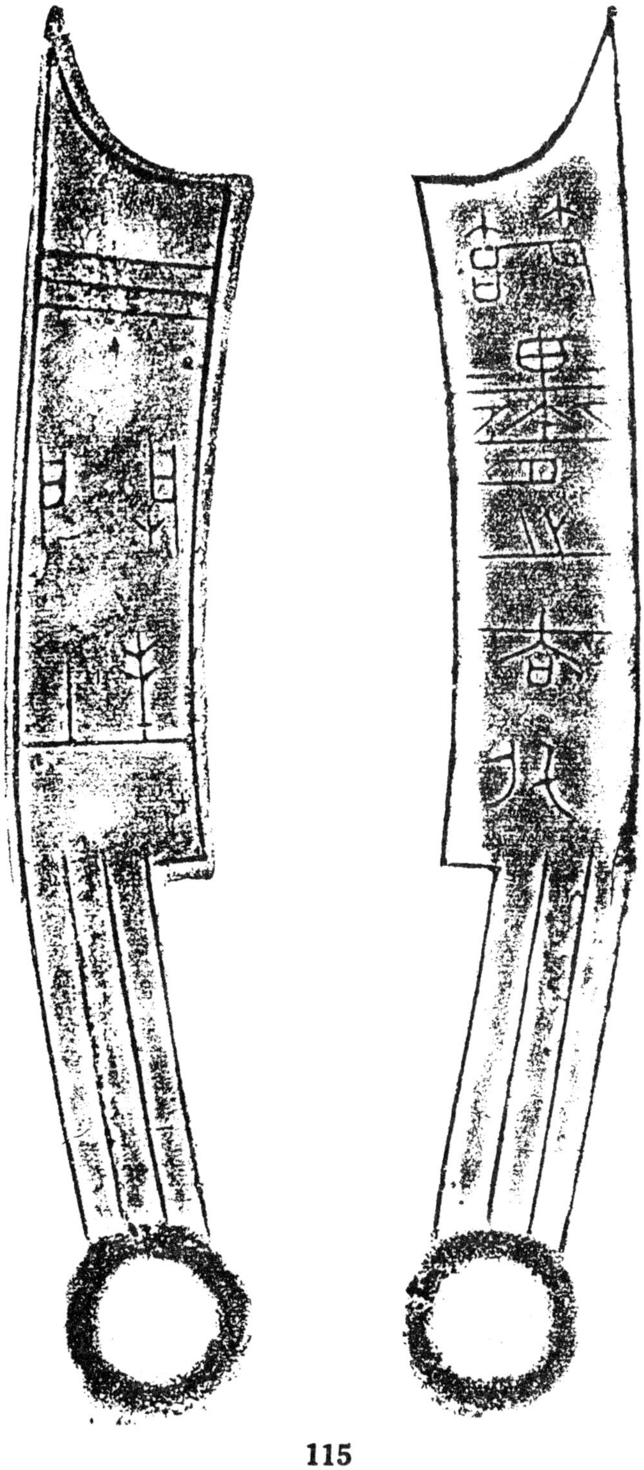

115

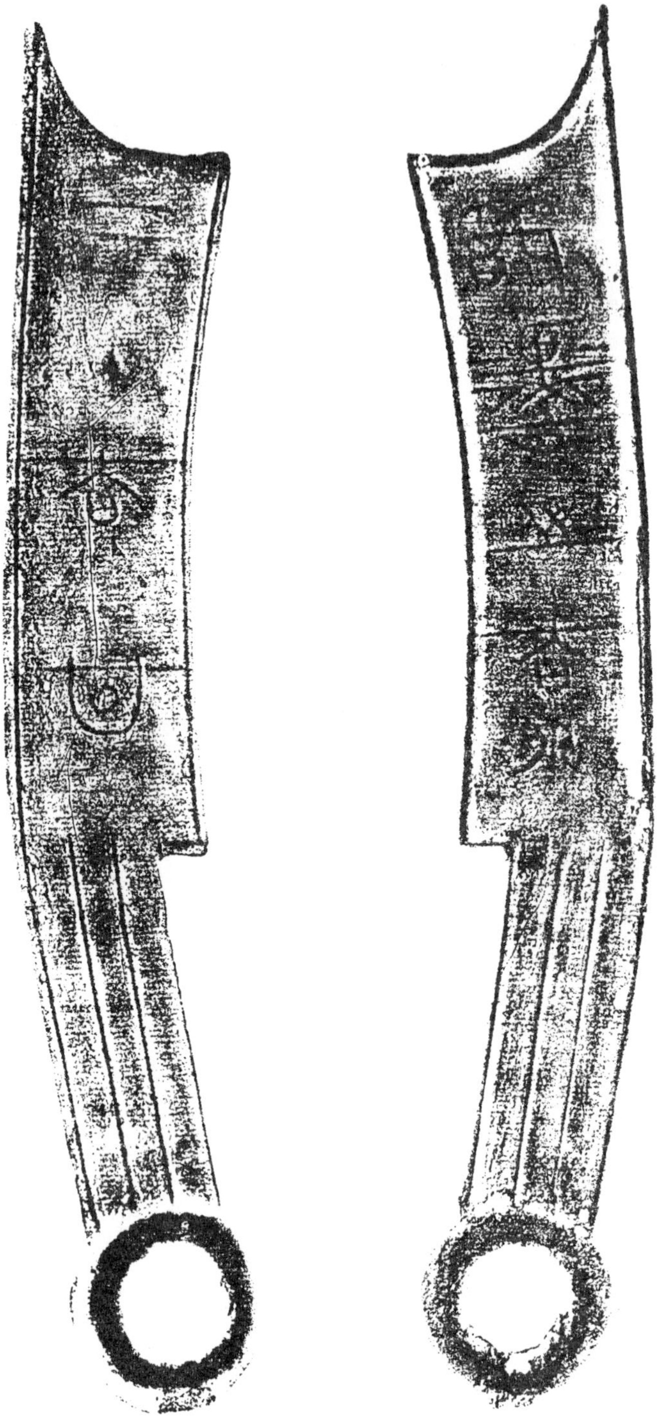

116

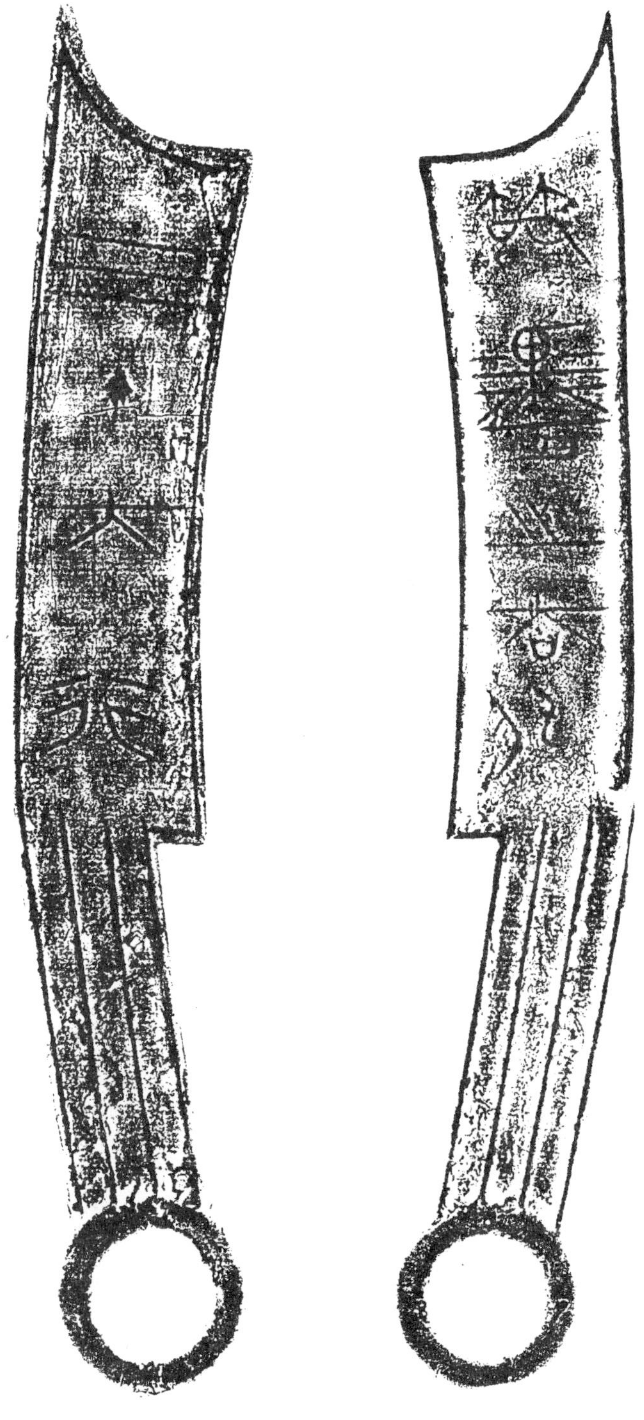

117

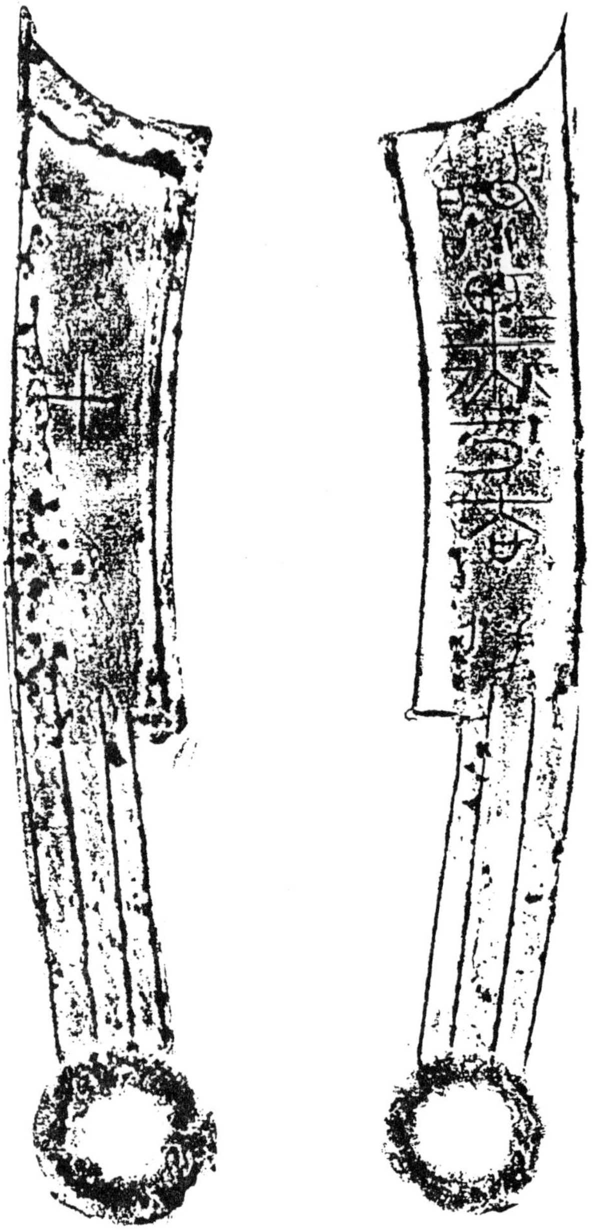

118

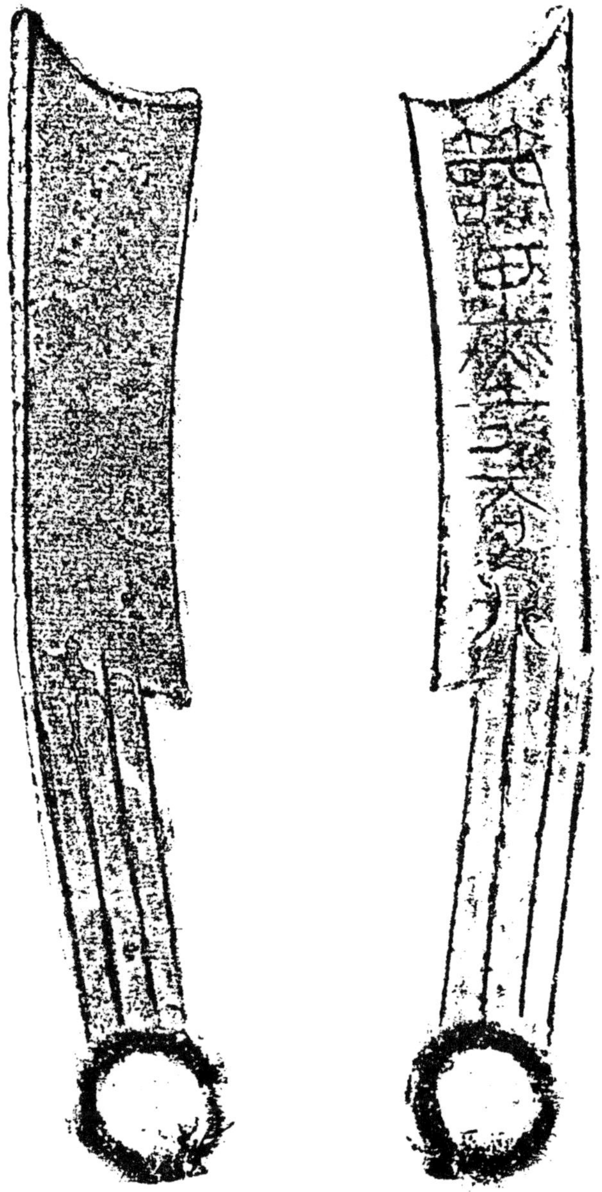

119

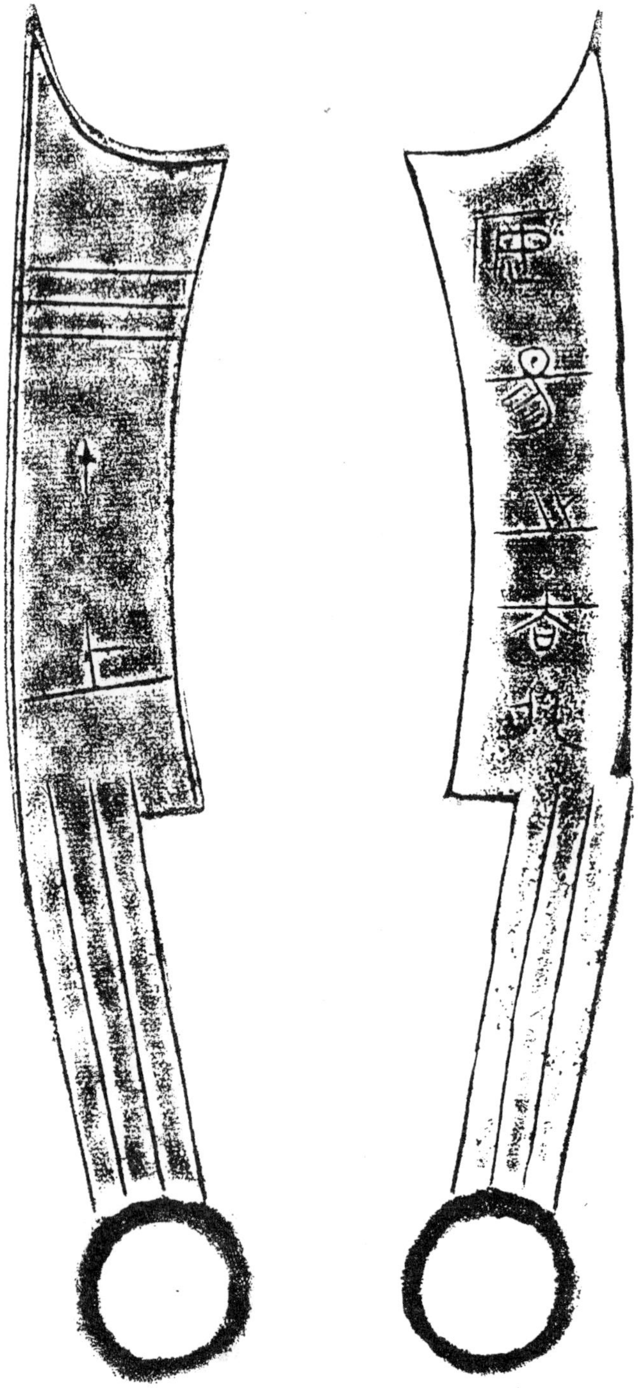

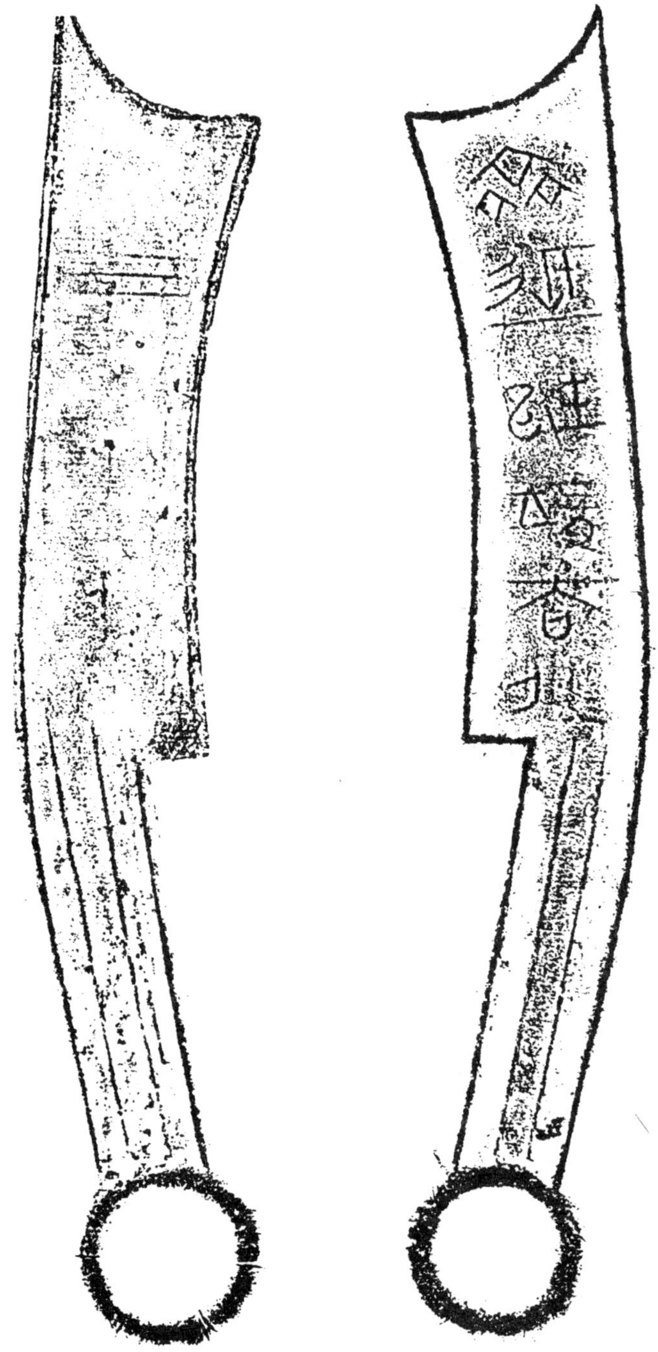

五七

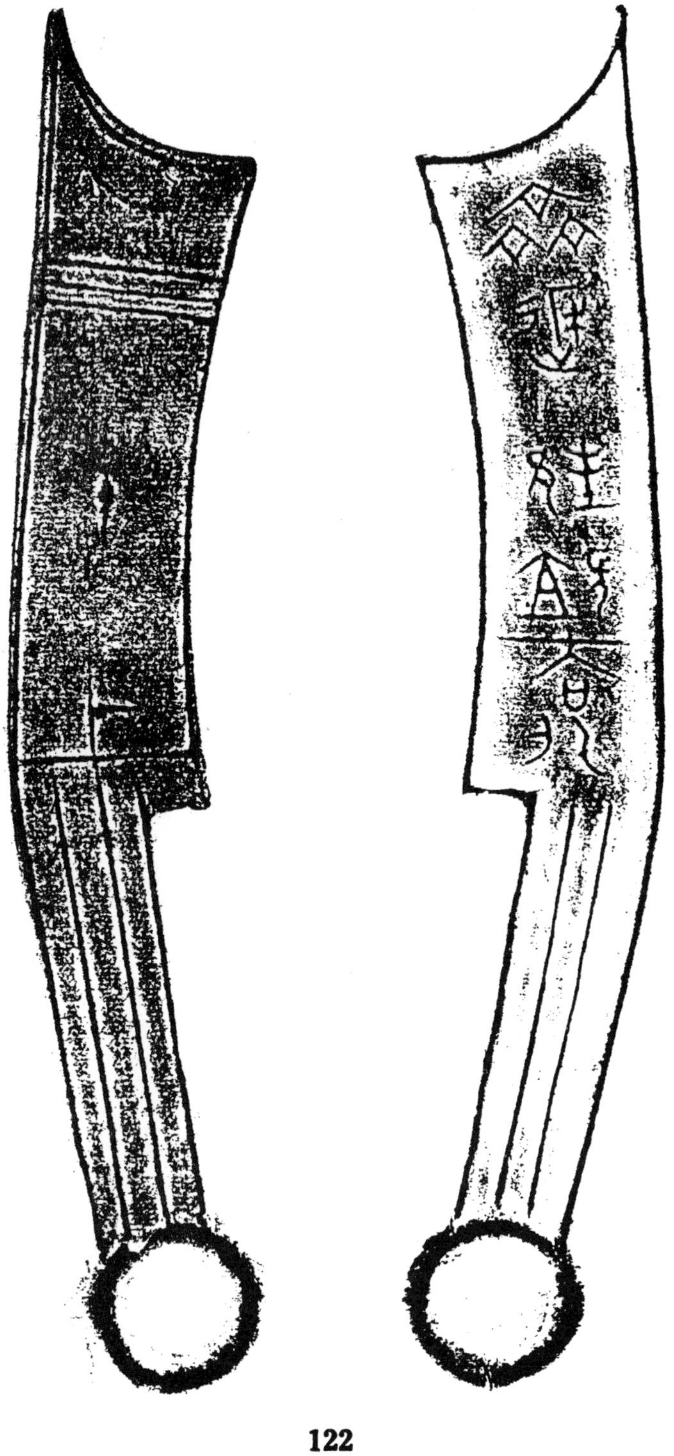

122

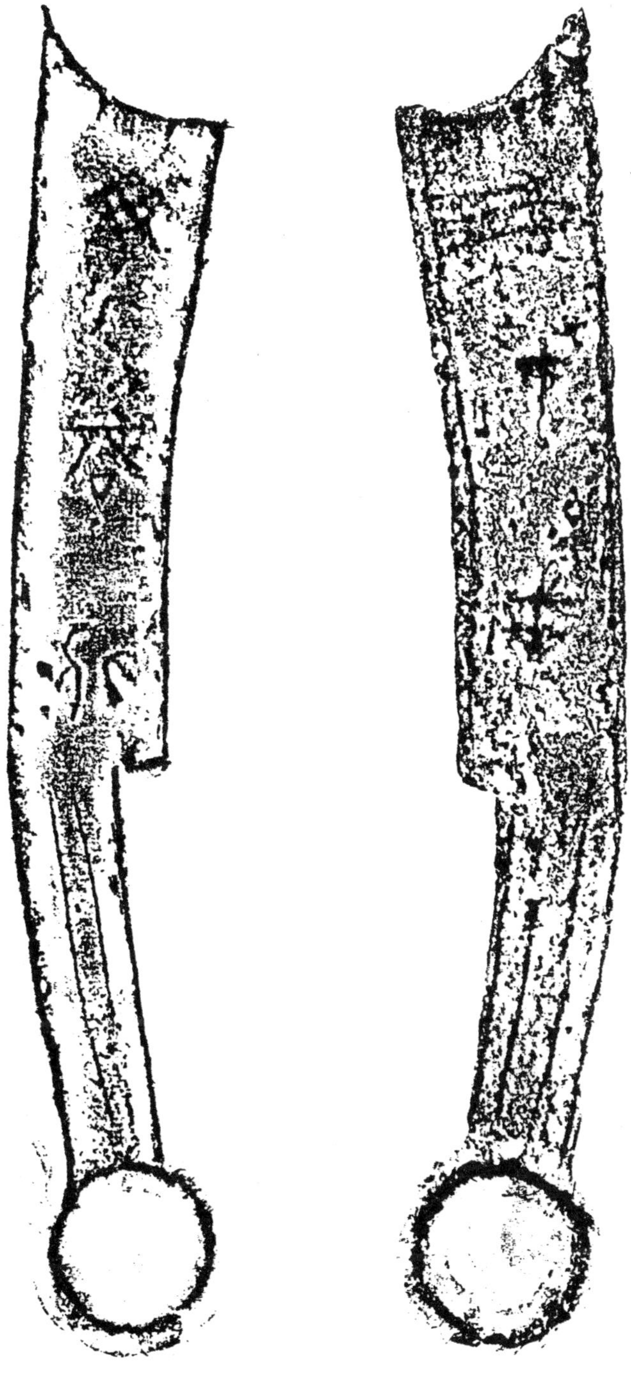

蟻鼻錢

124

125

古蟻鼻錢
懿榮題

此錢出今河南固始縣期思里
舊謂稱為孫叔
敖遺制此為朔
字省文光緒乙亥十月虞生記

楚金版

127

128

圜錢

129

130

131

133

132

134

135

136

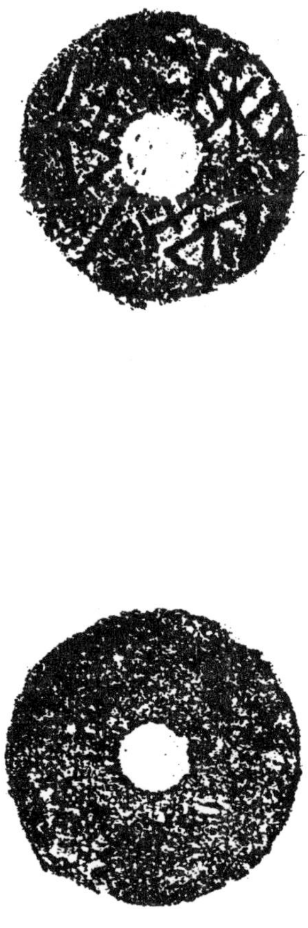

137

138

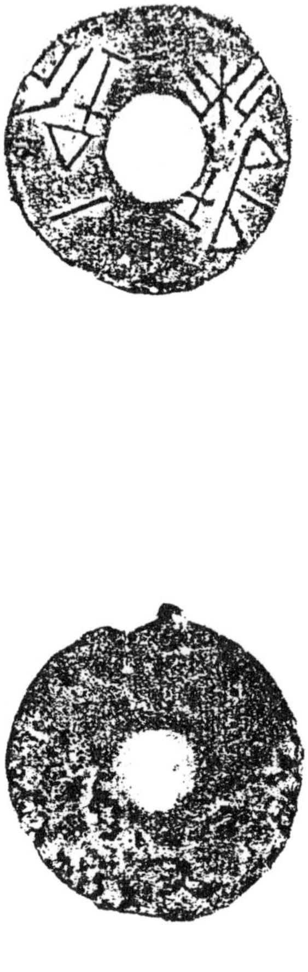

139

140

141

142

143

145

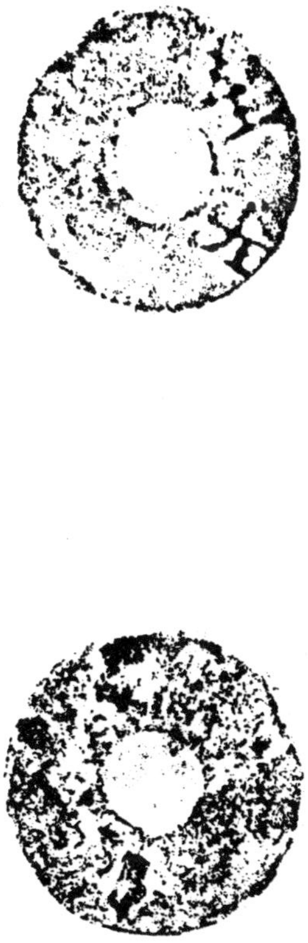

144

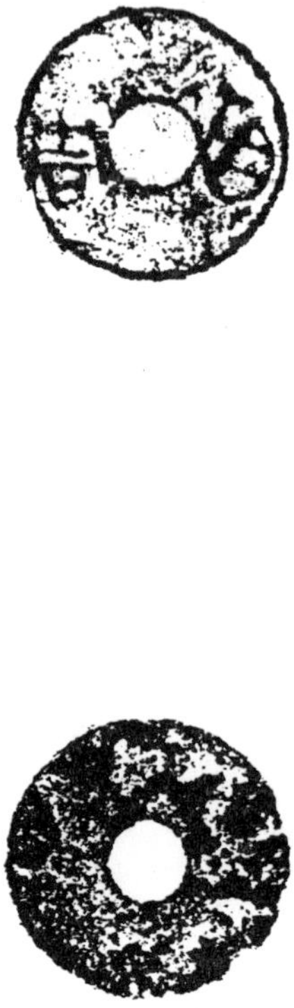

146

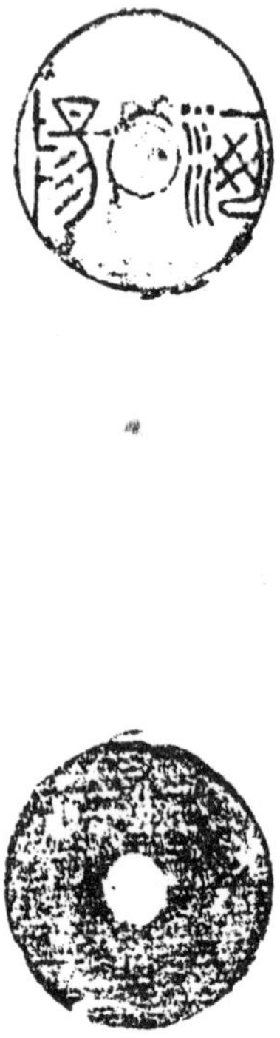

147

方孔圓錢

148

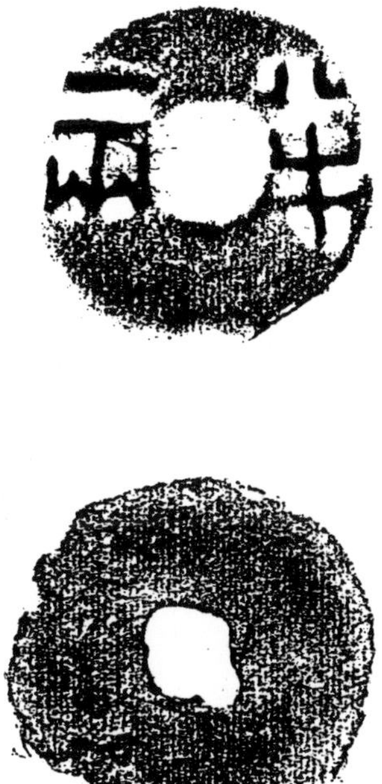

149

150

151

152

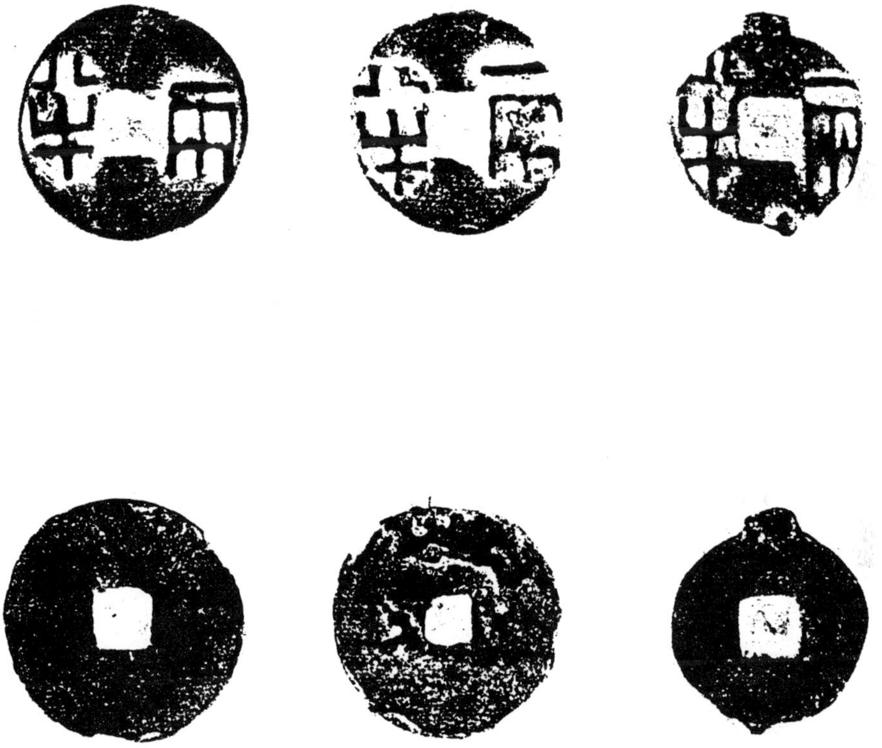

155　154　153

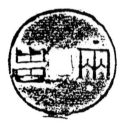

158

157

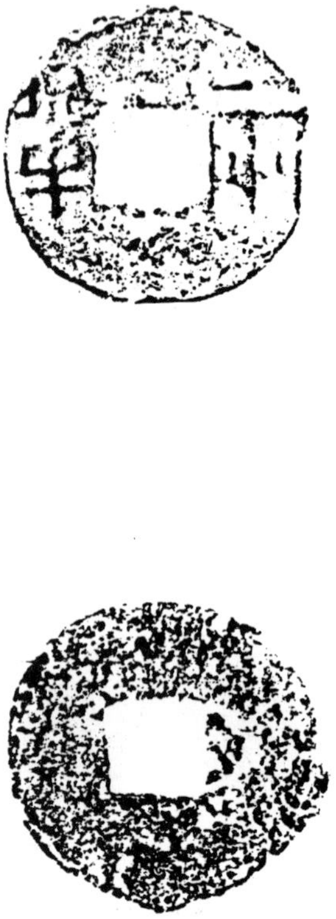

156

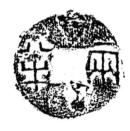

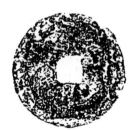

161

159

162

160

163

165

鉛 164

166

168

167

169

172

171

170

秦

173

西漢

174

175

176

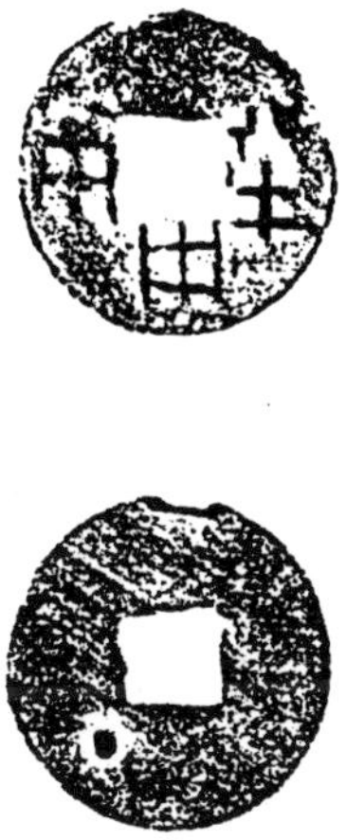

177

178

180

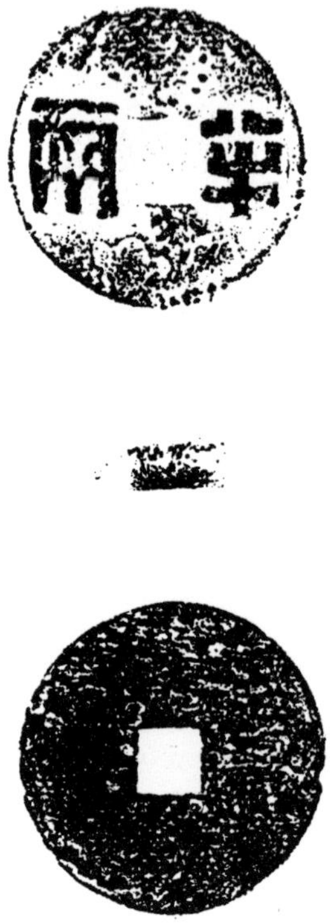

179

181

182

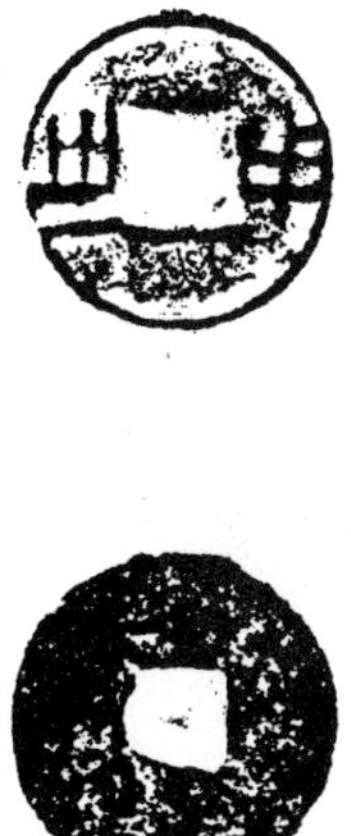
183

184

185

186

187

188

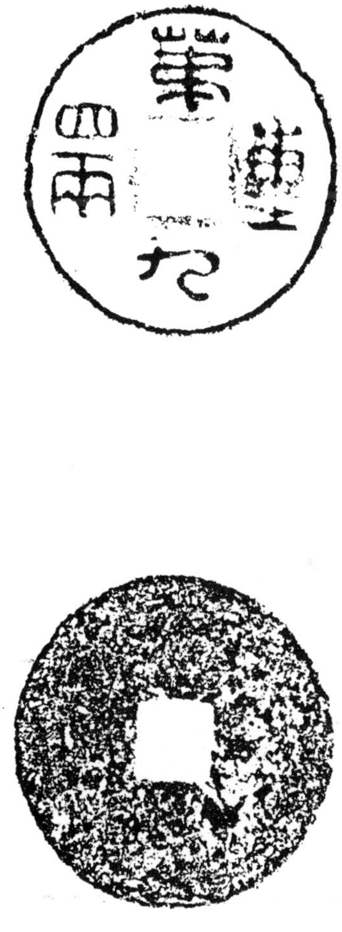

189

190

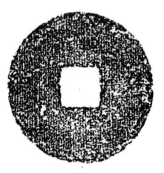

192

191

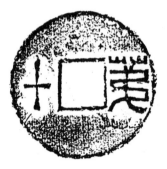

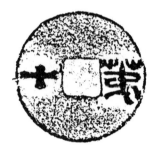

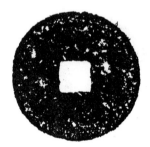

194

193

195

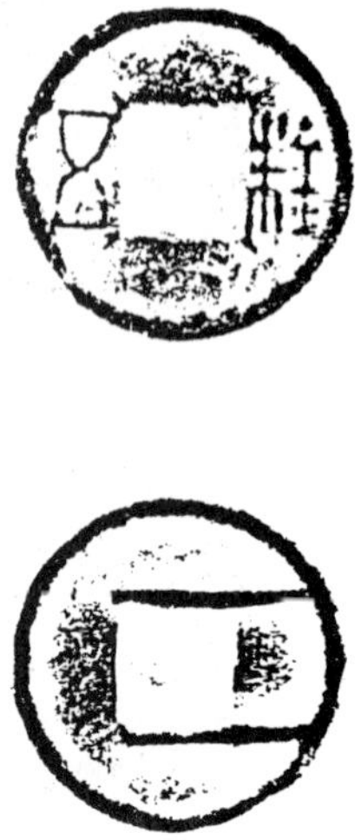

196

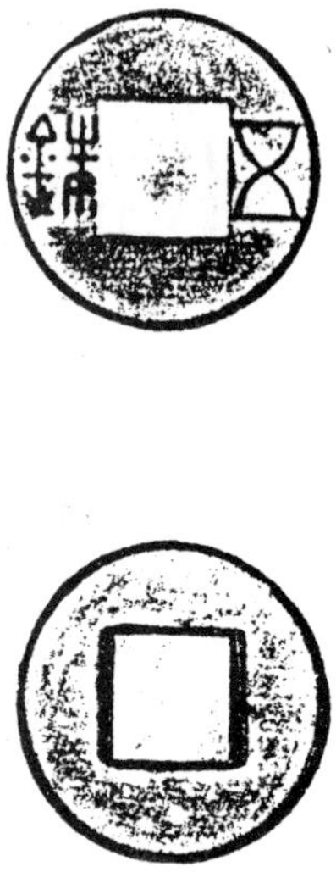

197

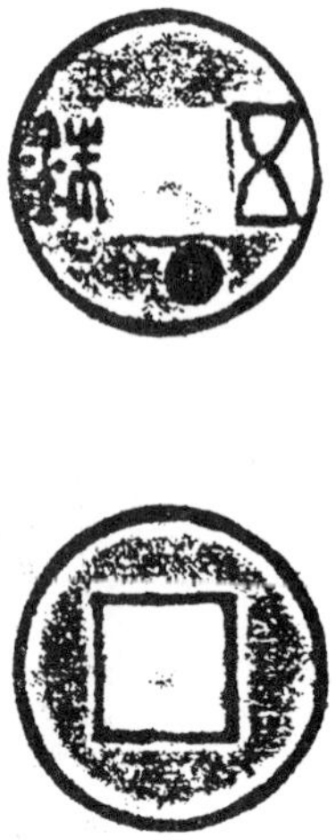

198

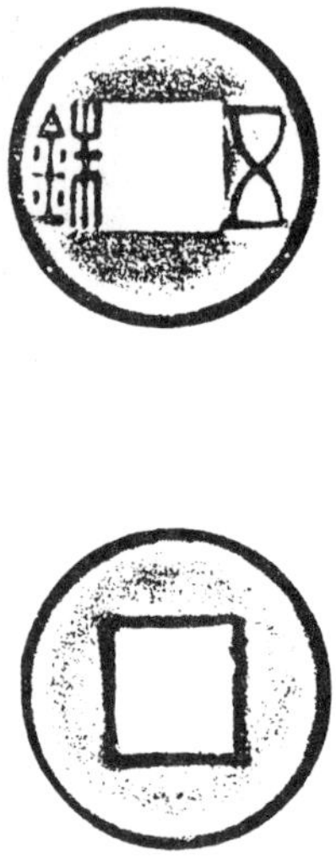

銀 199

200

201

202

203

新

205

206

207

208

209

210

211

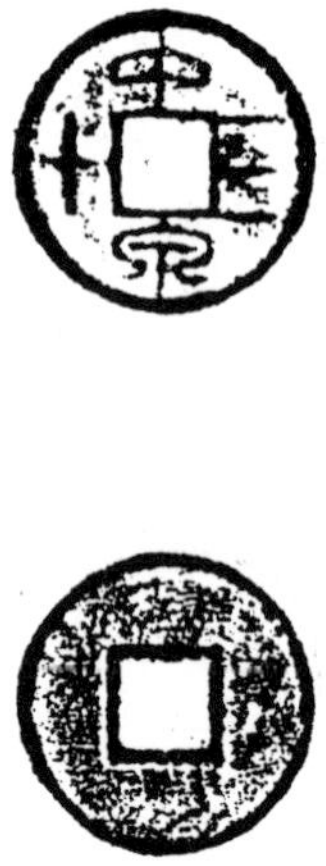

212

213

214

215

218

216

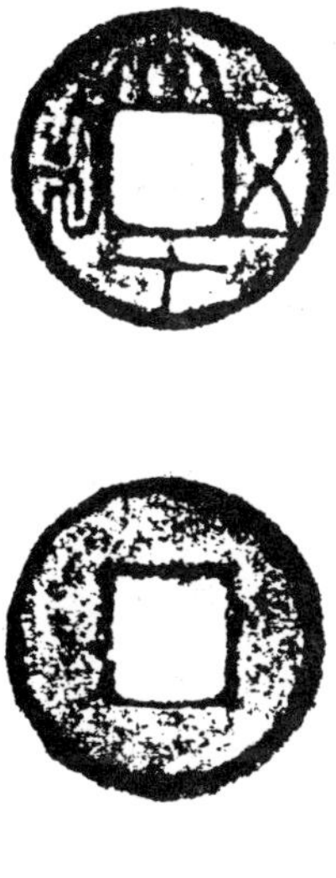

219

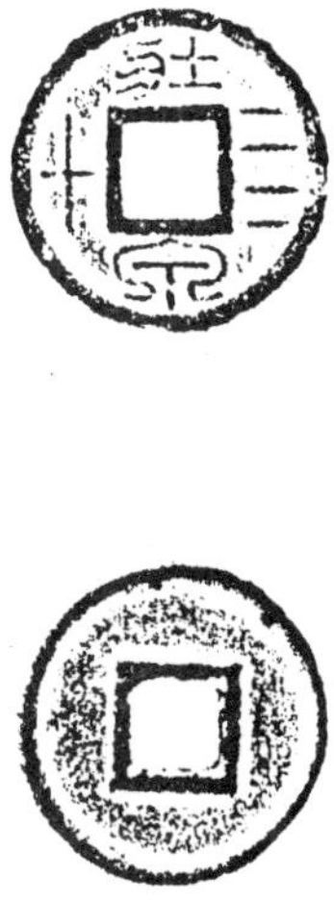

217

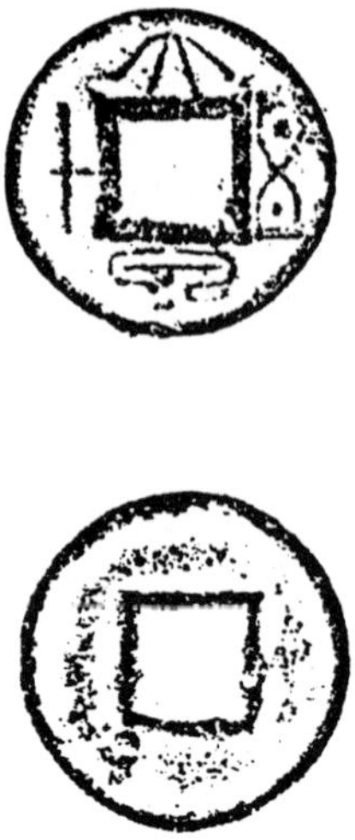

220

222

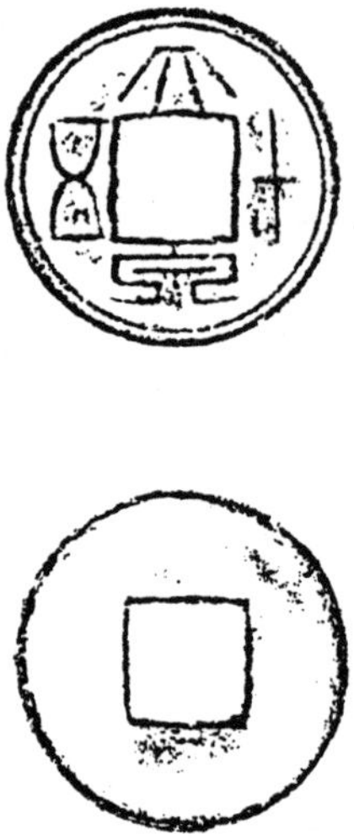

221

225

224

223

228

227

226

229

230

231

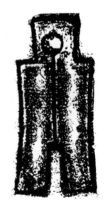

232

233

234

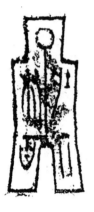

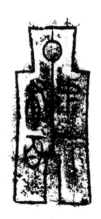

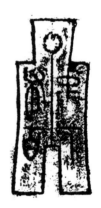

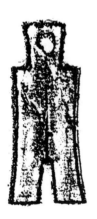

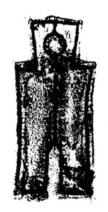

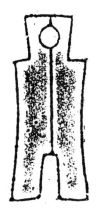

237

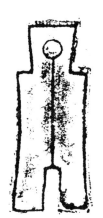

236

235

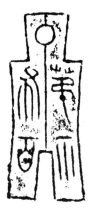

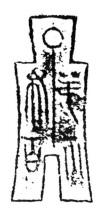

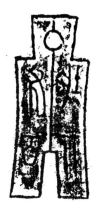

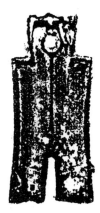

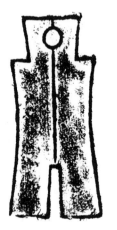

240

239

238

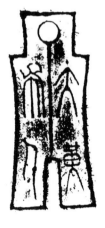

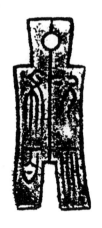

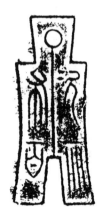

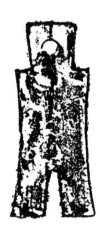

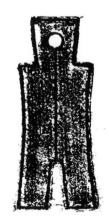

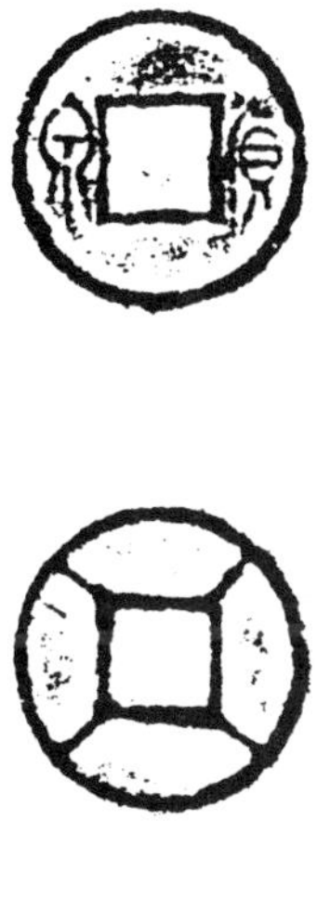

241

242

243

244

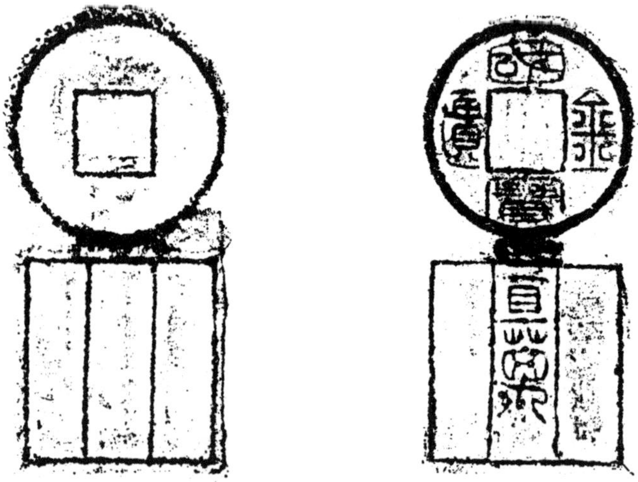

245

東漢

246

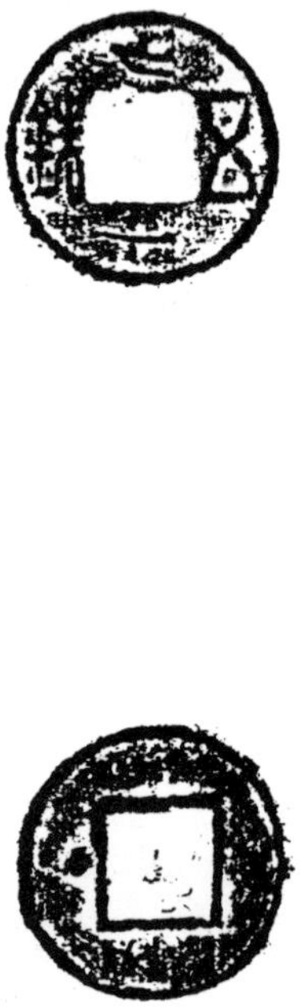

247

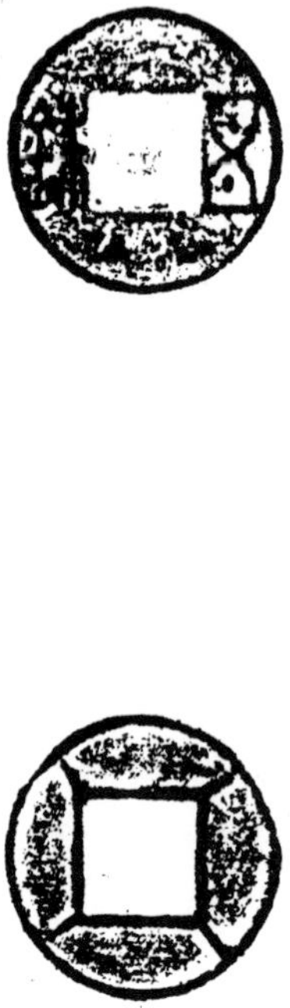

248

魏晋南北朝

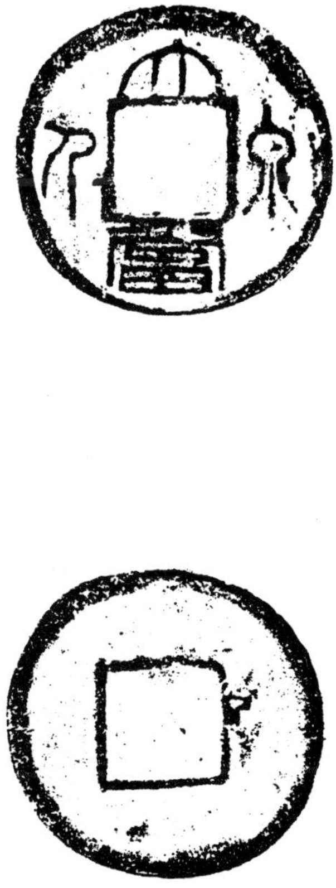

249

250

251

252

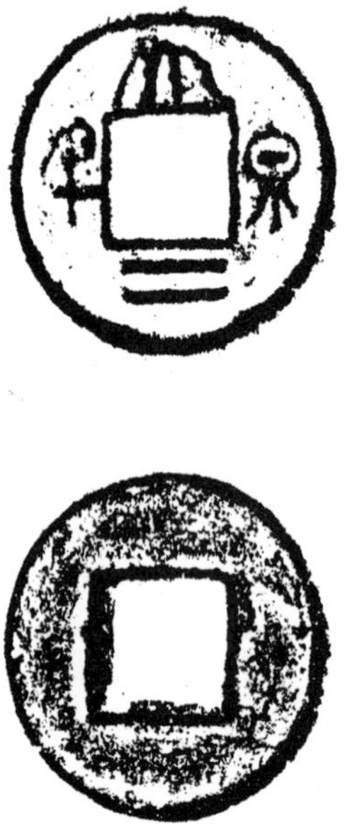

253

255

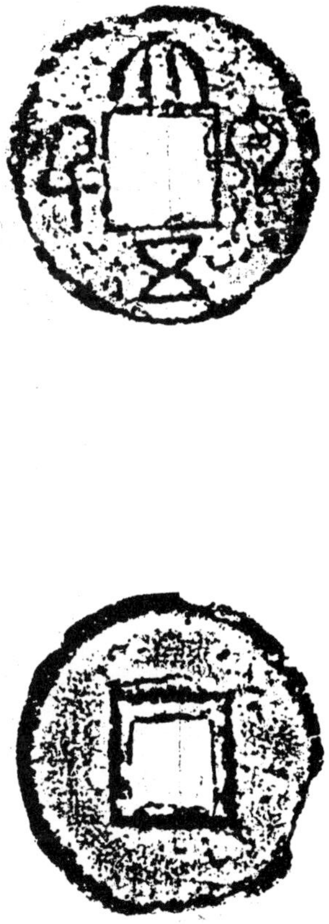

254

256

257

258

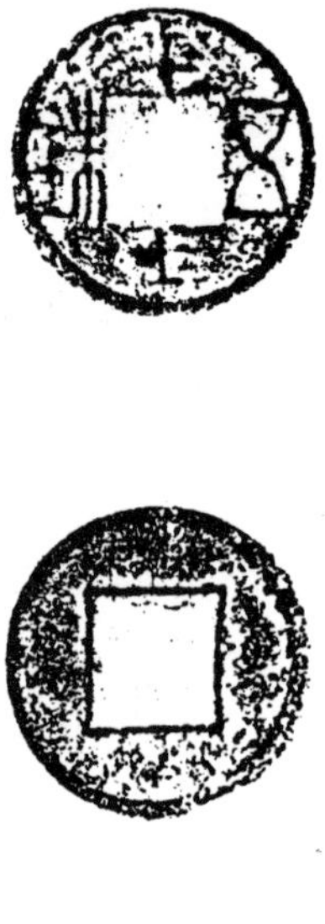

259

260

261

262

263

264

265

266

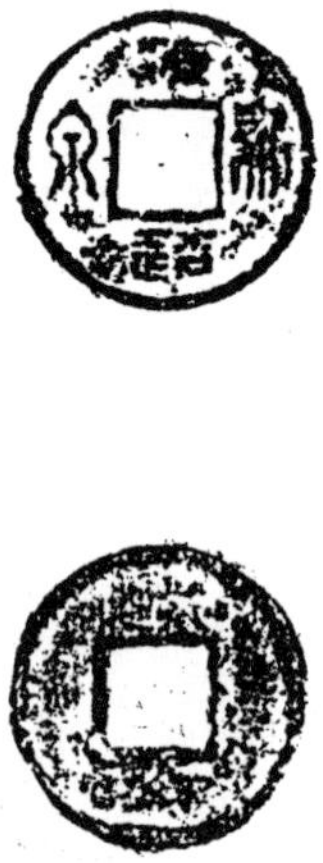

267

270

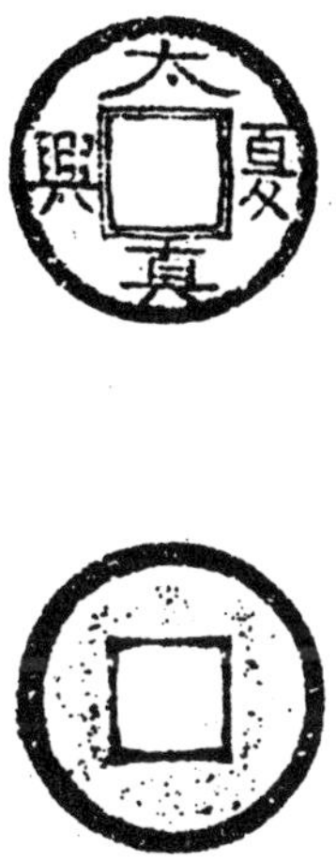

268

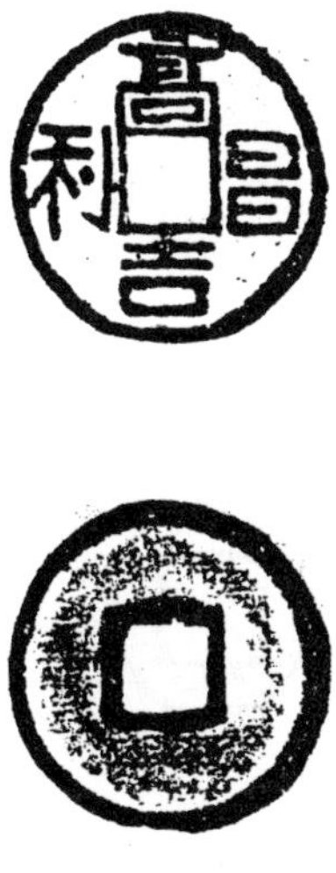

271

269

272

273

274

275

276

277

278

279

282

280

283

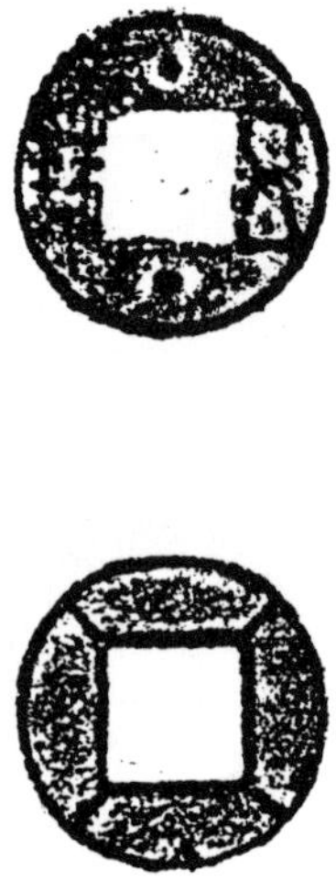

281

284

285

286

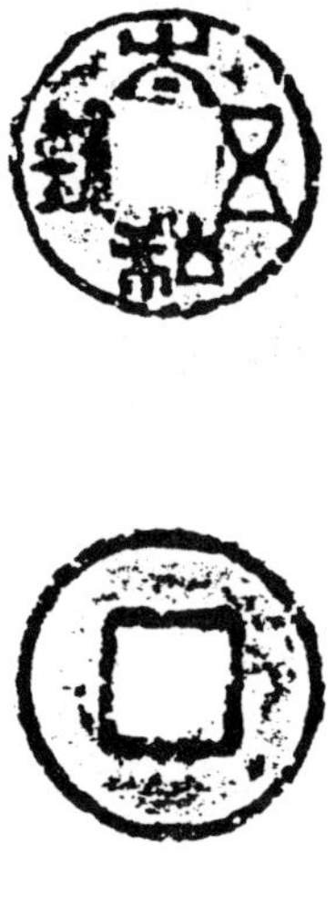

287

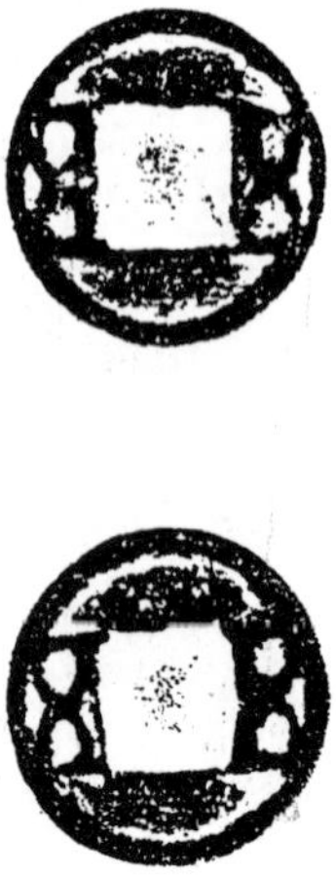

289

288

290

291

292

293

294

295

296

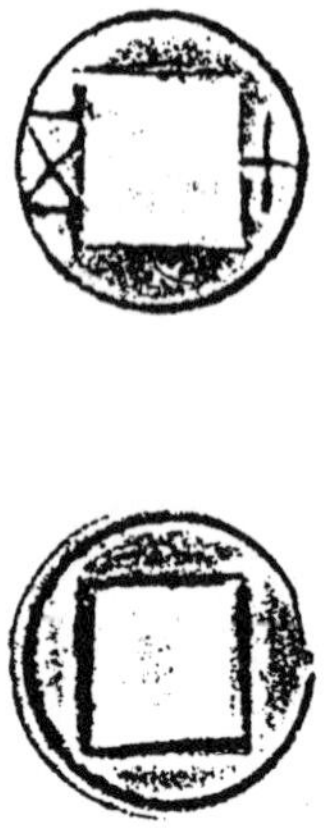

297

鐵 298

唐

299

300

301

302

303

304

307

306

305

309

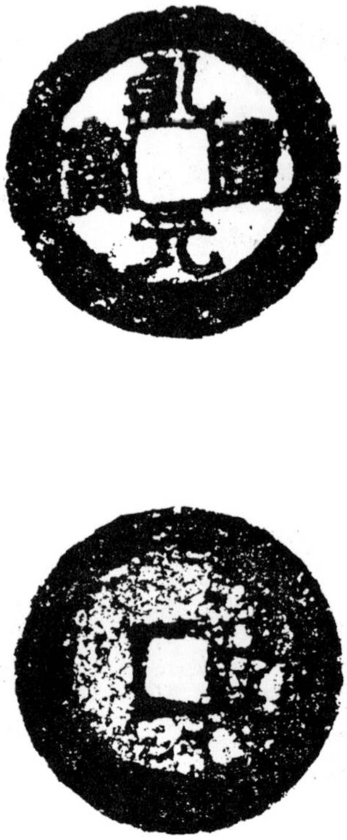

308

310

311

312

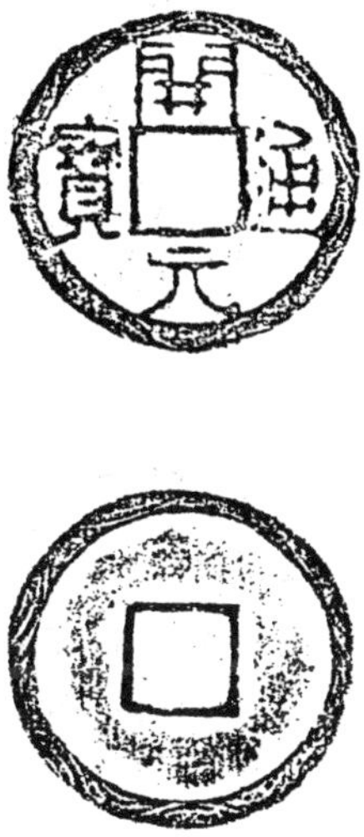

313

314

317

315

318

316

321

320

319

324

323

322

325

327

326

328

331

330

329

五代十國

333

334

335

336

337

339

338

340

341

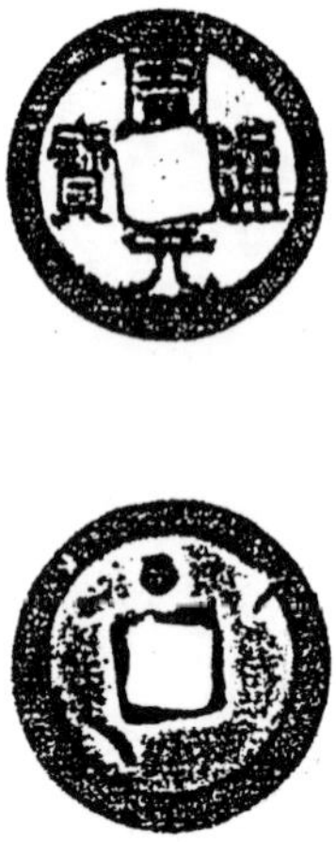
342

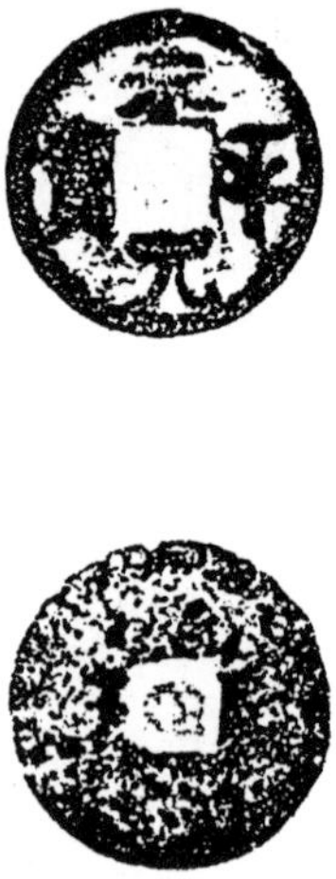
343

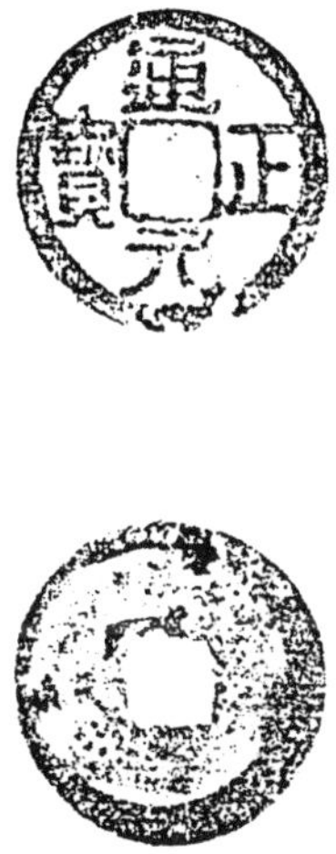

344

345

346

347

348

鐵 349

350

351

鉛 352

鉛 353

鉛 354

鐵 355

鐵 356

鐵 357

359

358

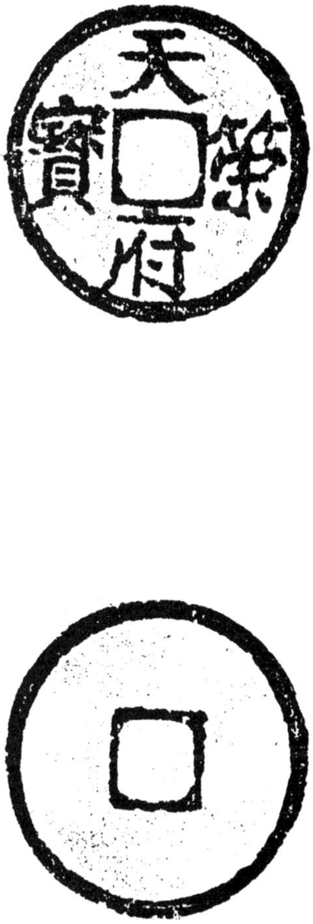

360

361

362

363

鎏金 364

鎏金 365

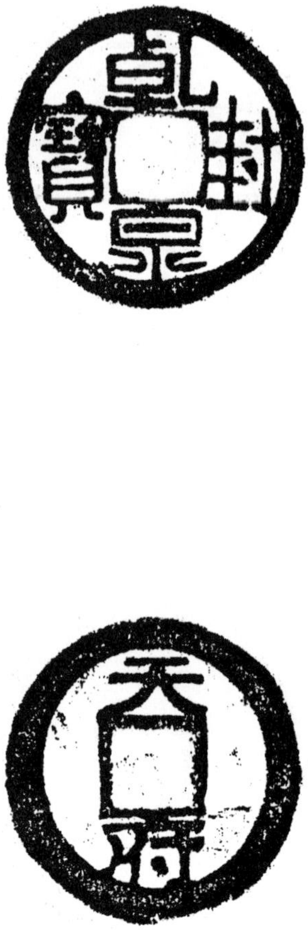

366

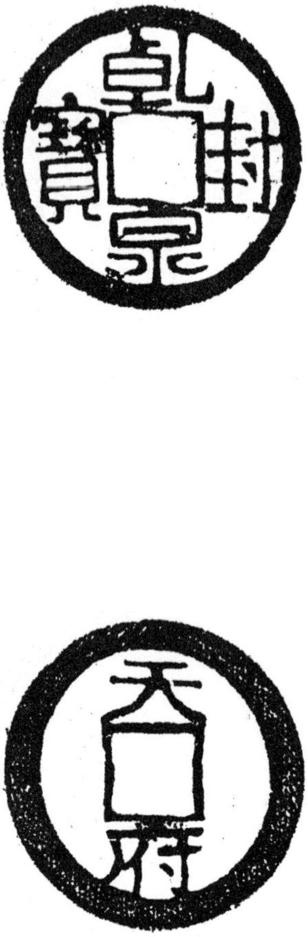

367

368

369

鐵 370

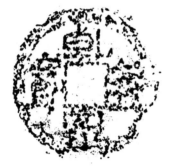

鐵 371

鐵 372

鐵 373

鐵 374

鐵 375

376

379

378

377

380

381

鐵 382

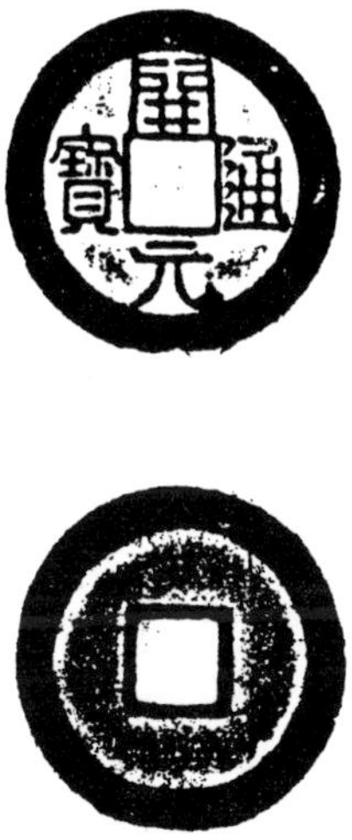

384

鐵 383

385

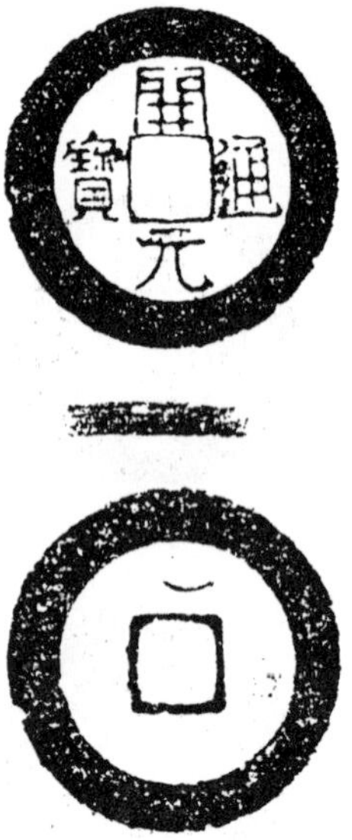

386

387

388

389

390

391

392

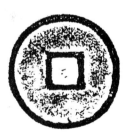

393

394

395

396

397

398

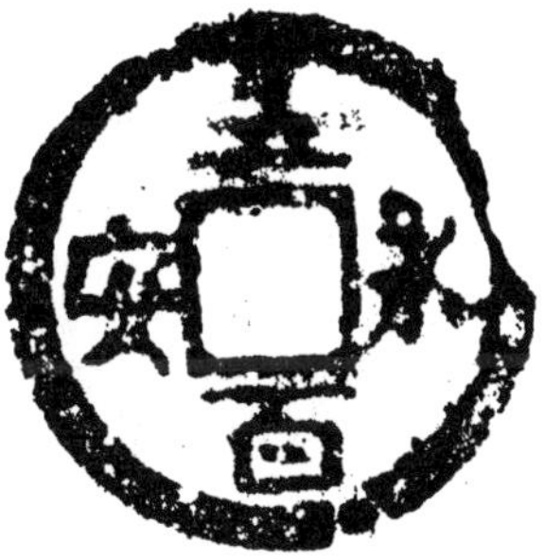

399

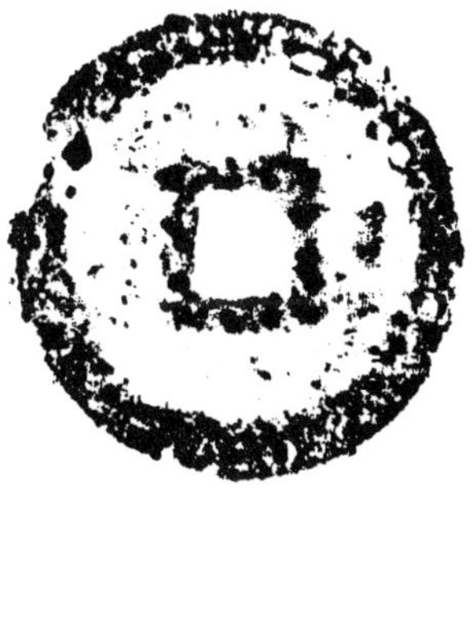

鐵　401

鐵　400

鐵 **402**

鐵 **403**

北宋

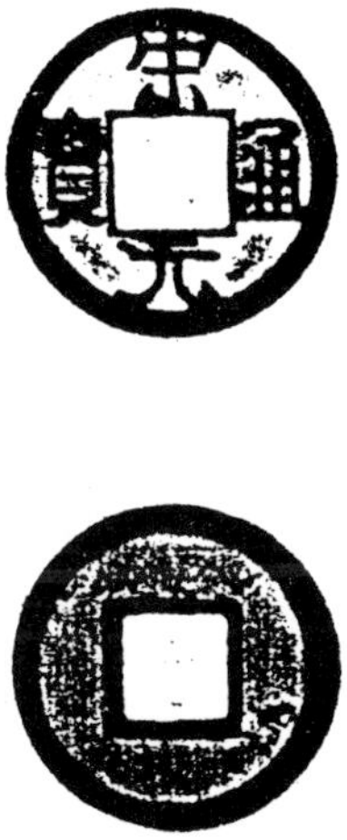

404

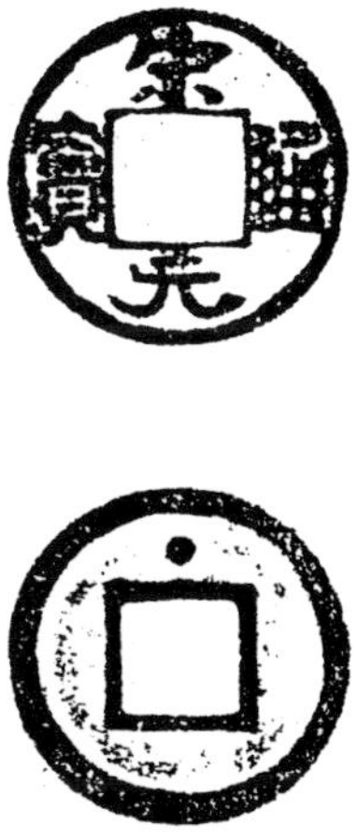

405

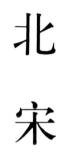

408

406

409

407

鐵 411

410

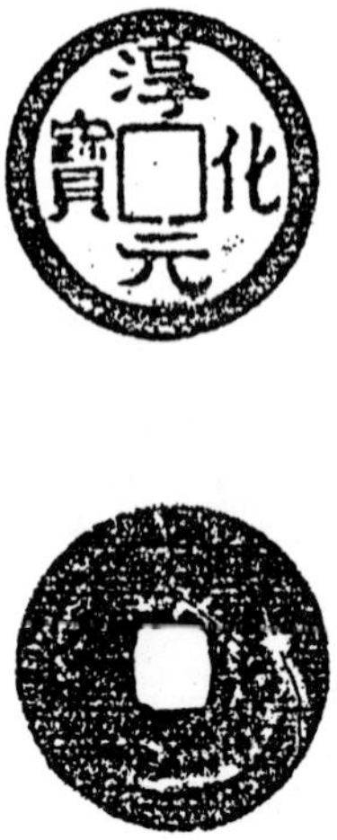

412

413

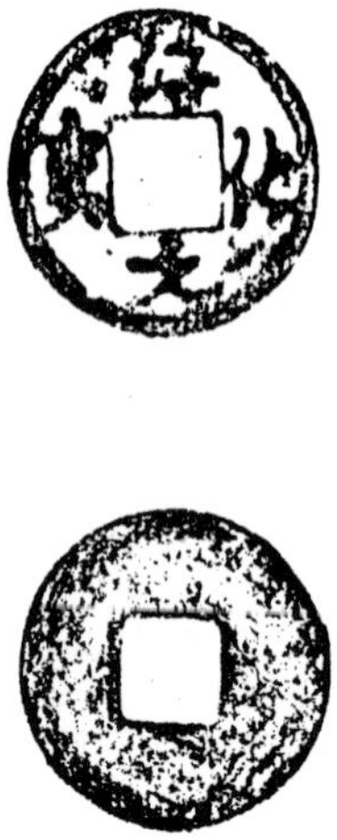

414

415

416

417

418

420

419

421

422

423

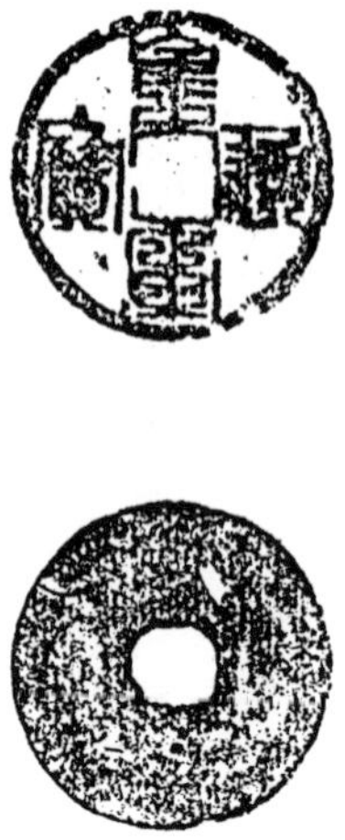

424

425

426

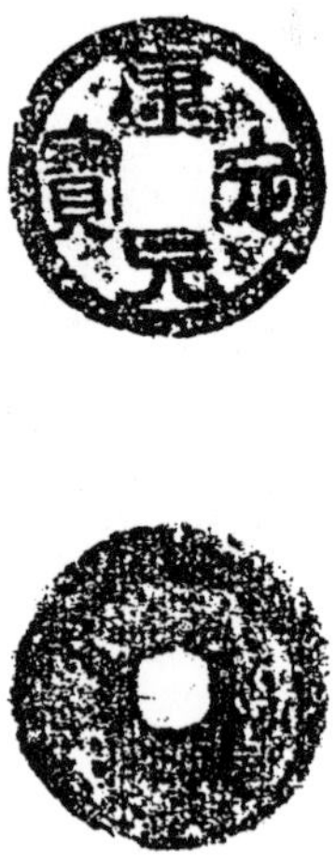

鐵 427

429

428

430

431

432

433

434

435

436

437

439

438

441

440

442

443

444

445

446

449

448

447

450

451

452

453

455

454

458

457

456

459

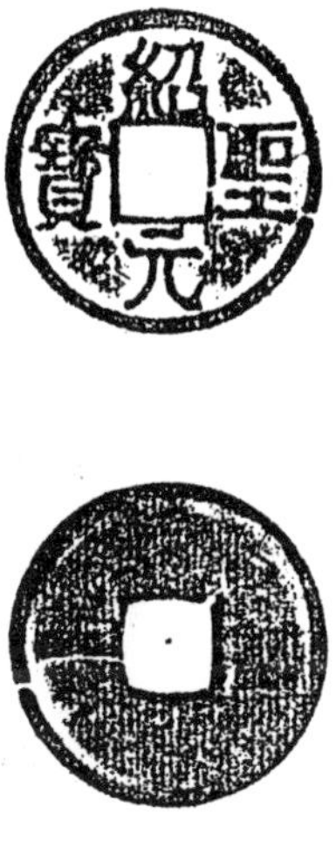

460

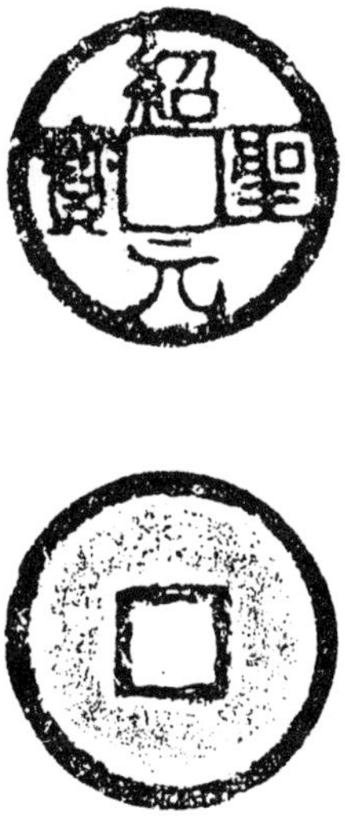

461

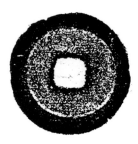

462

463

464

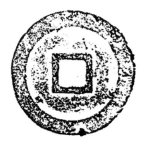

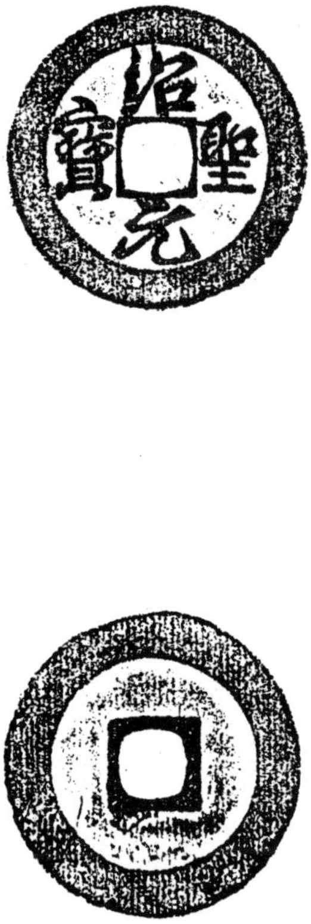

467

466

465

470

469

468

鐵 471

473

472

474

475

476

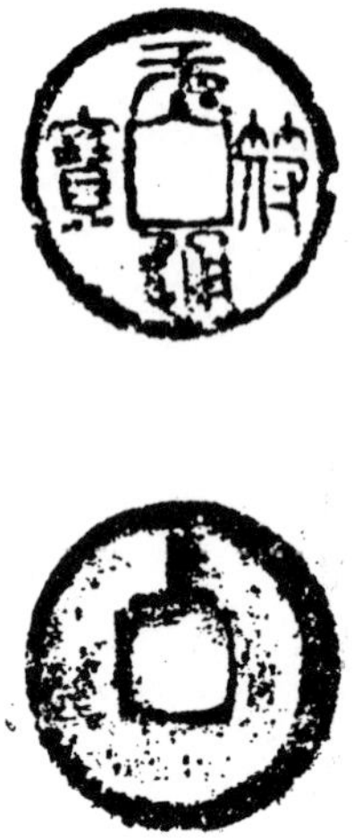

477

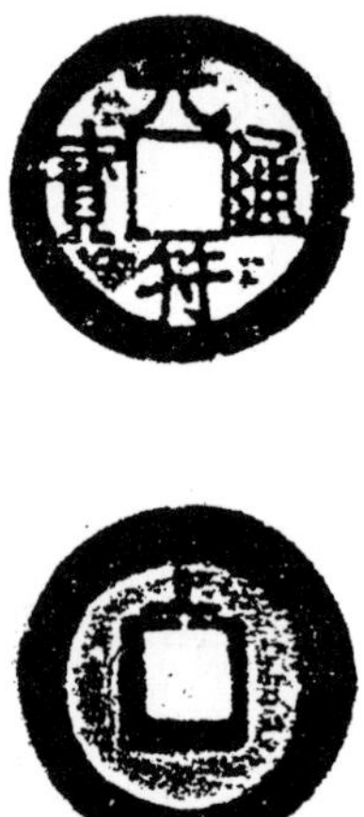

478

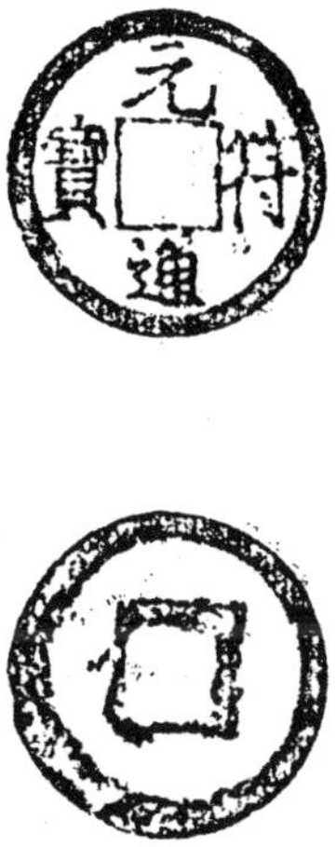

479

481

480

483

482

484

485

486

487

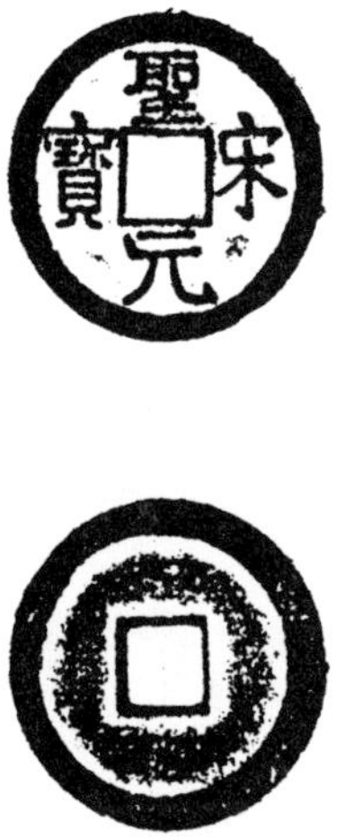

488

491

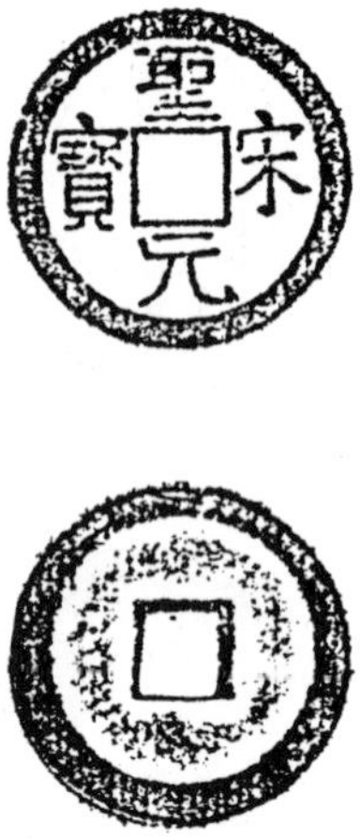

489

492

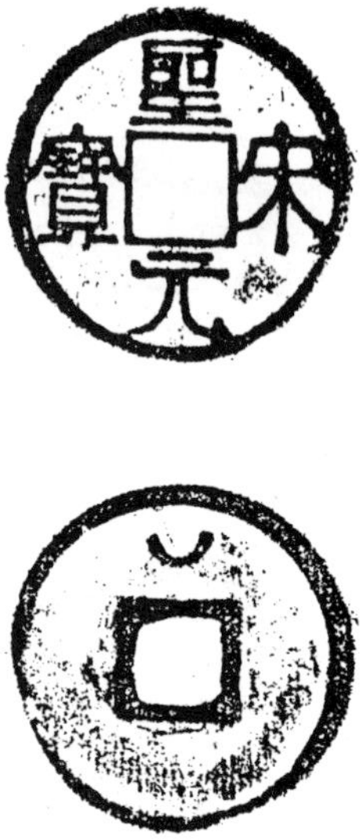

490

493

494

495

496

497

499

498

500

501

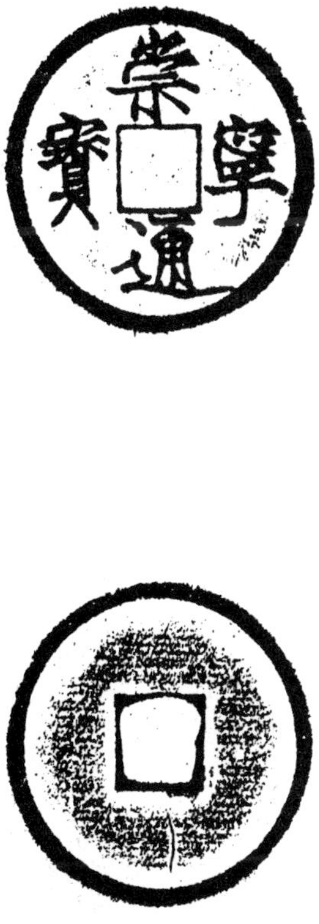

502

503

504

505

508

507

506

509

510

511

512

513

516

515

514

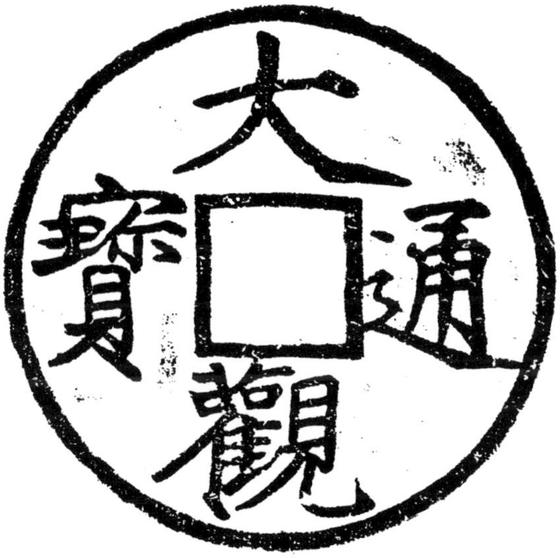
大觀通寶

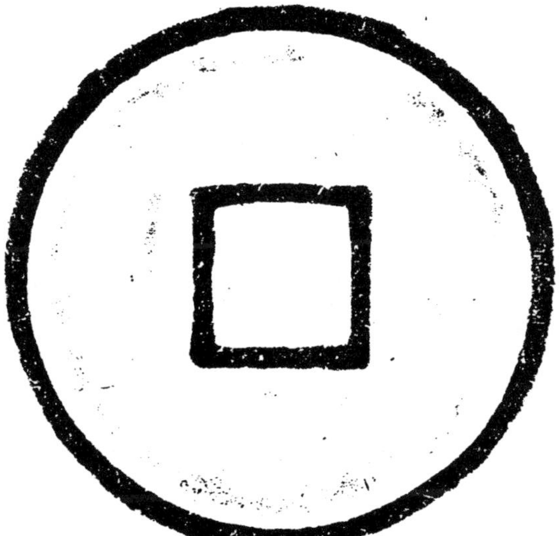

520

518

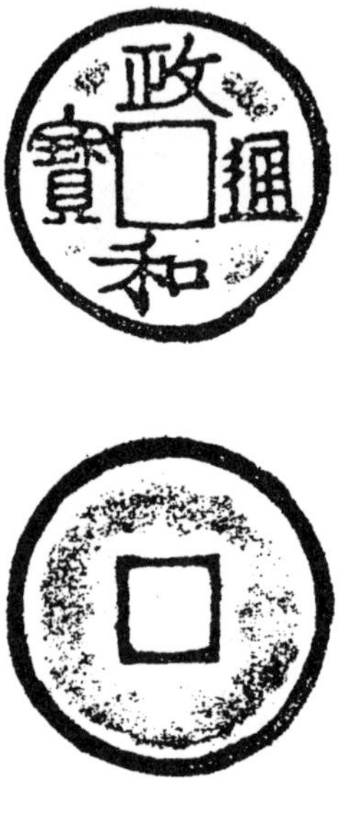

521

519

522

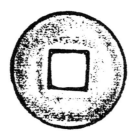

523

524

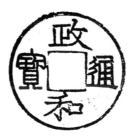

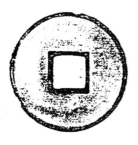

527

526

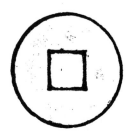

525

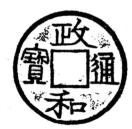

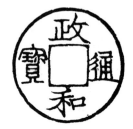

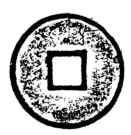

530

529

528

533

532

531

534

535

536

鐵 538

537

539

542

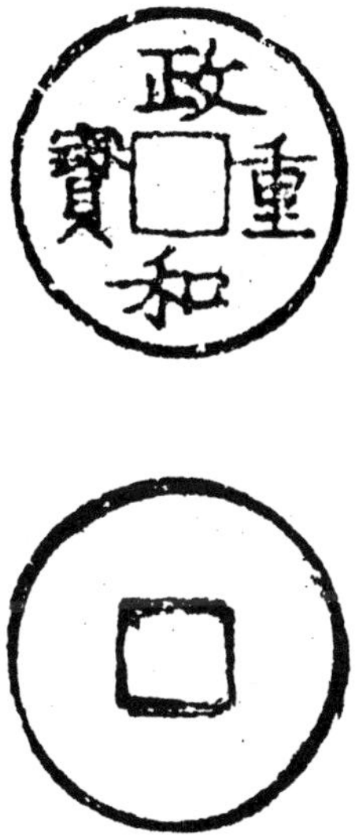

540

543

541

544

545

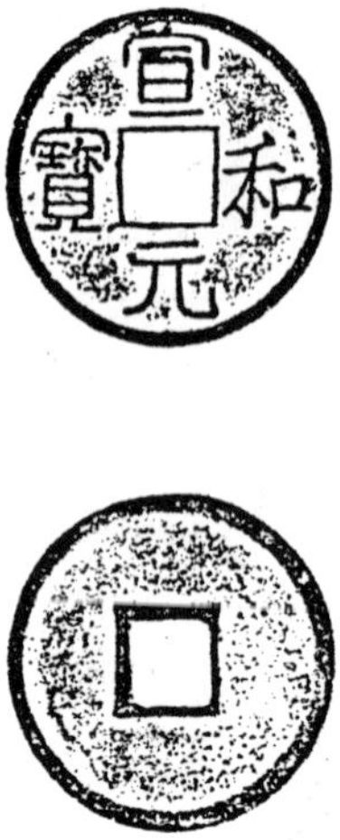

546

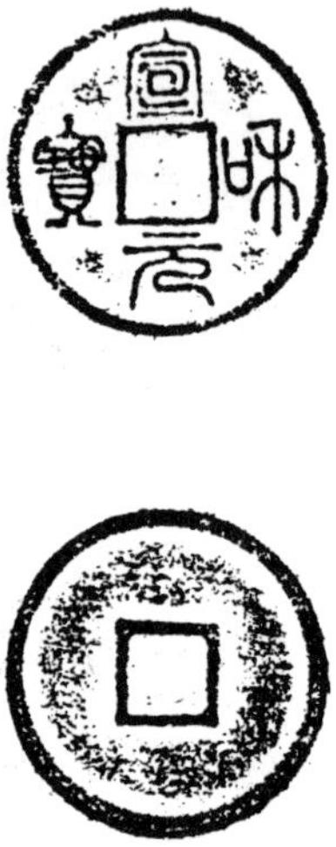

547

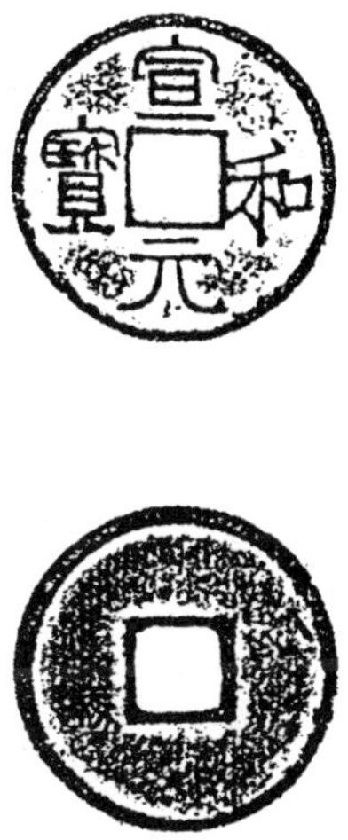

548

549

550

金 **551**

552

553

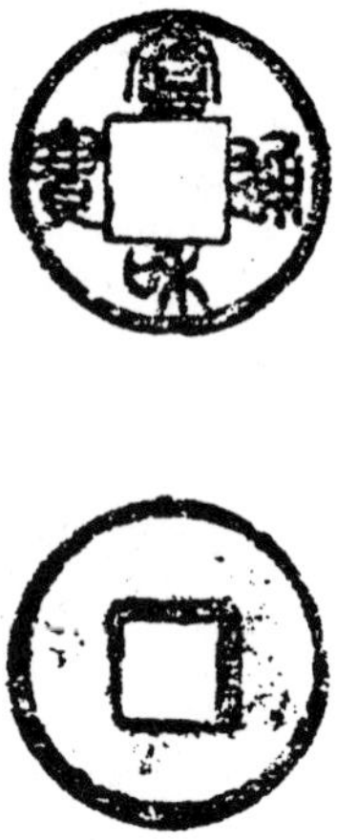

554

555

556

557

558

559

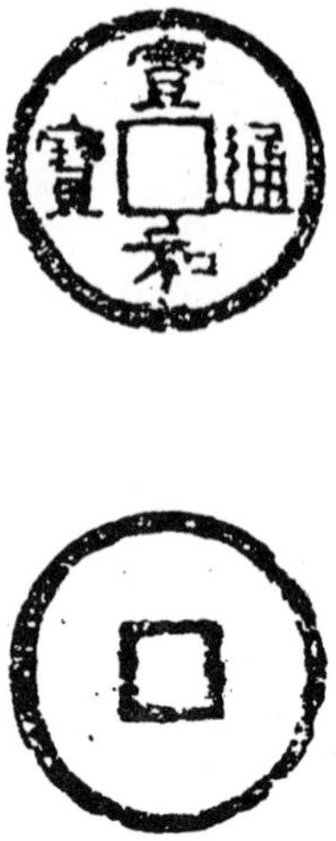

560

561

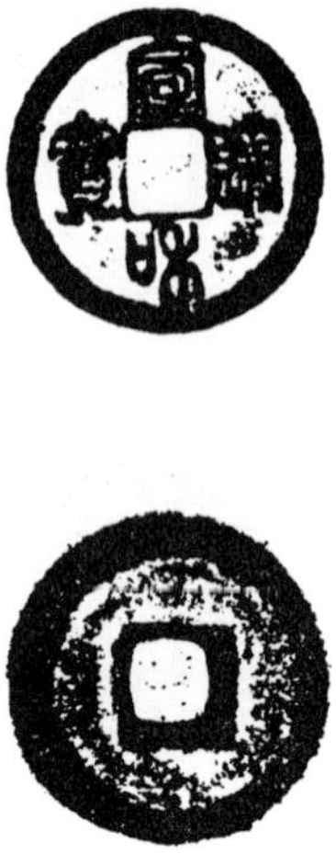

562

563

566

564

567

565

569

568

570

571

572

573

574

577

575

578

576

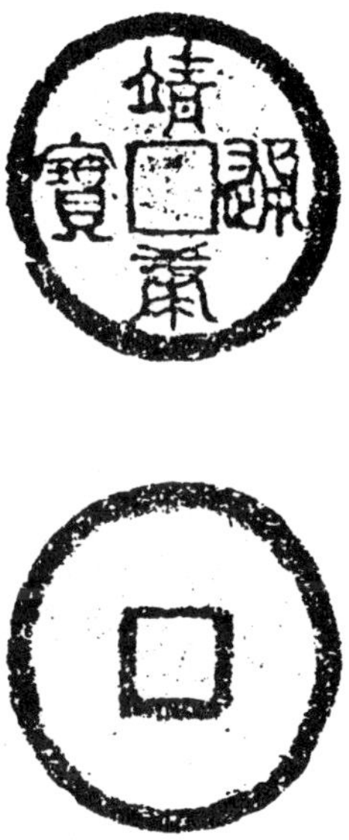

579

580

581

582

583

584

鐵　585

586

鐵　587

鐵　588

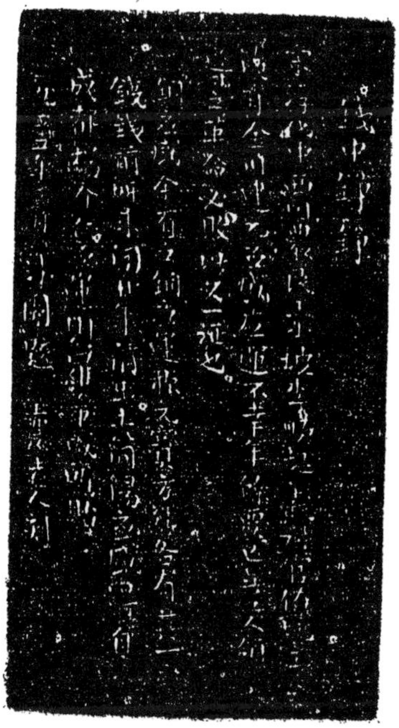

589

鐵中錚錚

宋淳化中西川農民王小波李順起義討官僚地主擁有全川建元應感應運不幸失敗餘黨亡在工人鐵手之革命必然又一證也

銅應感余有之銅應運稀之至方氏亦有其一鐵錢前所未聞廿年前出土簡陽應感得自成都楊介仁處近則多出西南成都路

一九五五年三月休园題 赤仄老人刻

一九六二年初 蔡庭抄

南宋

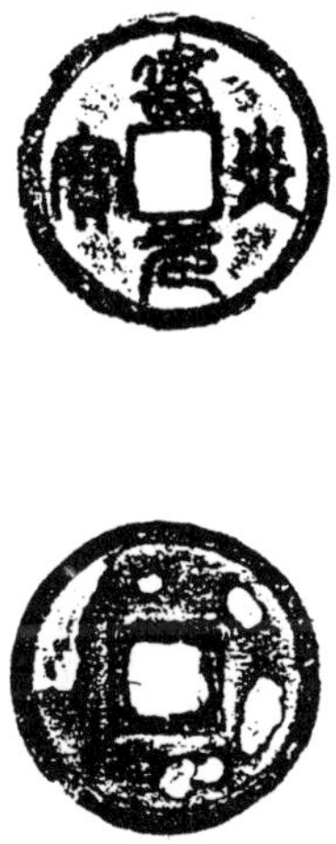

590

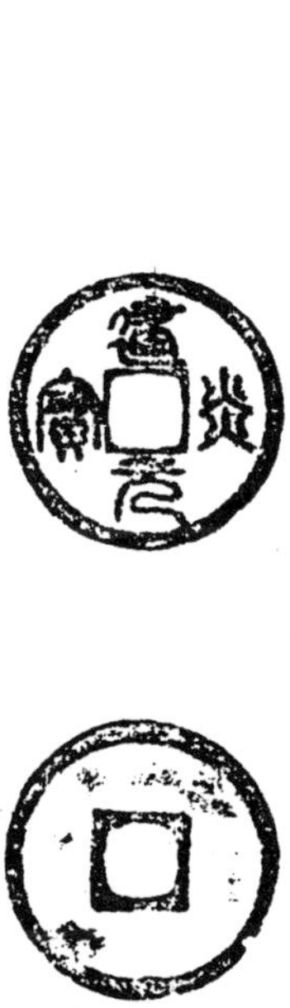

591

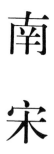

592

593

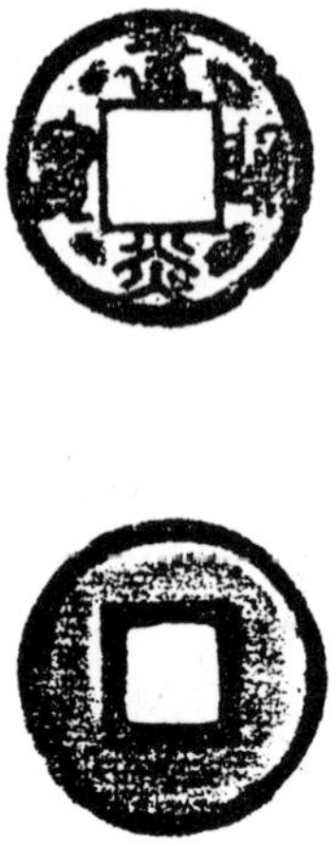

594

595

596

597

598

599

600

601

602

603

604

605

鐵 606

鐵 607

鐵 608

609

610

611

鐵 612

鐵 613

鐵 614

615

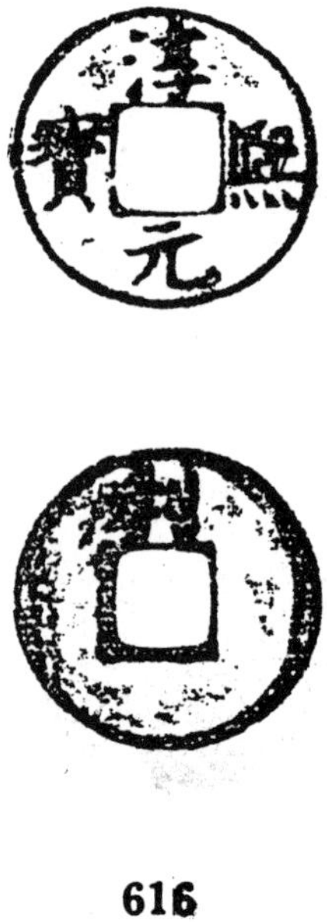

616

617

618

鐵 619

鐵 620

621

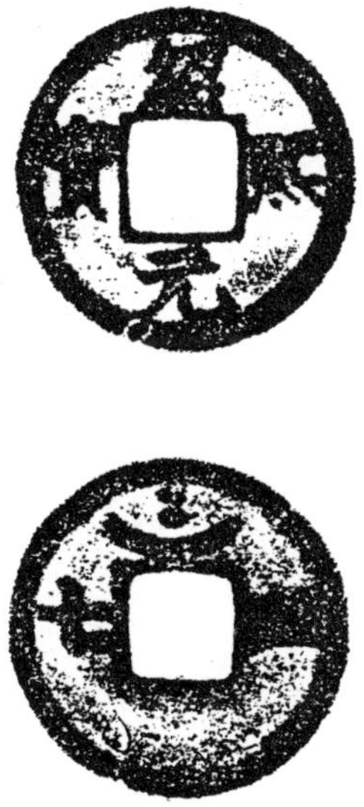

622

623

624

625

628

627

626

629

630

631

633

632

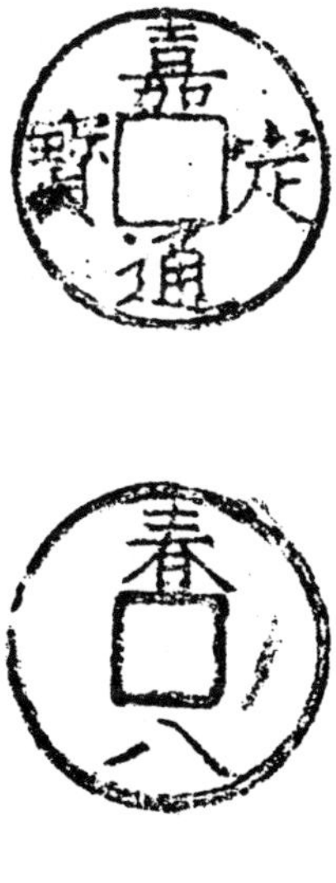

634

635

637

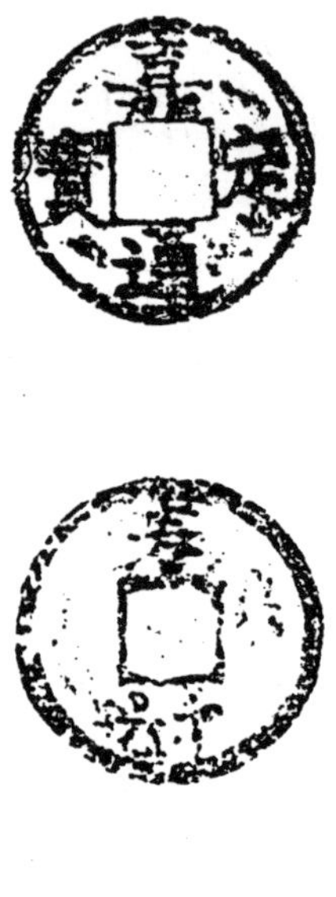

636

638

639

640

641

鐵 642

鐵 643

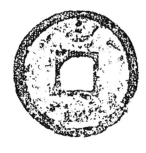

鐵 **644**

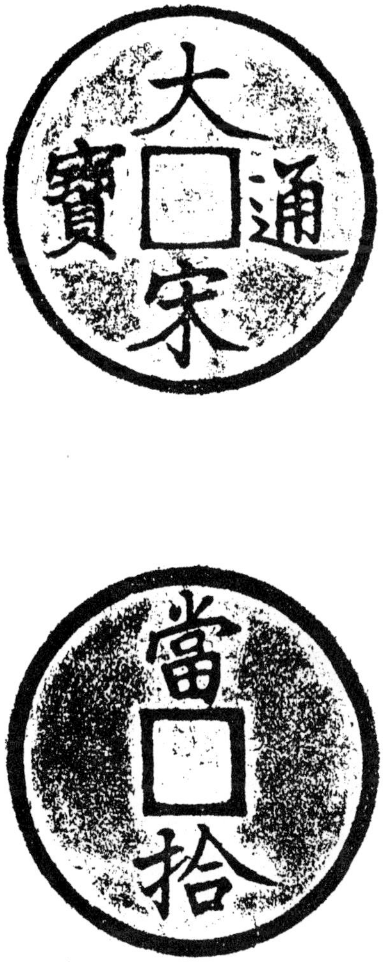

645

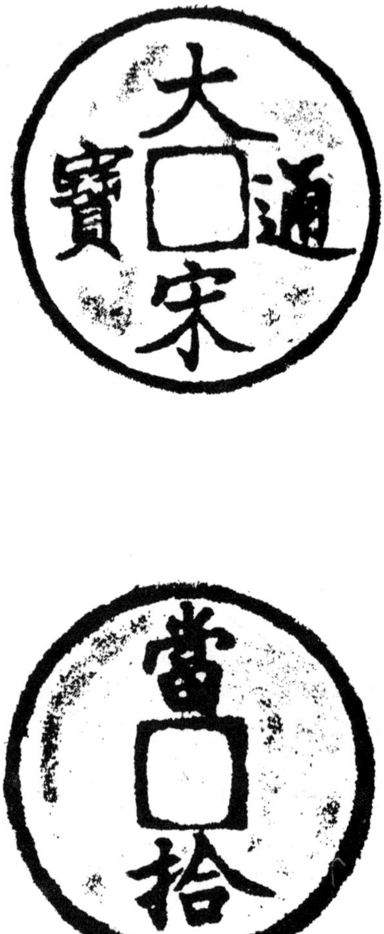

646

647

650

649

648

651

652

鐵 653

656

654

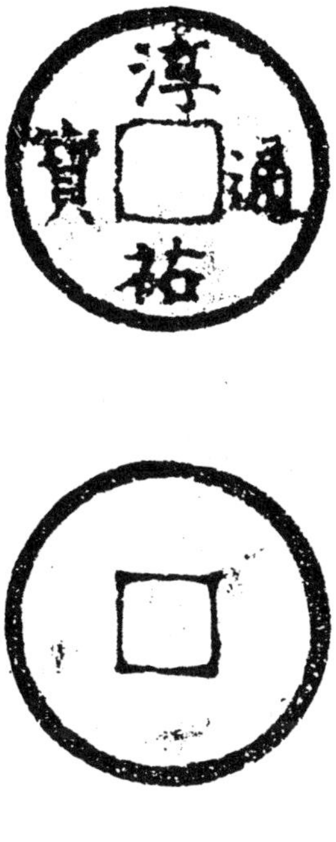

657

655

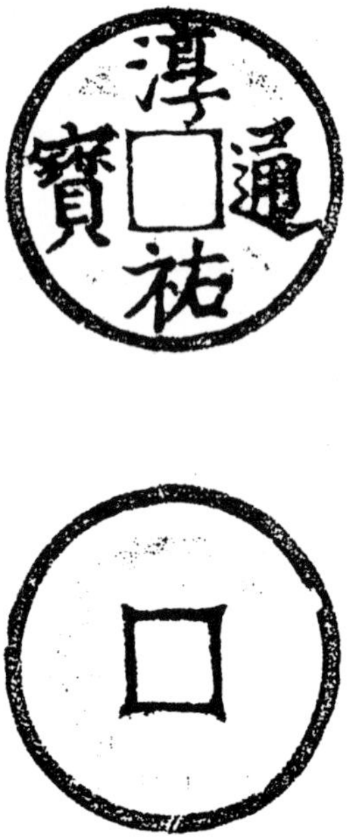

658

660

659

銀 661

662

663

664

665

666

鉛 667

668

669

670

671

672

673

674

675

676

677

678

679

680

681

682

684

683

687

686

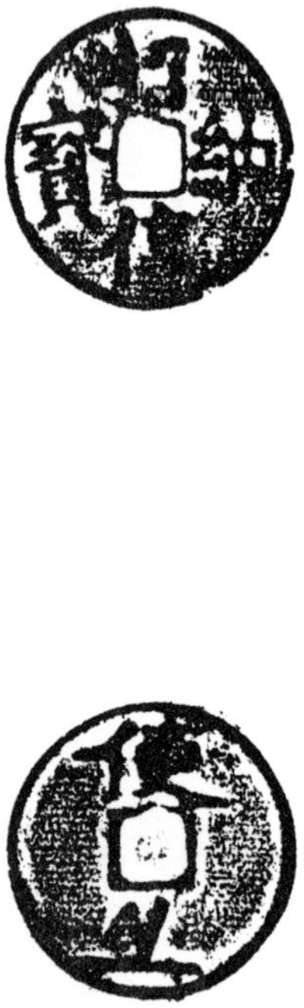

685

遼

688

689

690

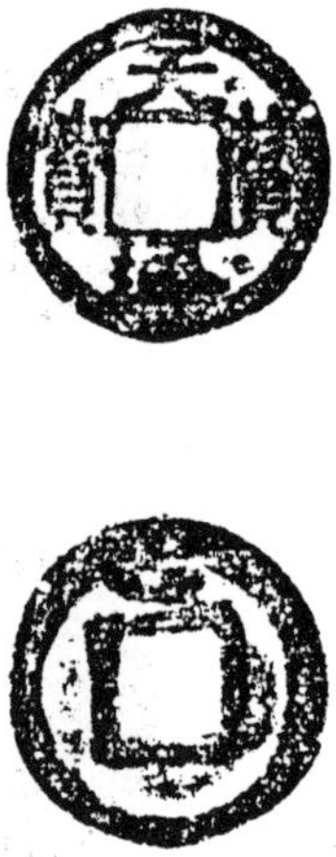

691

692

693

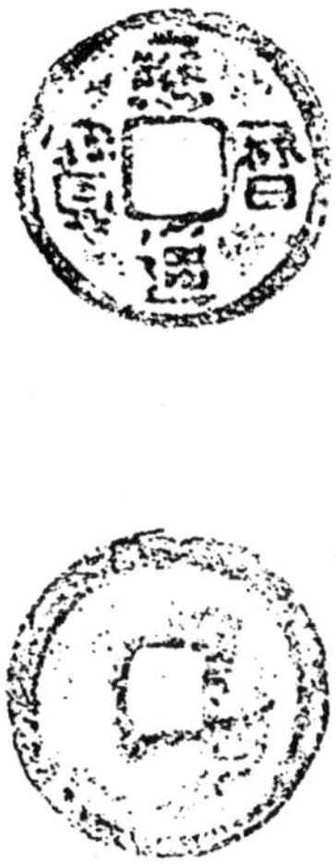

694

695

696

697

698

700

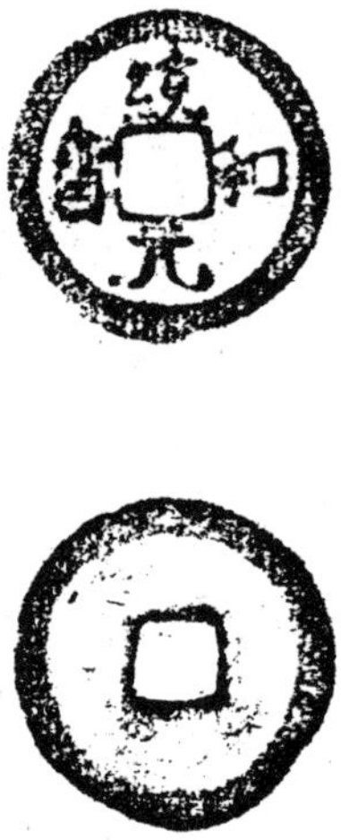

699

701

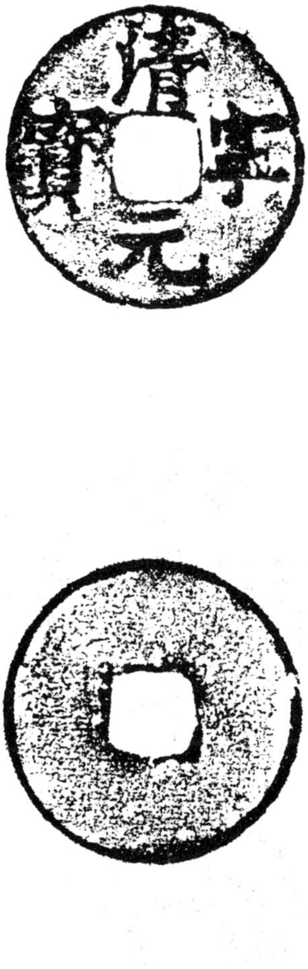

702

703

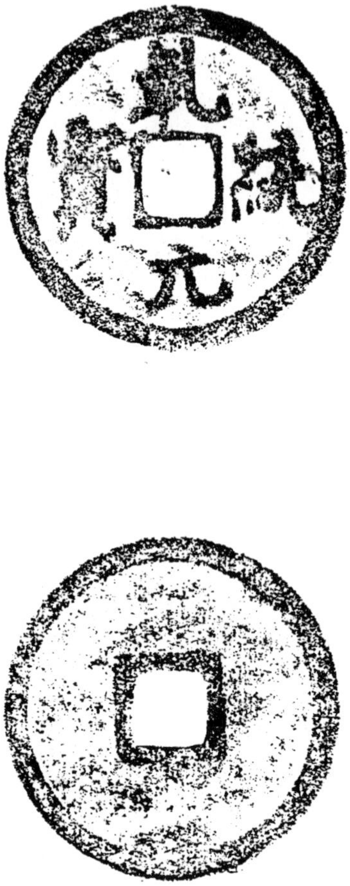

705

704

707

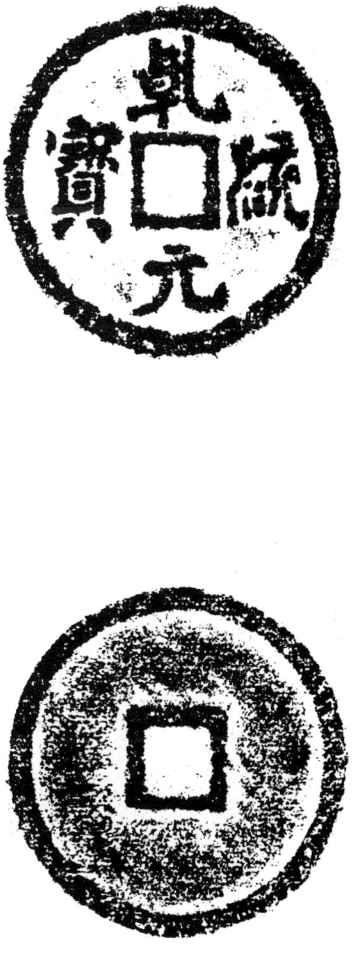

706

708

709

711

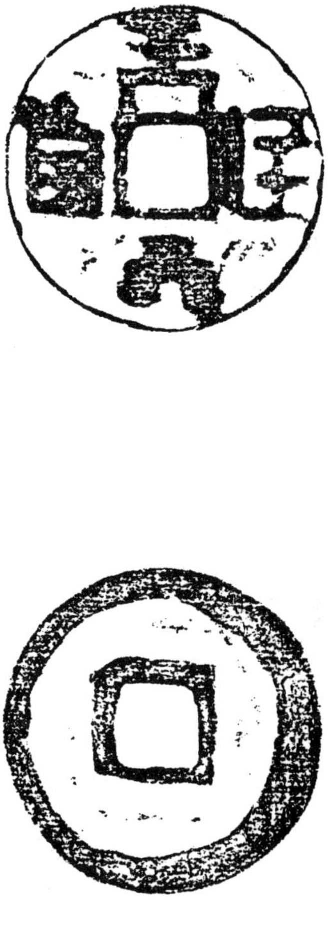

710

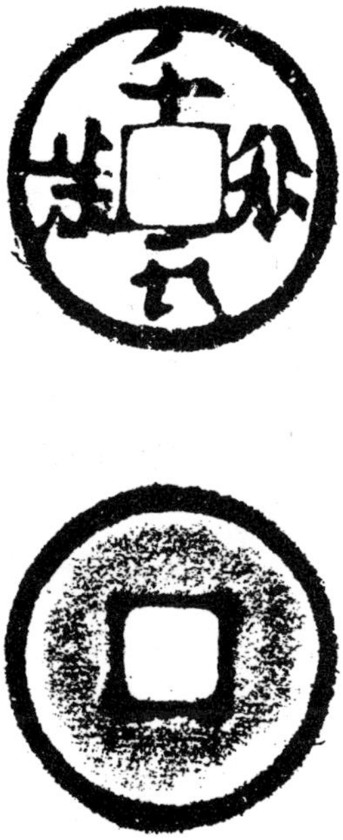

712

713

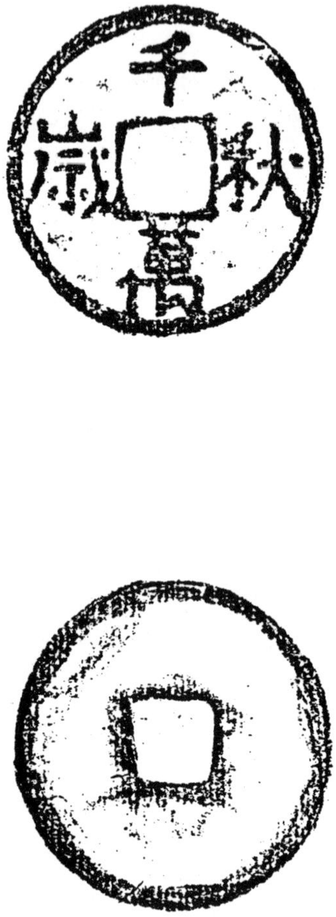

714

715

716

西夏

717

718

719

720

721

722

724

723

725

726

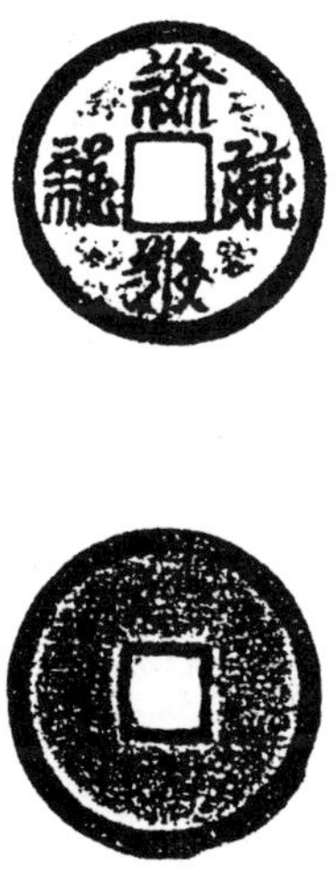

727

728

729

730

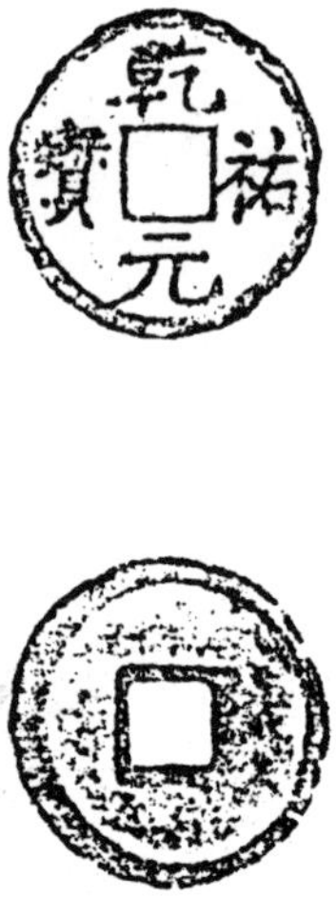

731

732

733

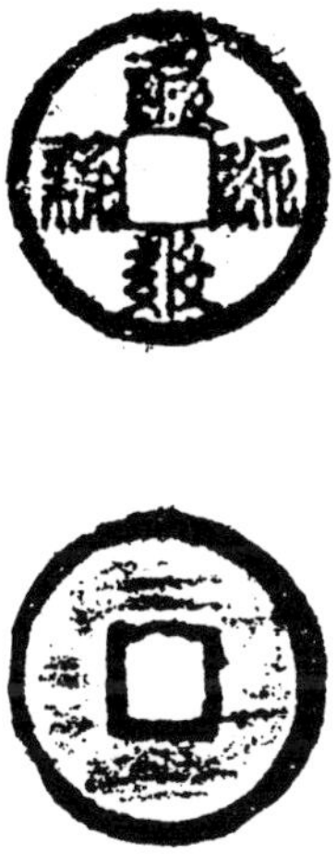

736

734

737

735

金

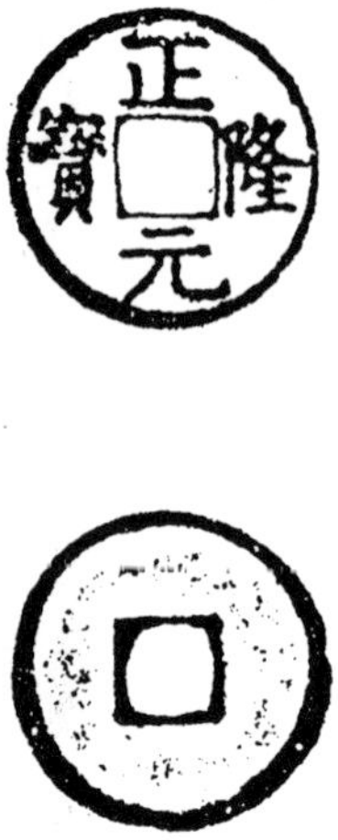

738

739

740

741

742

743

744

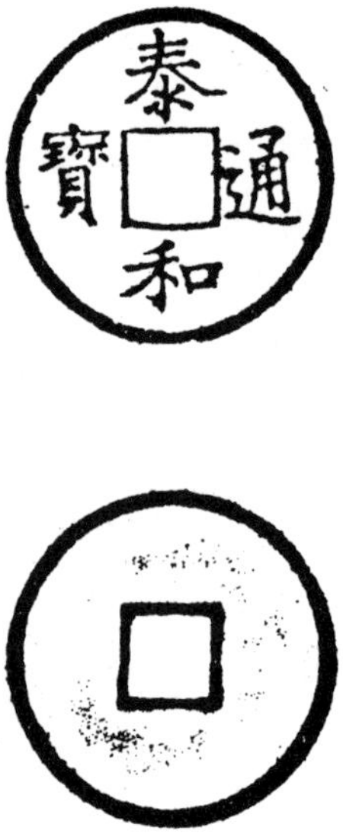

745

746

749

748

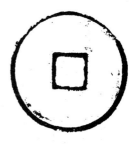

747

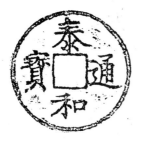

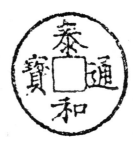

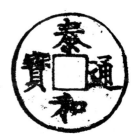

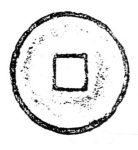

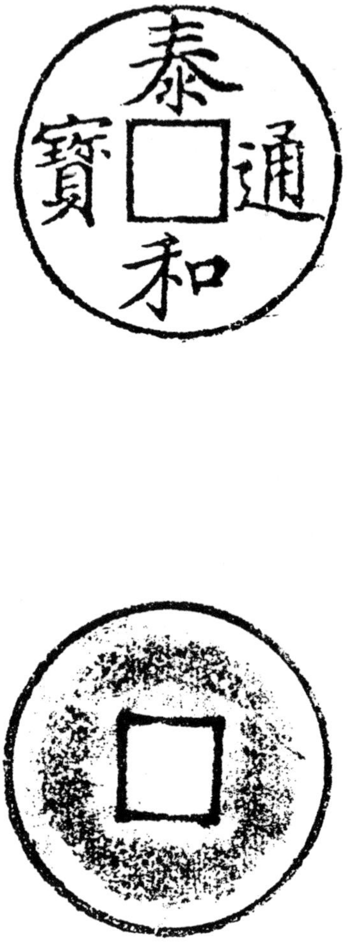

750

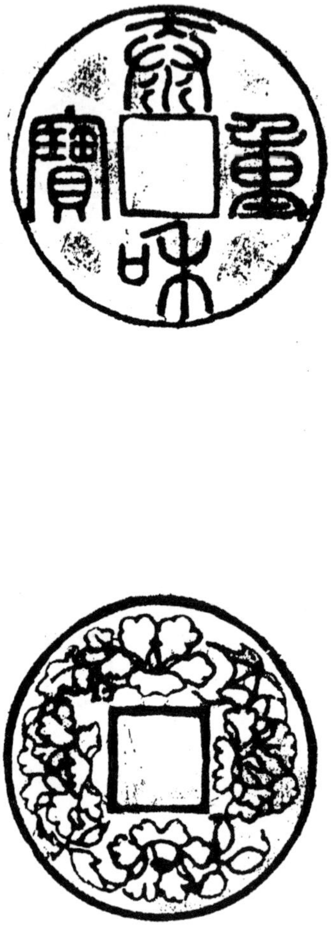

751

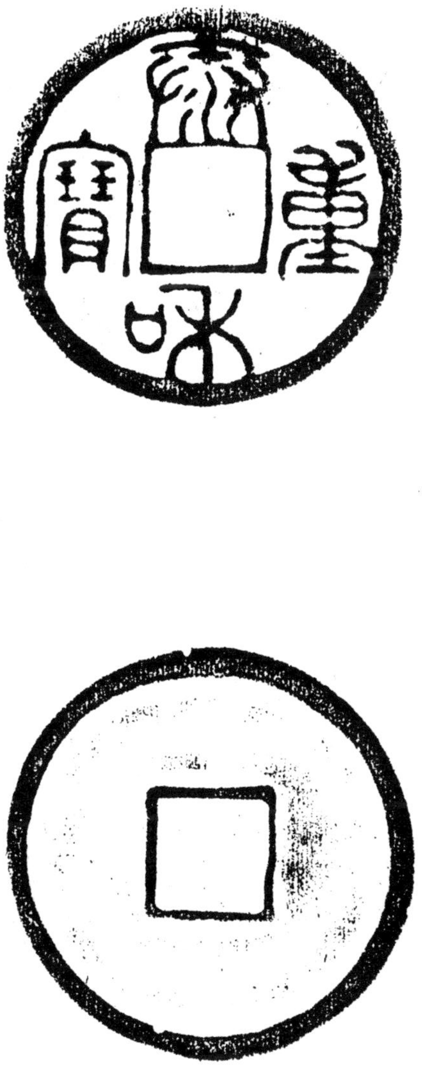

752

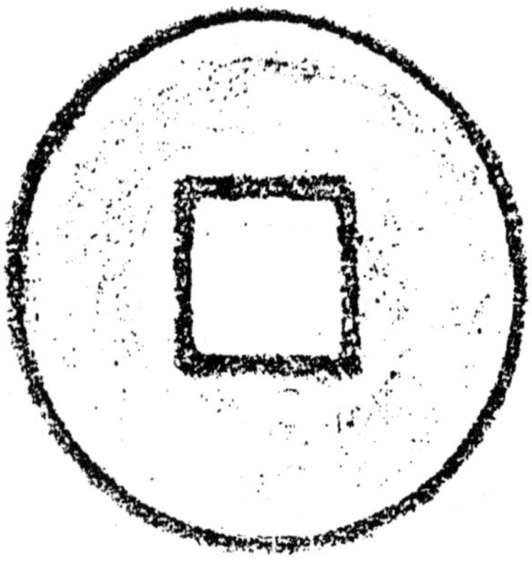

754

755

756

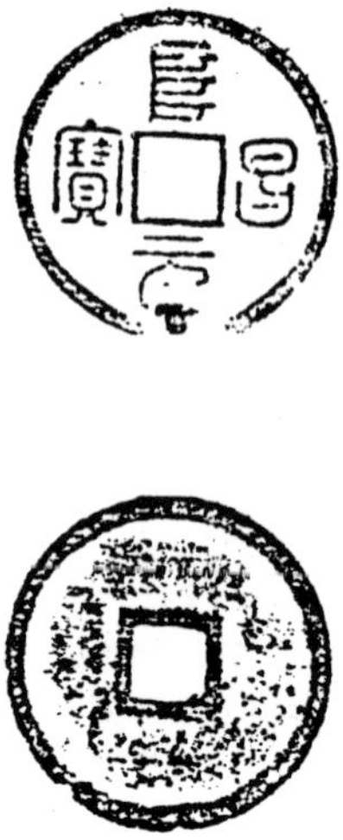

757

758

759

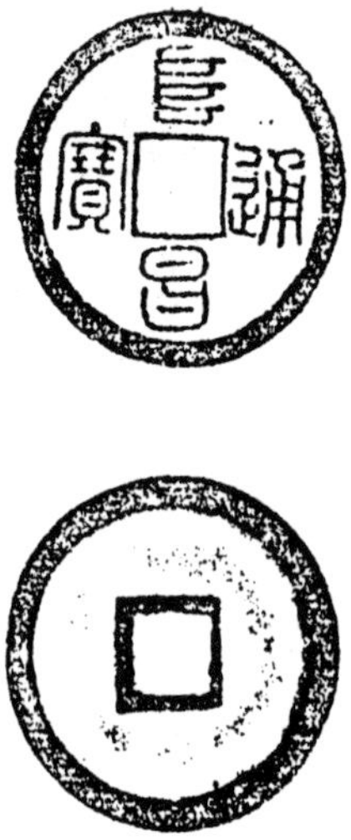

760

761

762

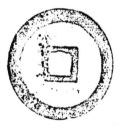

763

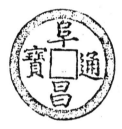

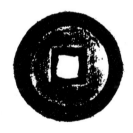

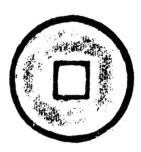

764

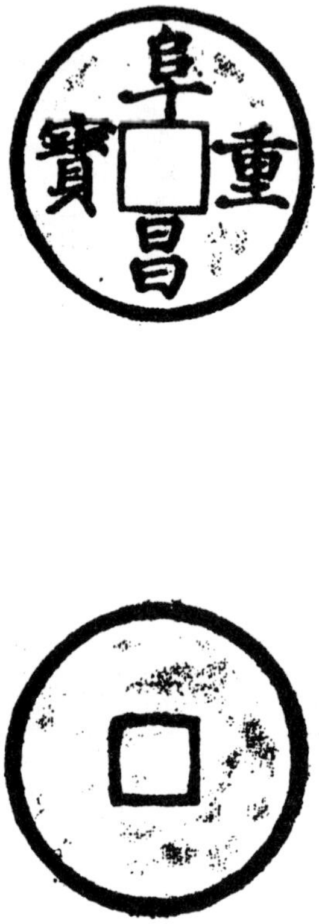

765

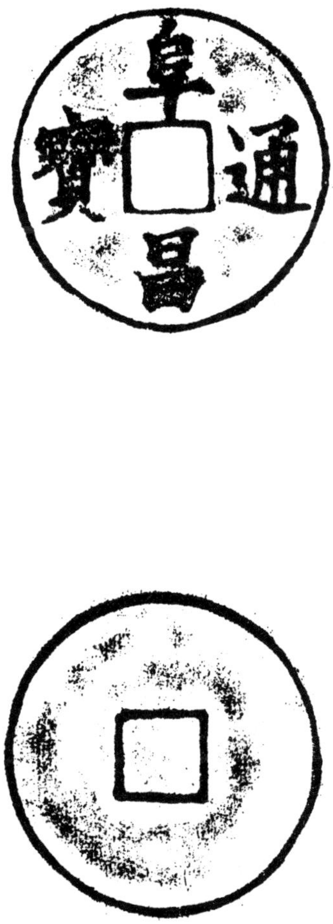

766

銀 **767**

銀 **768**

769

770

771

772

773

774

775

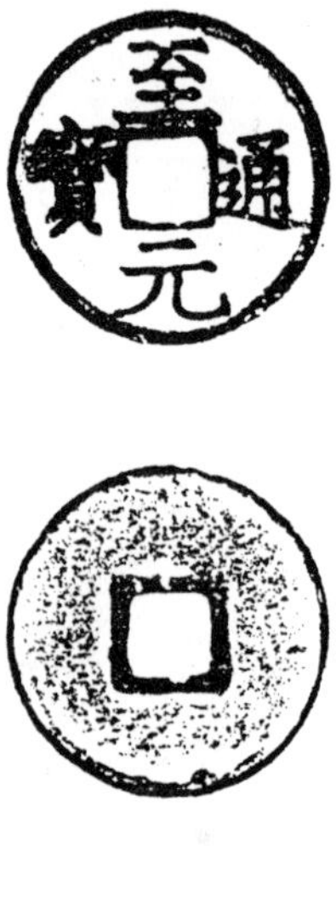

776

777

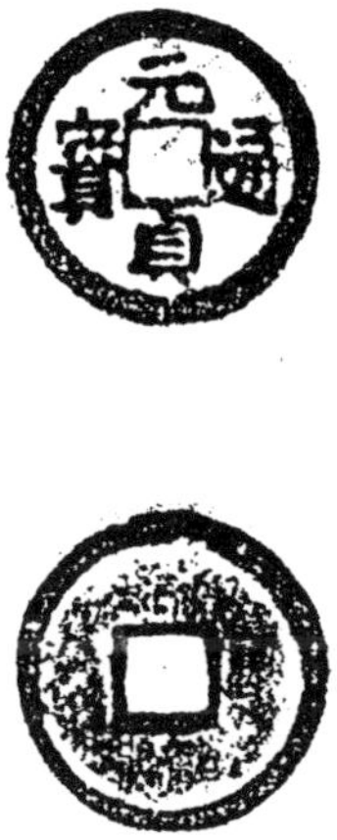

778

779

780

781

782

783

784

785

787

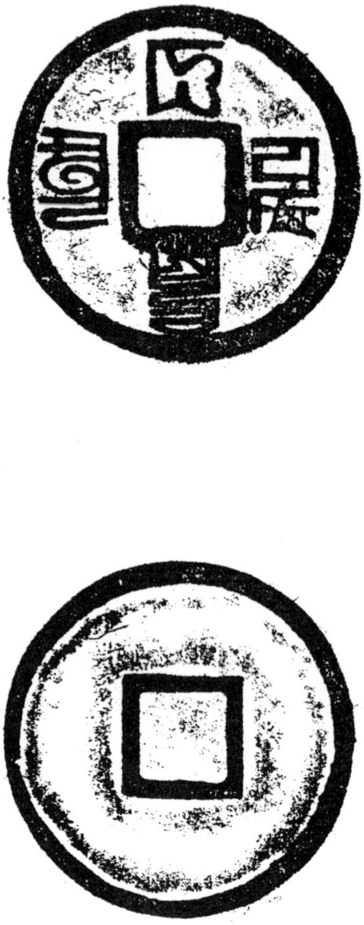

786

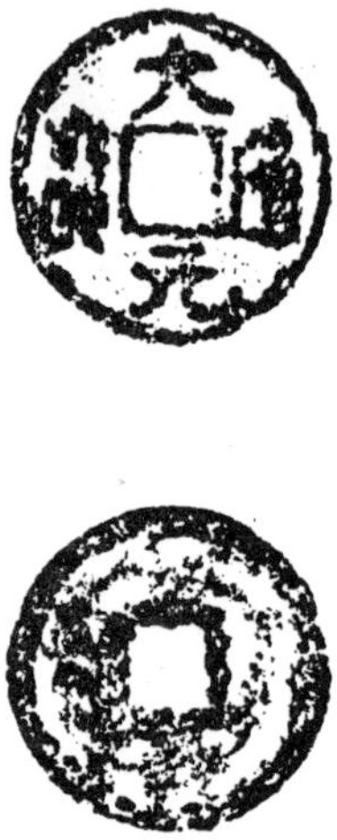

788

790

789

792

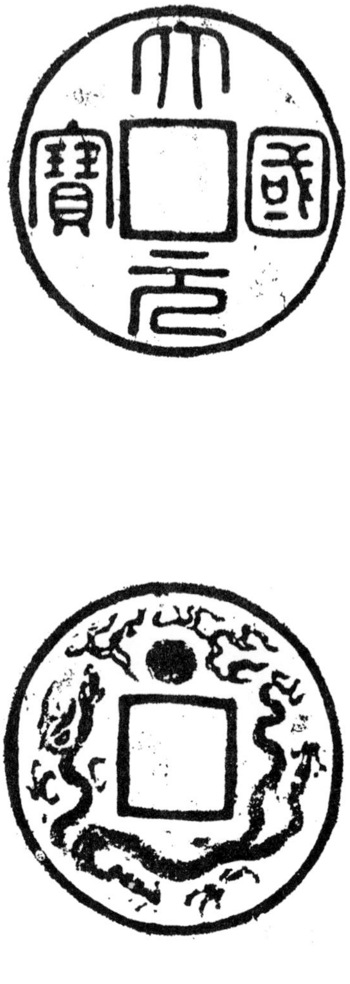

791

793

794

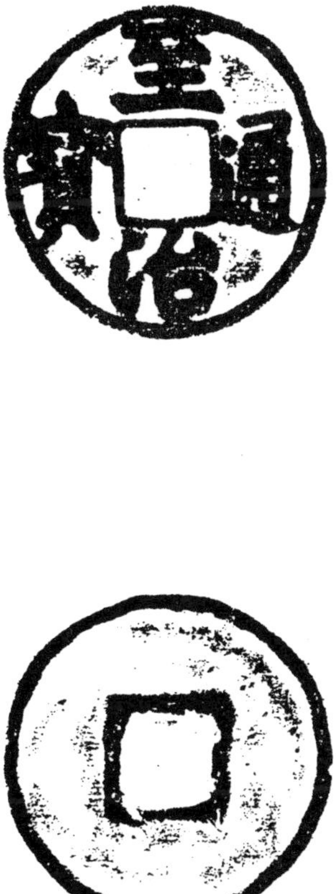

796

795

799

797

798

800

801

802

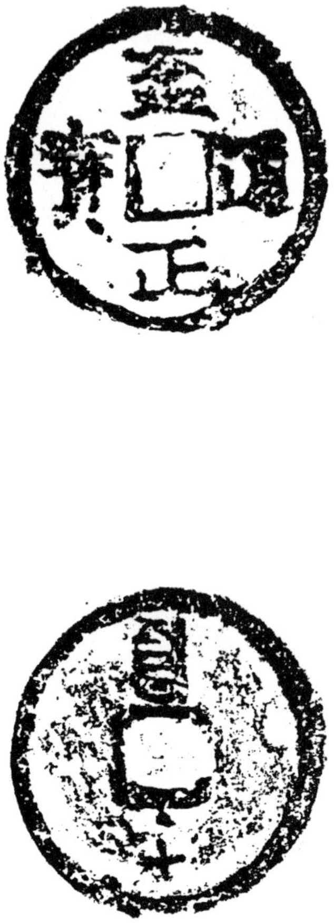

803

804

805

806

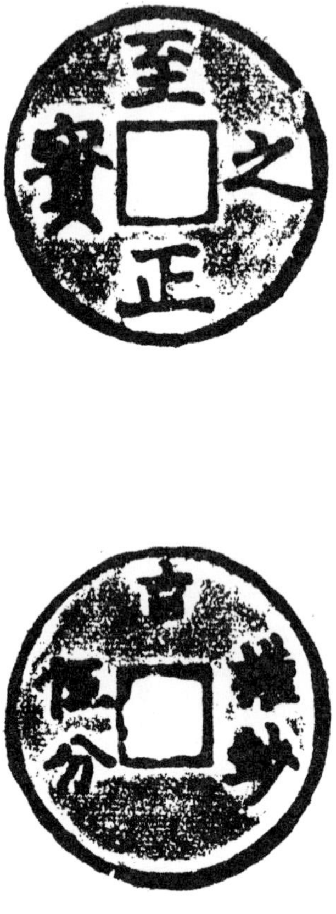

808

807

810

809

811

至正之寶

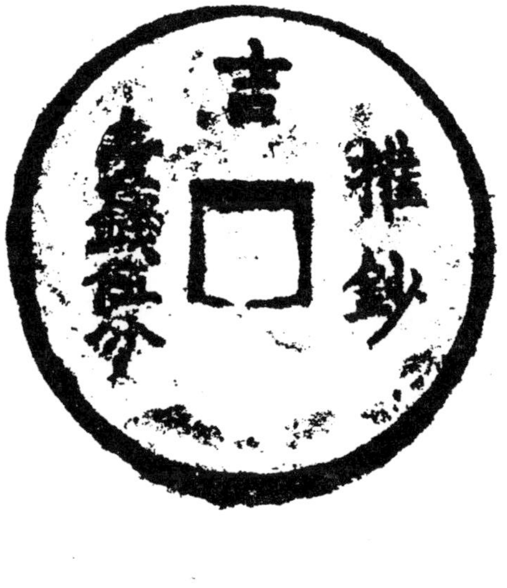
吉
權鈔

至正之寶

吉
權鈔

至正之寶

吉
權鈔
伍錢

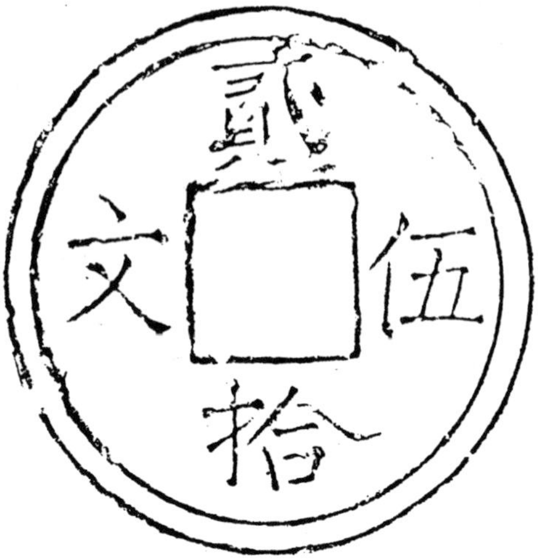
貳
伍
拾
文

816

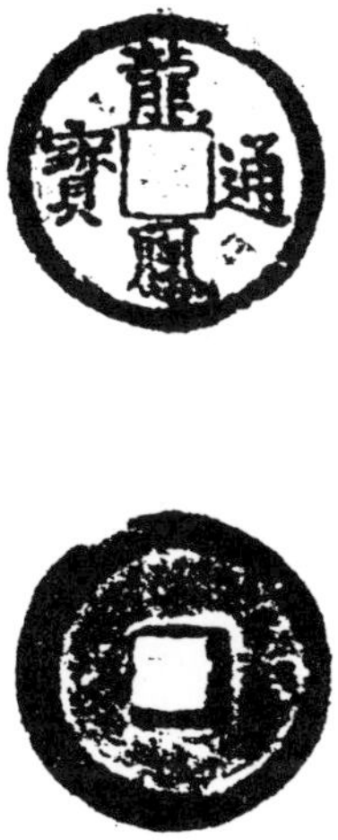

817

818

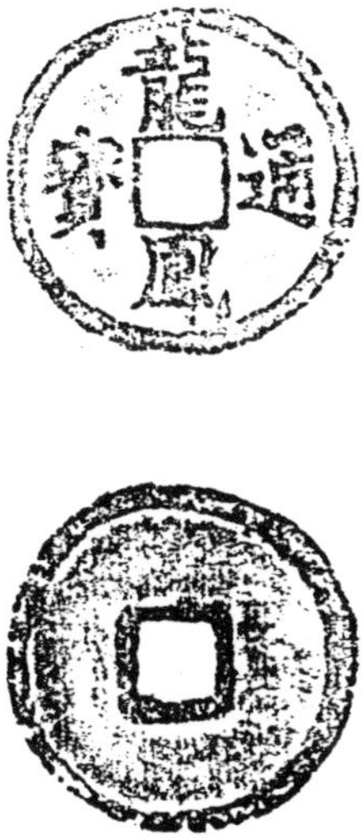

819

820

821

822

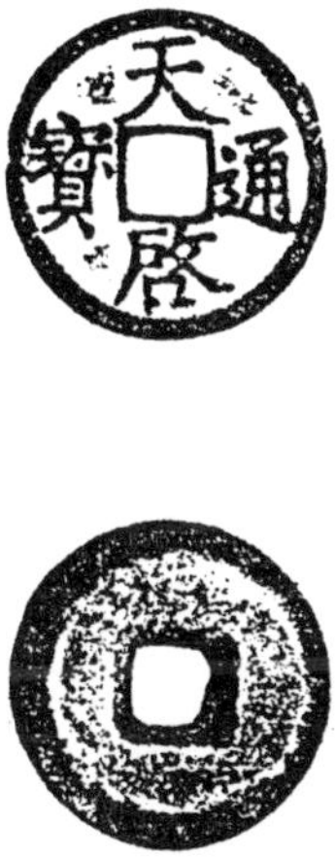

824

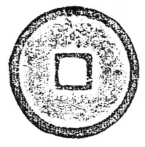

823

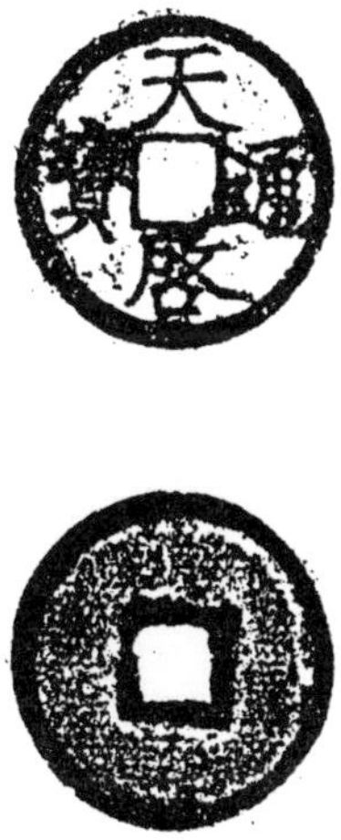

825

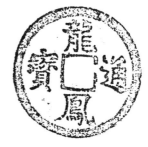

826

828

827

829

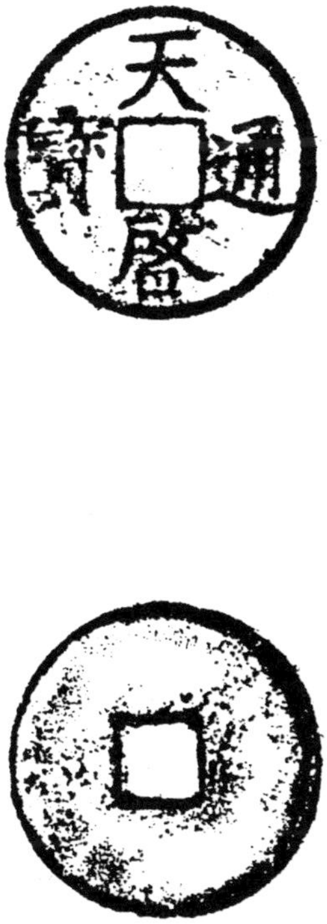

830

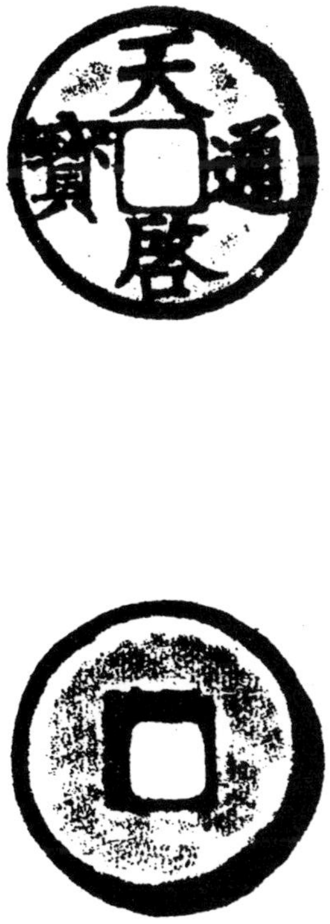

831

明

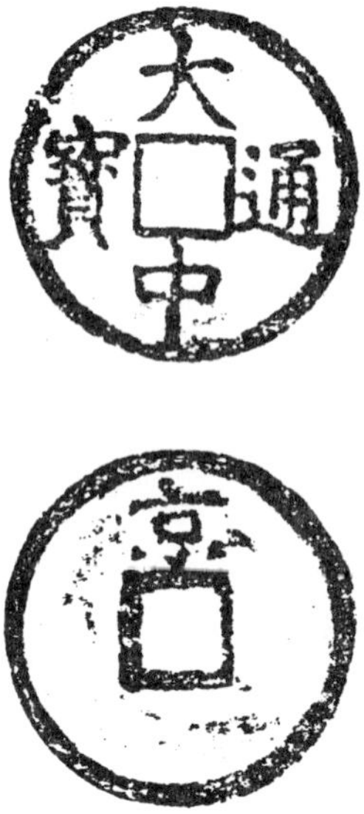

832

833

834

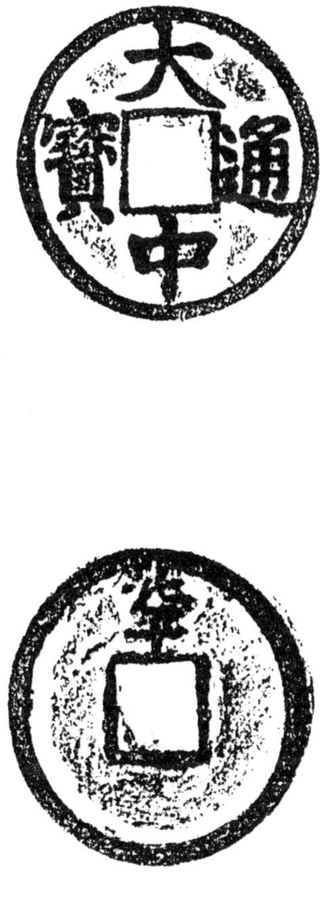

835

836

837

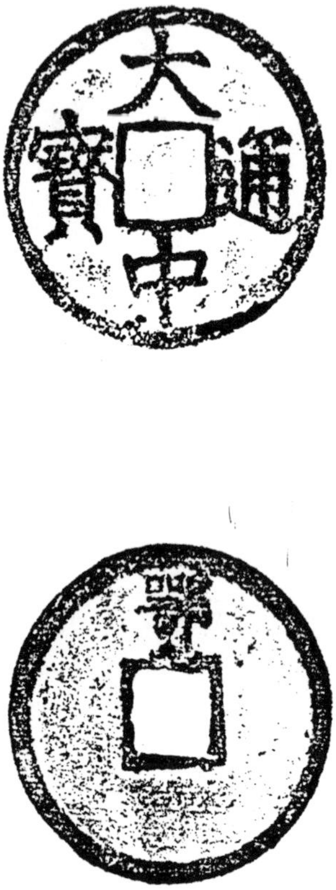

838

840

839

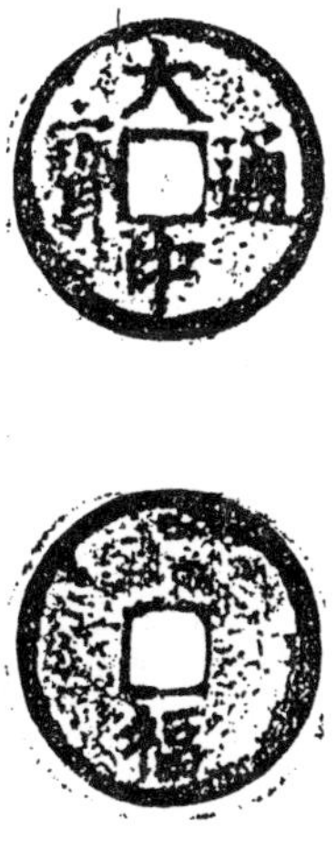

841

843

842

844

845

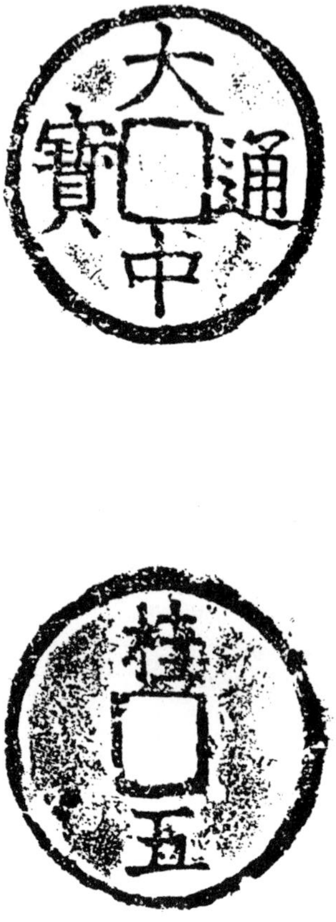

846

847

848

849

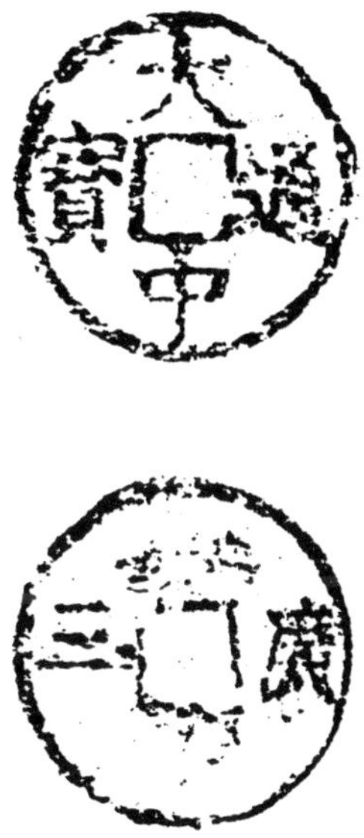

850

851

852

853

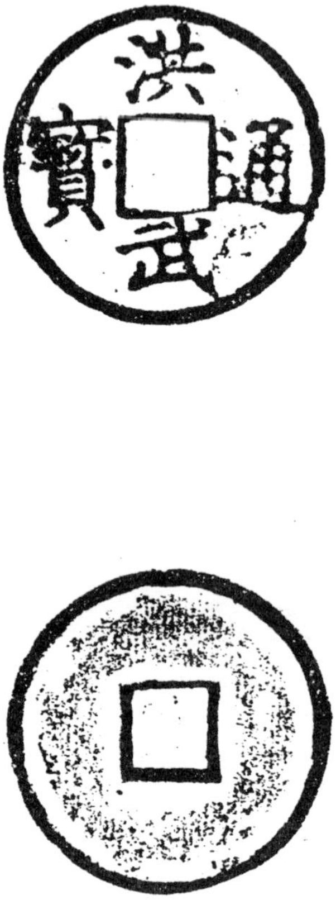

854

856

855

857

858

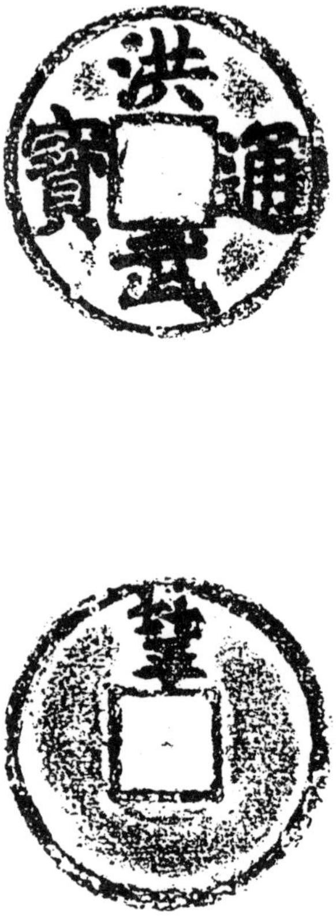

859

860

862

861

863

866

865

864

洪武通寶
869

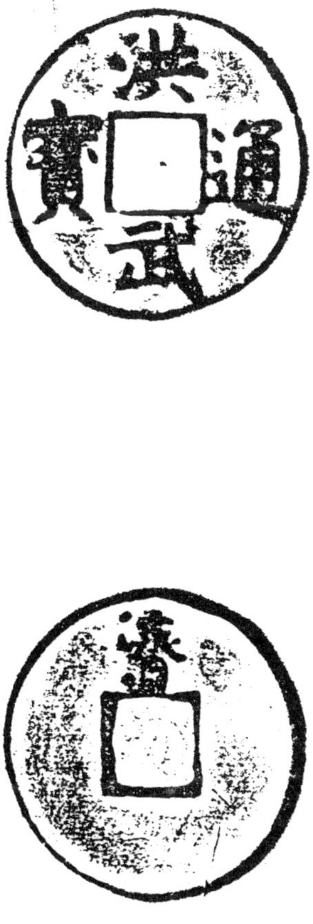
洪武通寶
濟
868

洪武通寶
濟
867

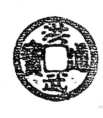

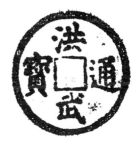

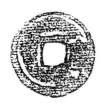

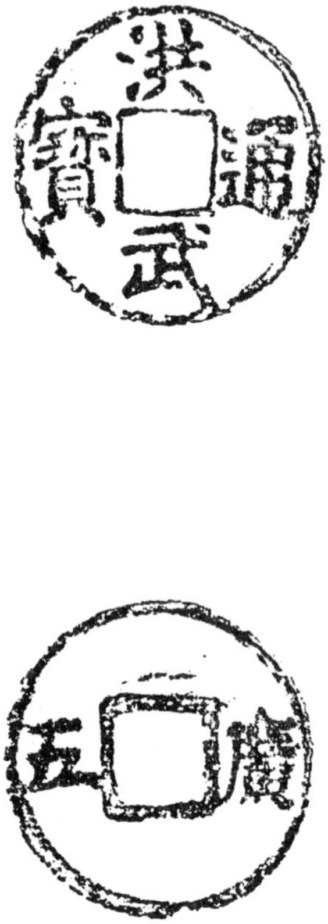

871

870

873

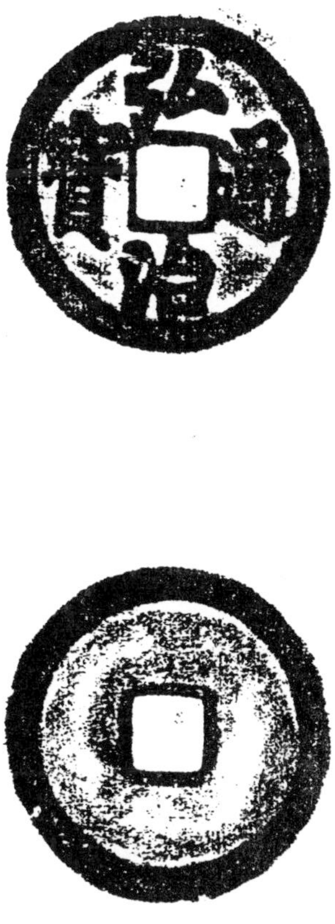

872

874

875

876

877

879

878

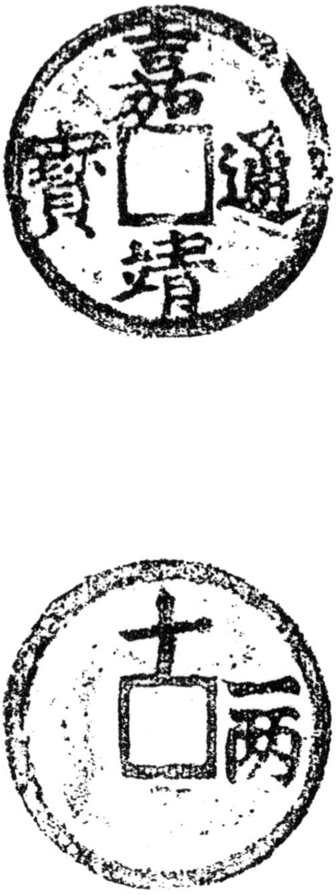

880

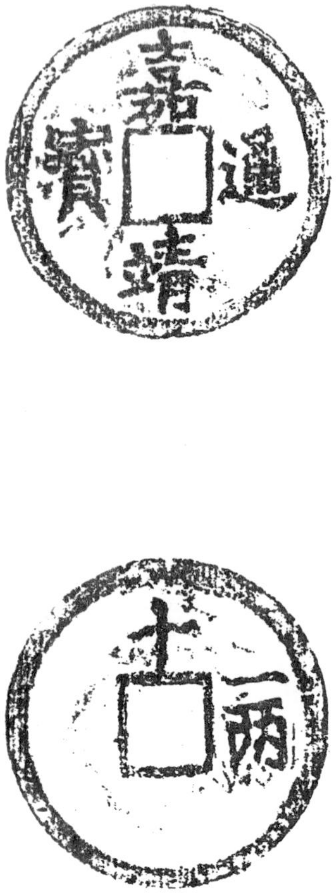

881

882

883

884

887

885

888

886

889

銀 890

銀 891

銀 892

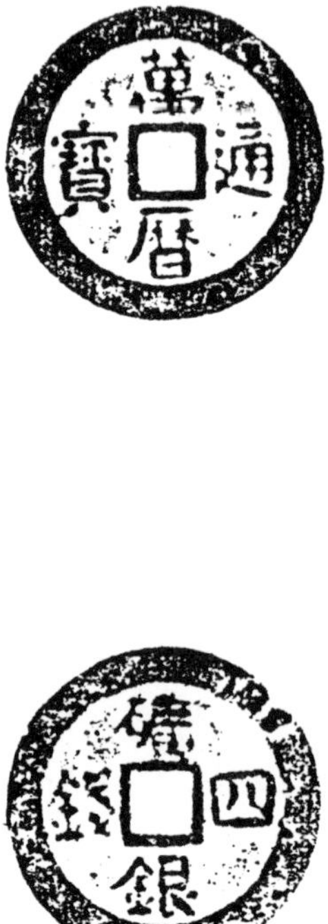
萬曆通寶
銀
四
錢

銀 893

萬曆年造
二錢

銀 894

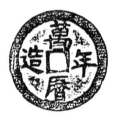

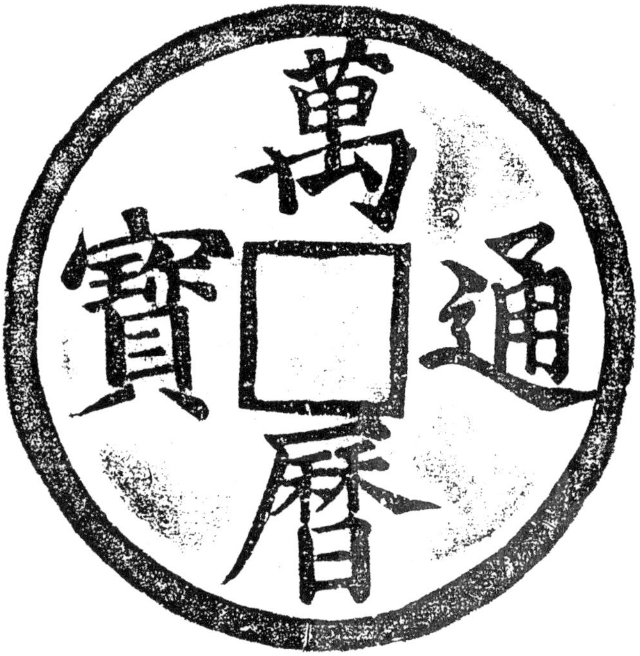
萬曆通寶

896

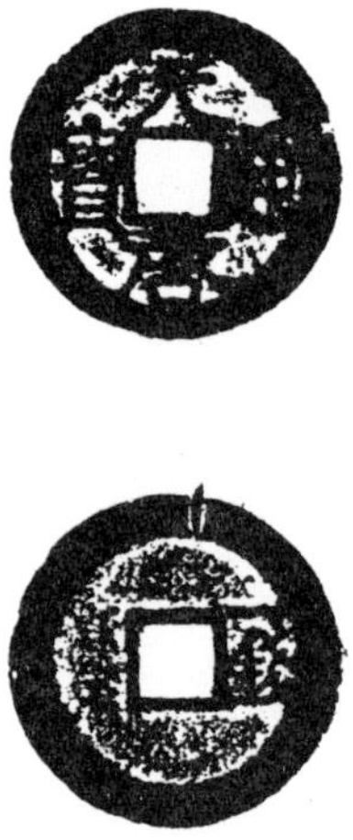

897

898

899

902

900

903

901

904

905

906

907

908

909

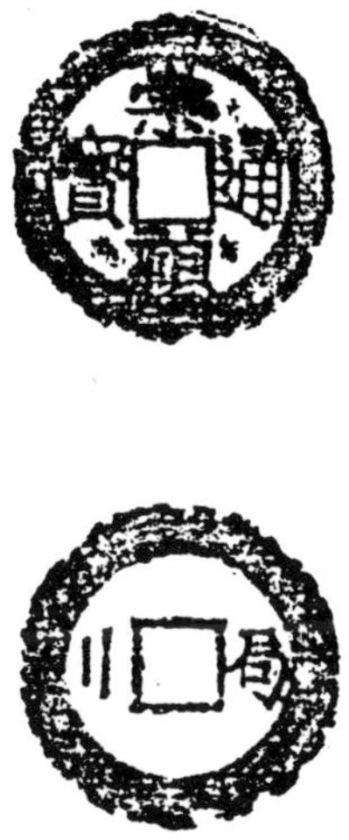

910

911

912

913

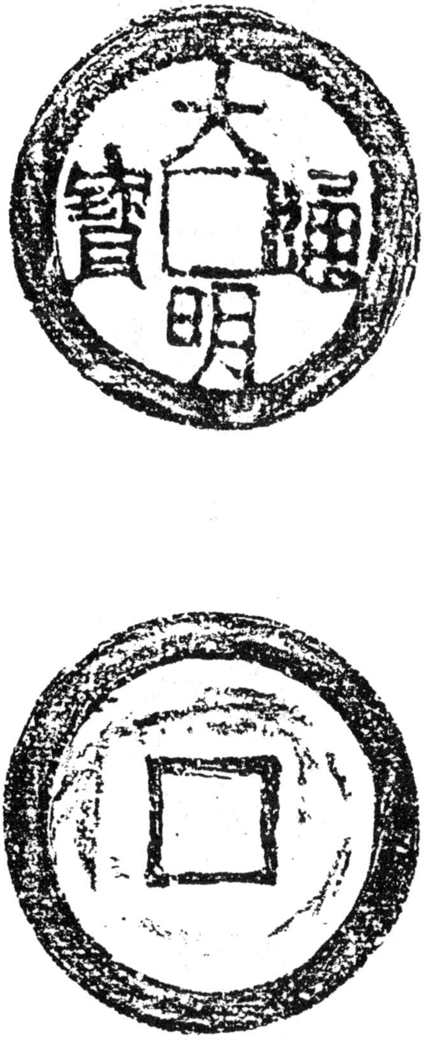

915

914

916

918

917

919

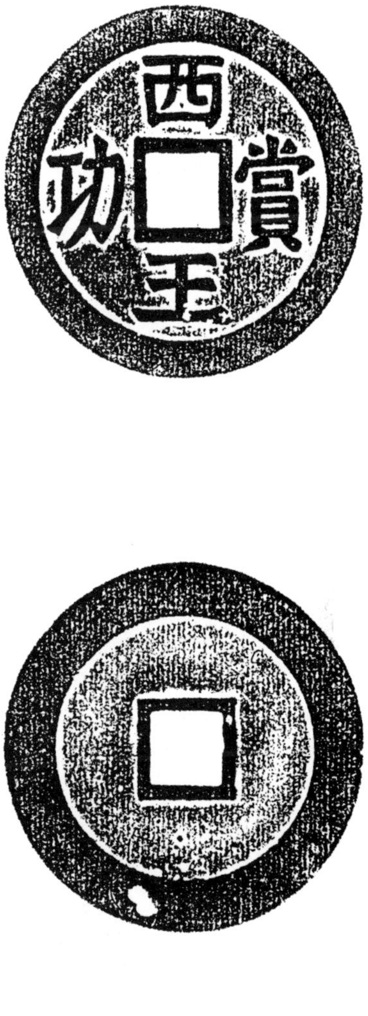

金 920

銀 921

922

鐵 923

924

925

927

926

清

928

930

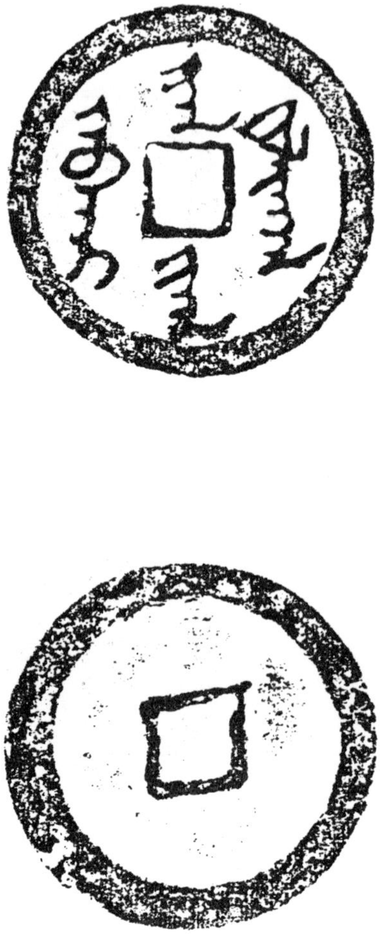

929

932

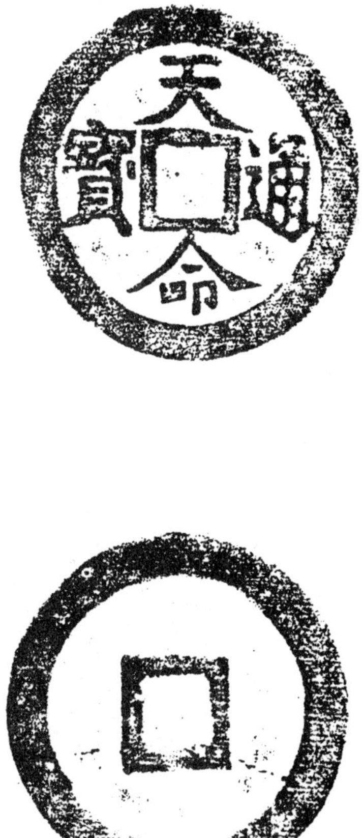

931

935

933

936

934

937

938

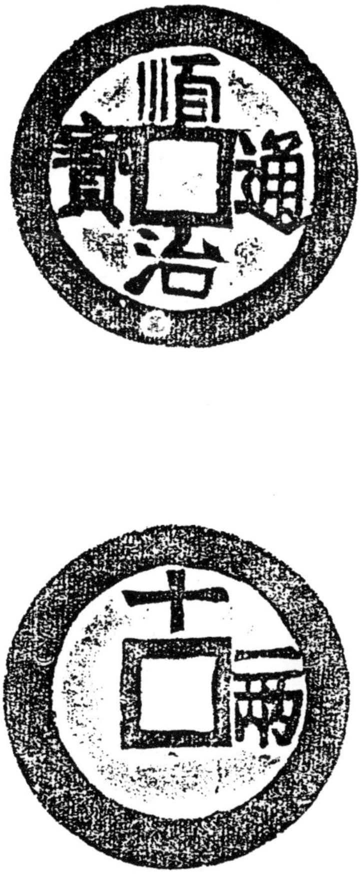

939

940

941

942

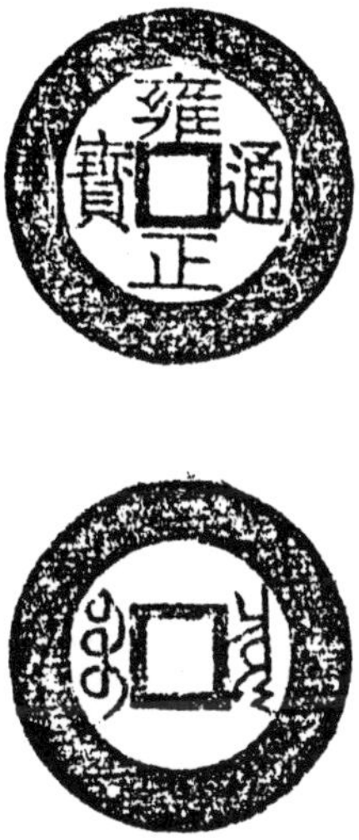

944

943

945

946

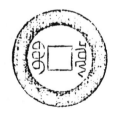

947

948

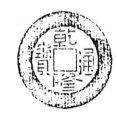

950

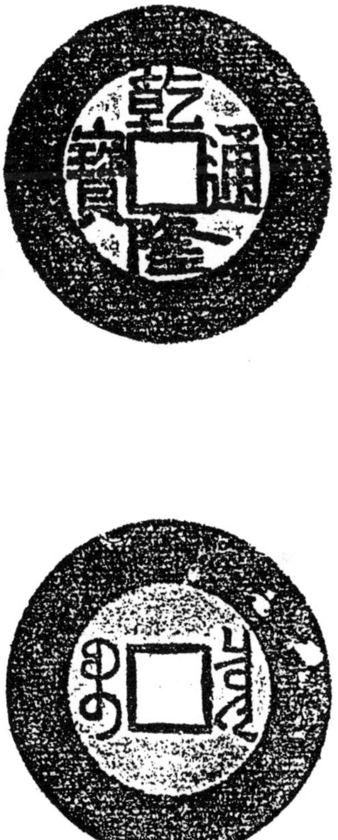

949

951

952

953

954

955

956

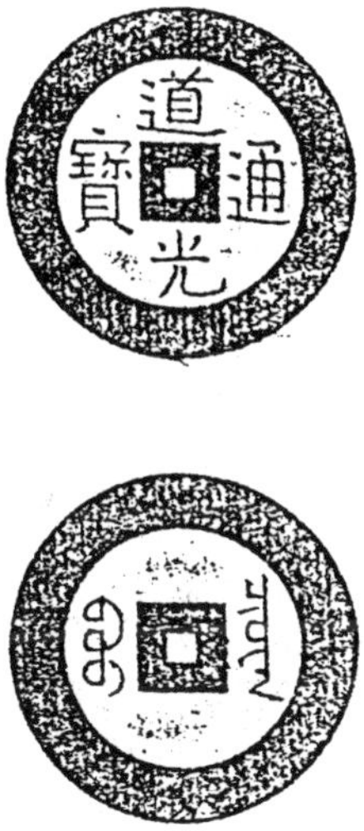

957

958

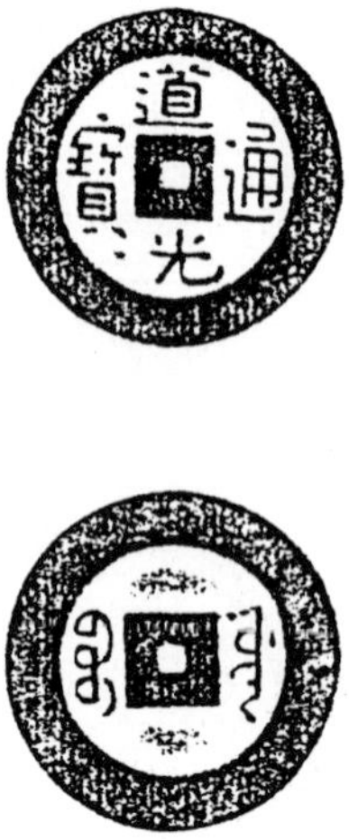

959

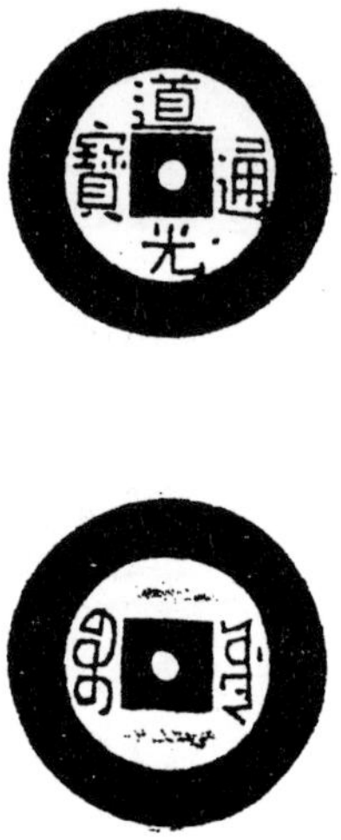

960

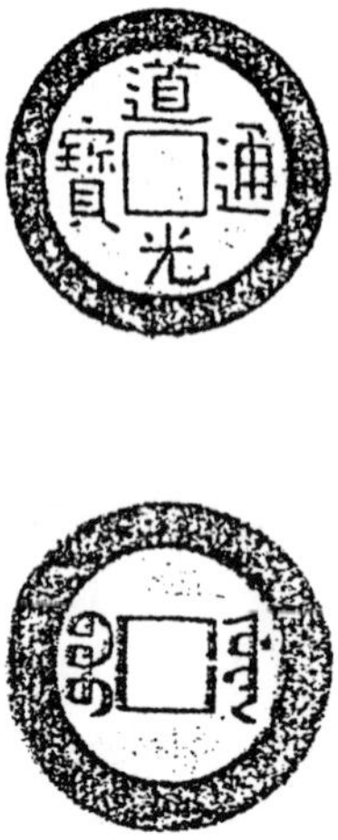

961

962

963

964

965

966

967

968

969

970

971

972

973

974

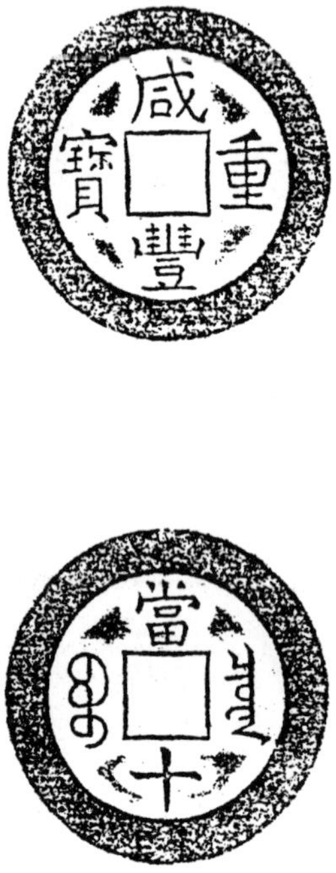

975

976

977

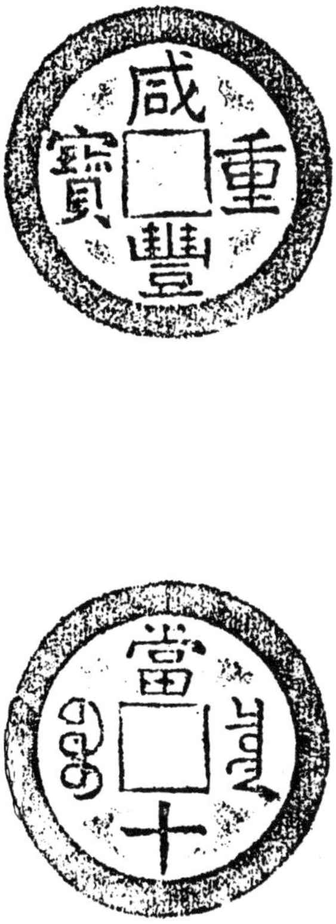

978

979

980

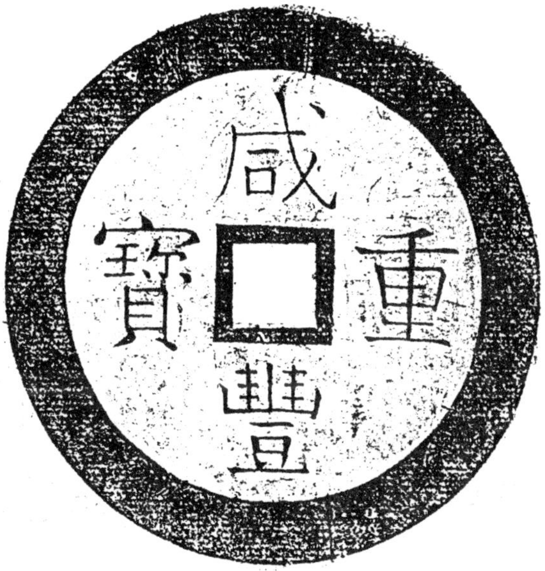
咸
寶 重
豐

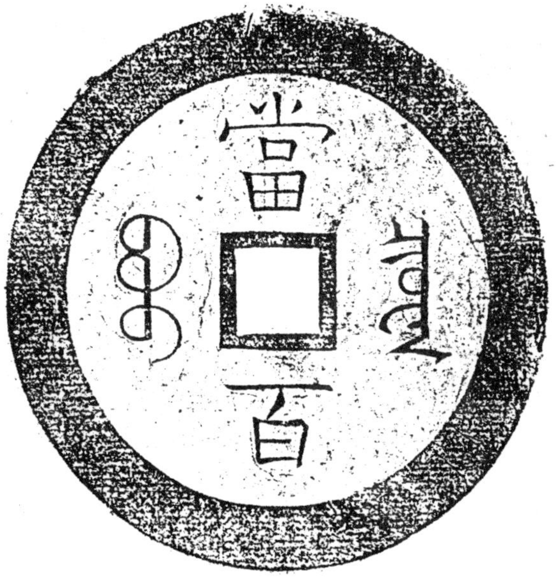
當
百

983

牙　982

咸
豐
元
寶

當
五
百

985

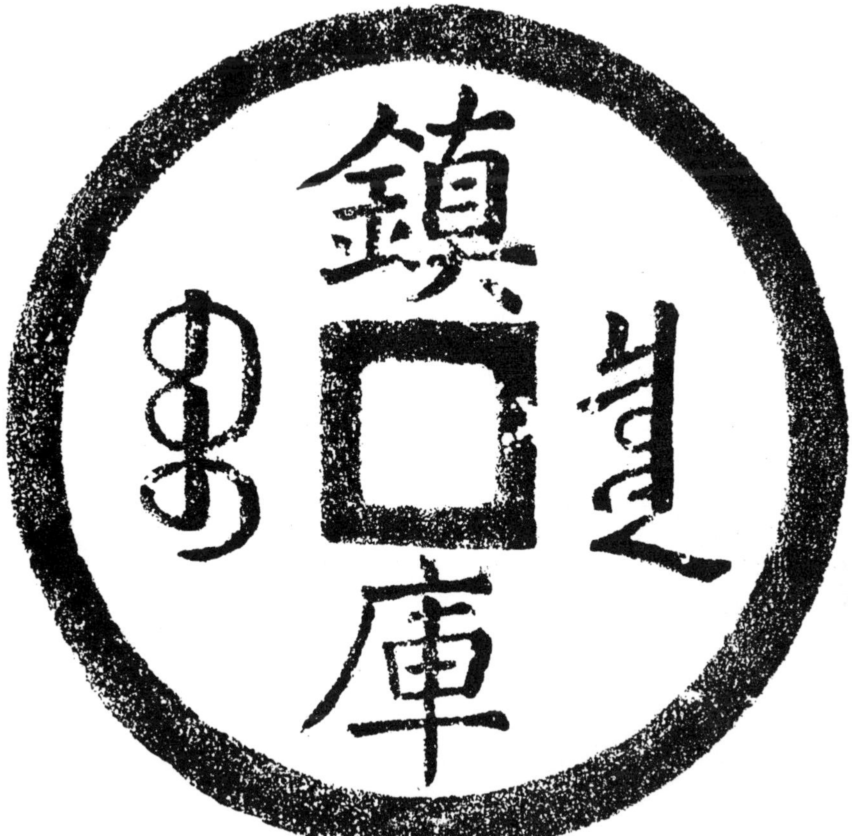
鎮
庫

986

987

988

咸豐元寶

當五百

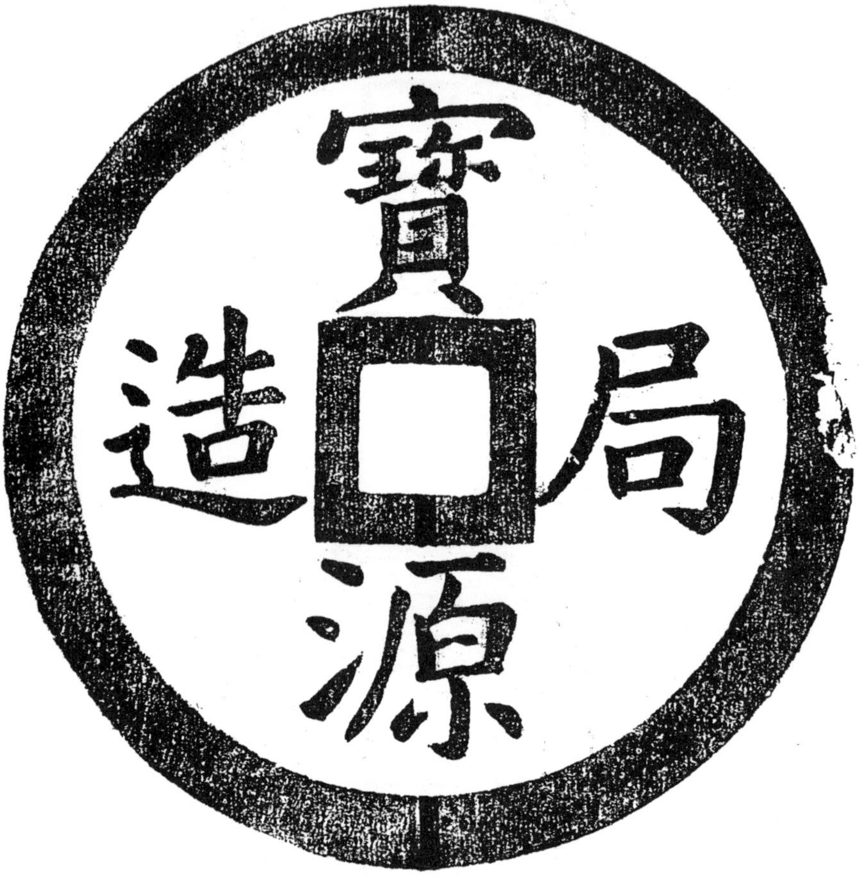

990

鎮
庫

991

992

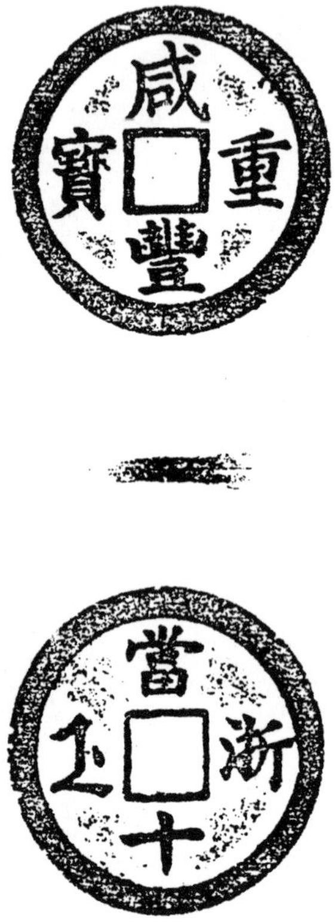

993

994

995

996

997

998

999

1000

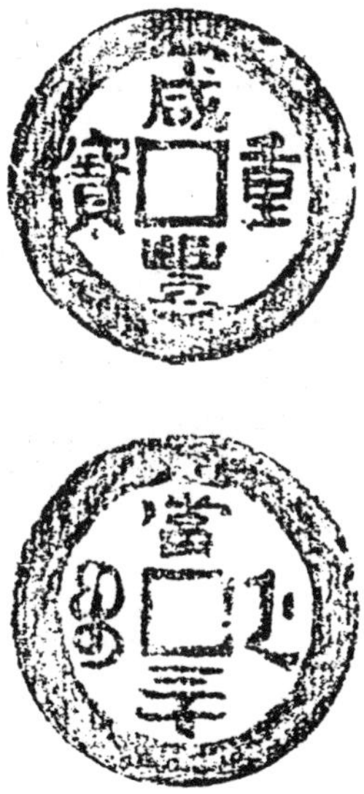

1001

1002

1003

1005

1004

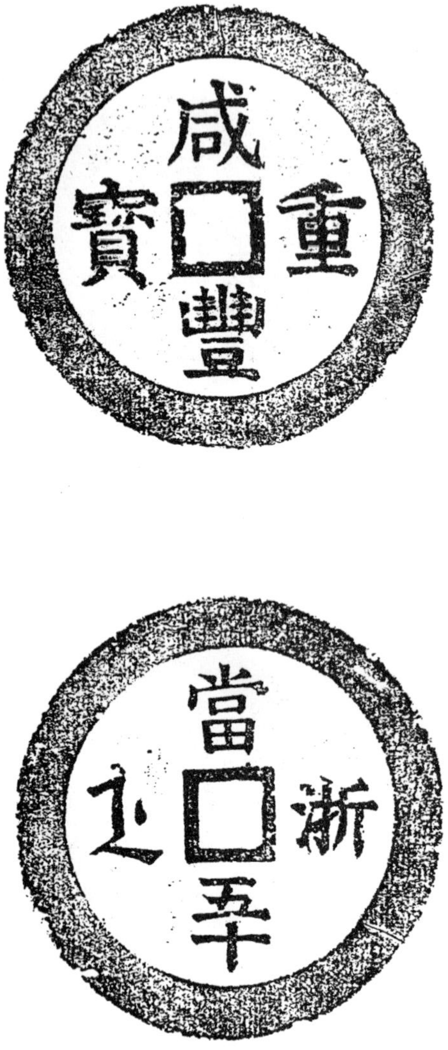

1007

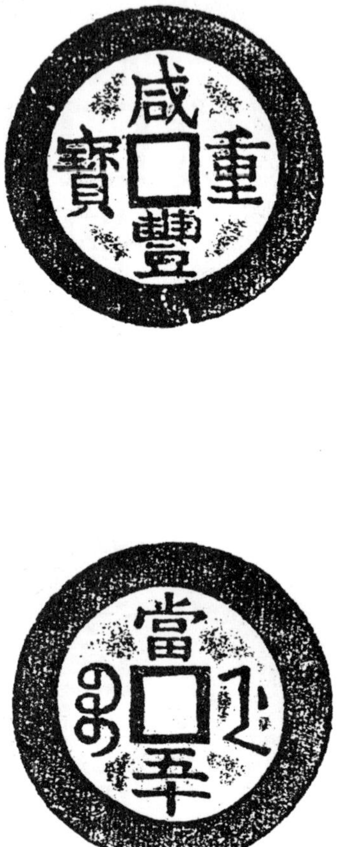

1006

咸豐重寶

當百
浙

1010

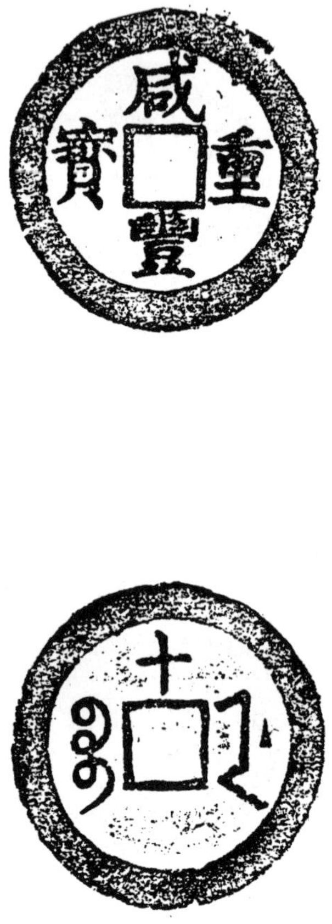

1009

1011

1012

1013

1014

1015

1016

1017

1018

1020

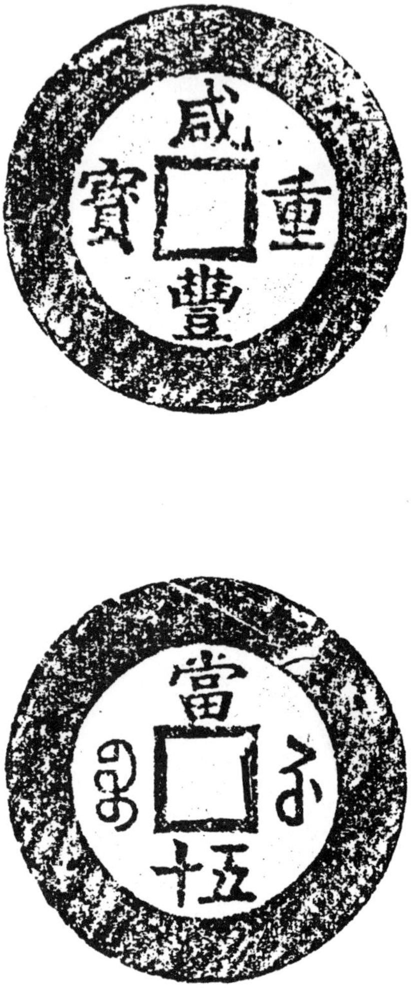

1019

1021

1022

1023

1024

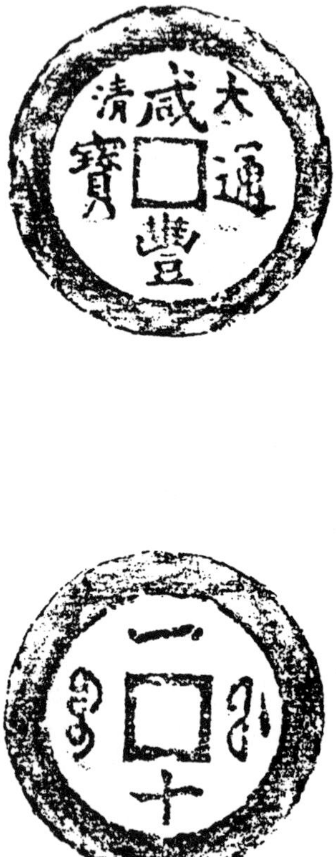

1025

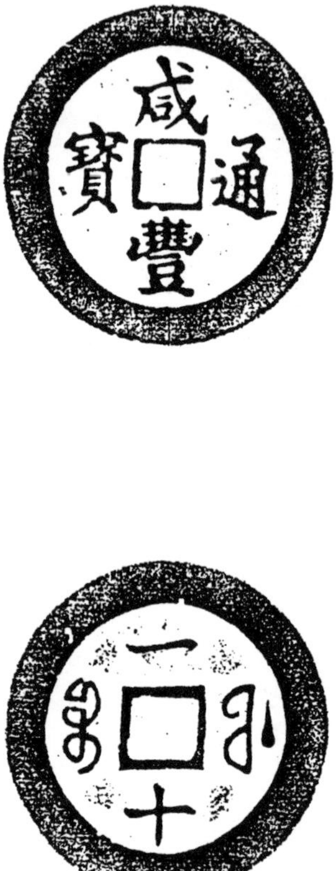

1026

1027

1029

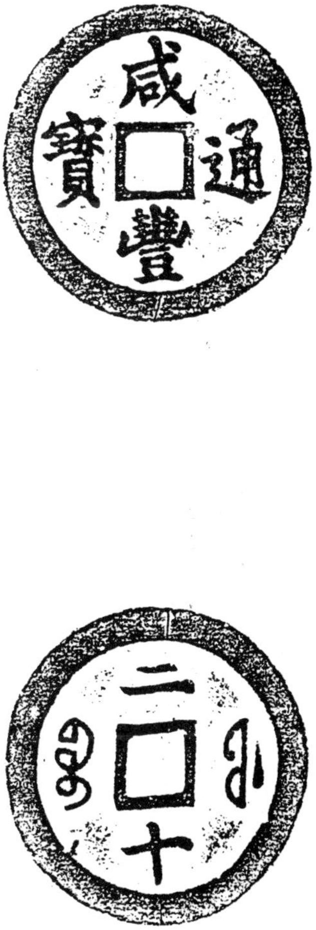

1028

1030

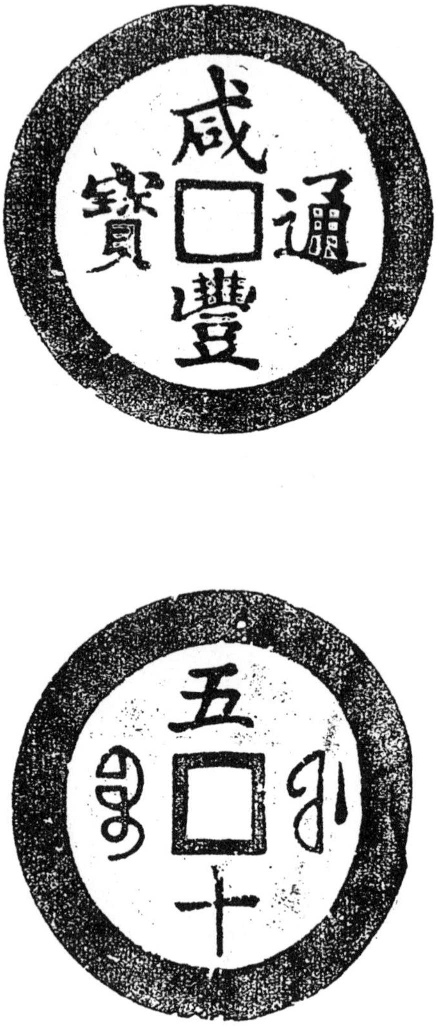

1031

咸豐通寶

五十

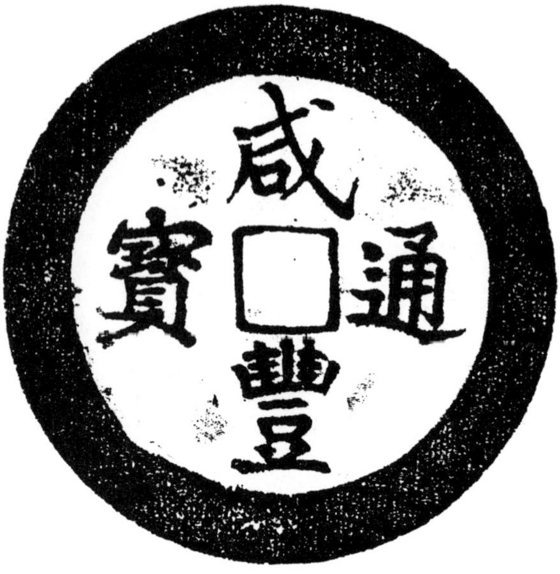
咸豐通寶

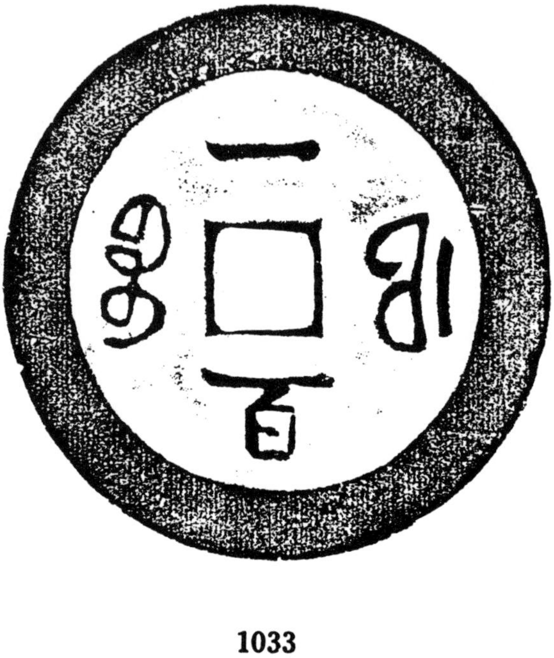
一百

1036

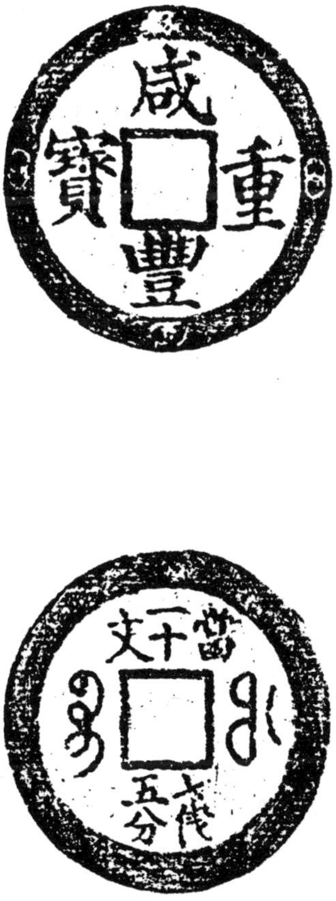

1035

1034

1038

1039

1037

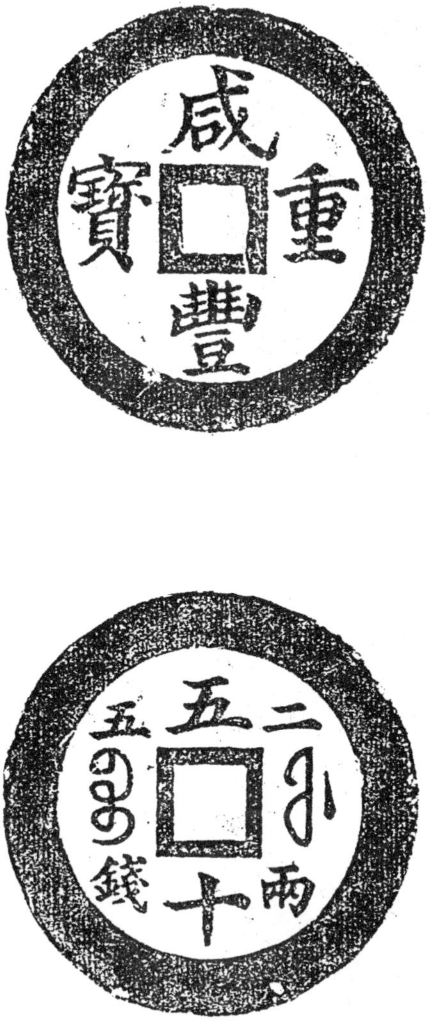

1041

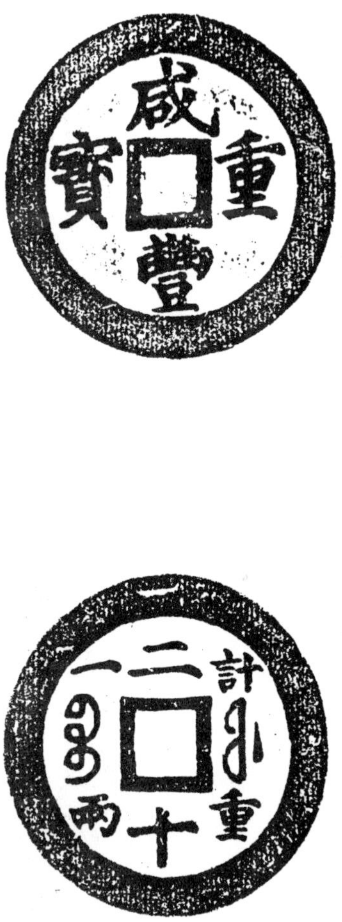

1040

咸豐重寶

五十
二兩
五錢

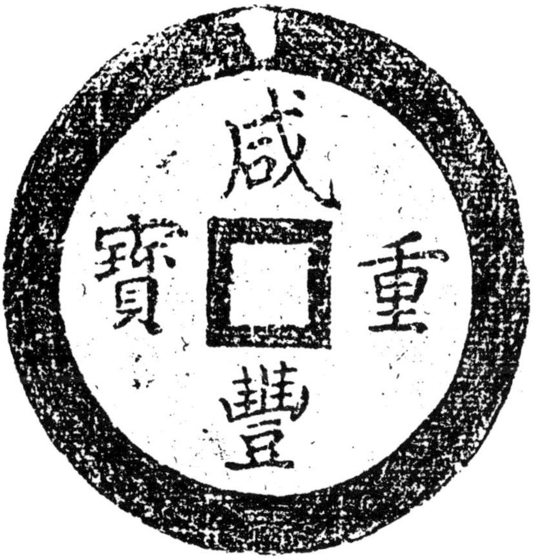
咸
寶
重
豐

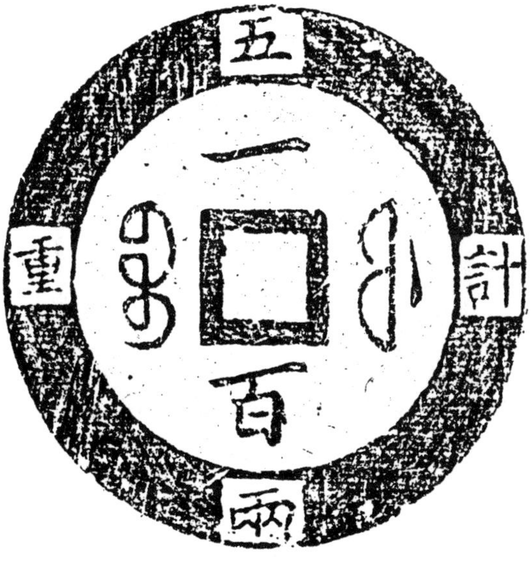
五
一
重
計
百
兩

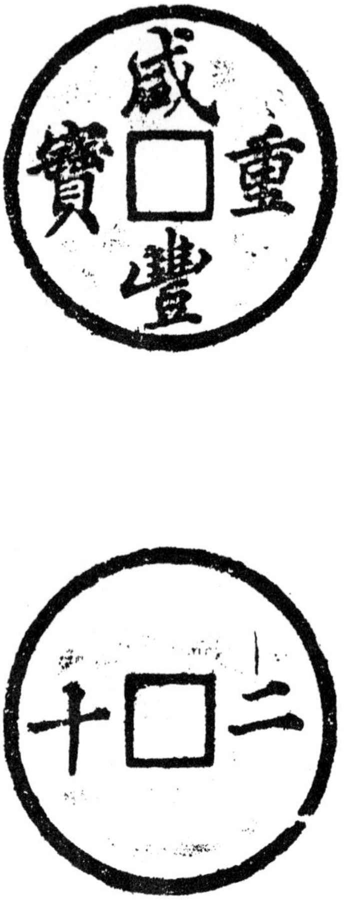

1044

1045

1048

1047

1046

1049

鐵 1050

鐵 1051

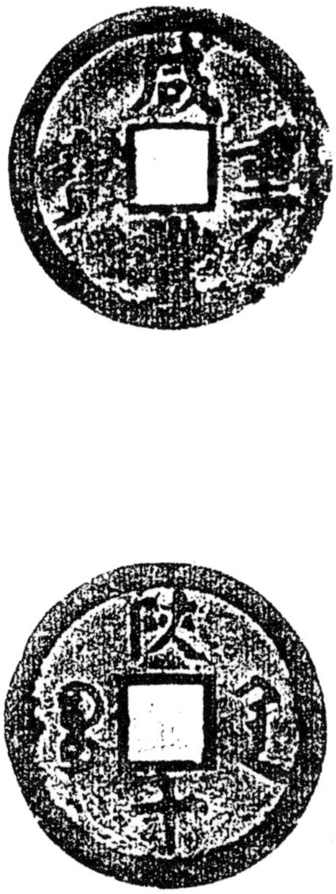

1052

1053

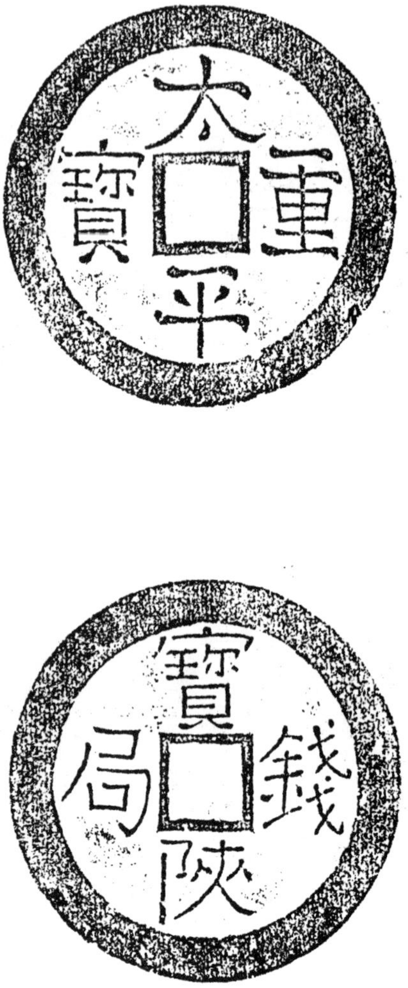

1054

1055

1056

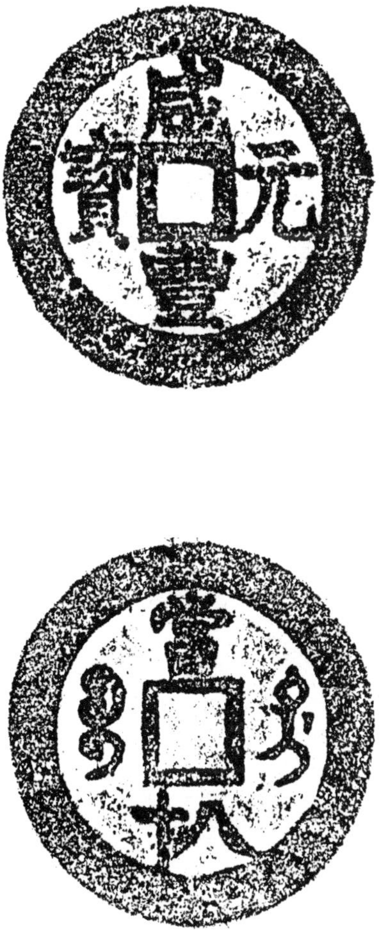

1057

1058

1059

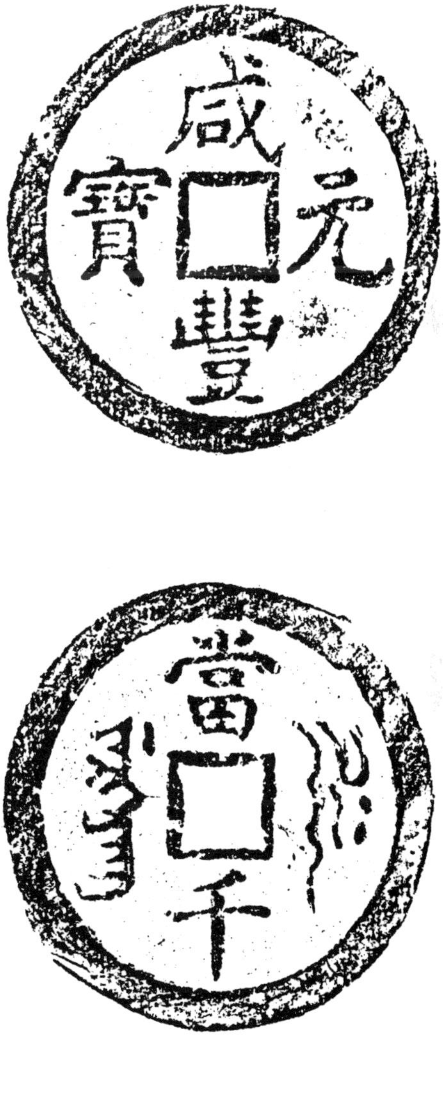

1060

1061

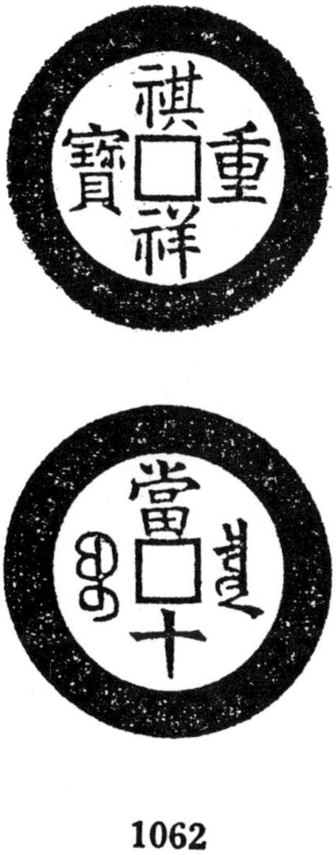

1062

1063

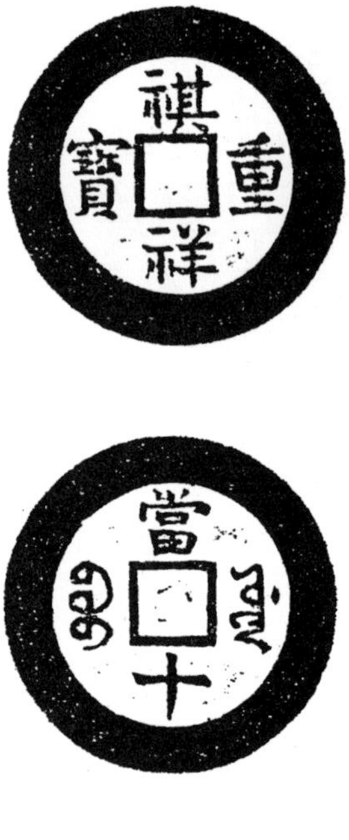

1064

1065

1066

1069

1067

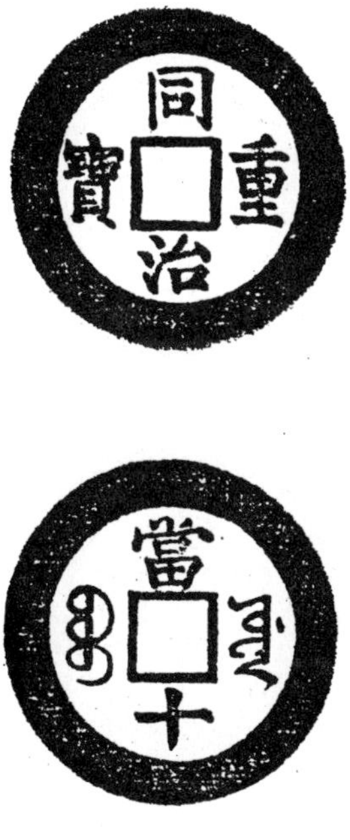

1070

1068

1071

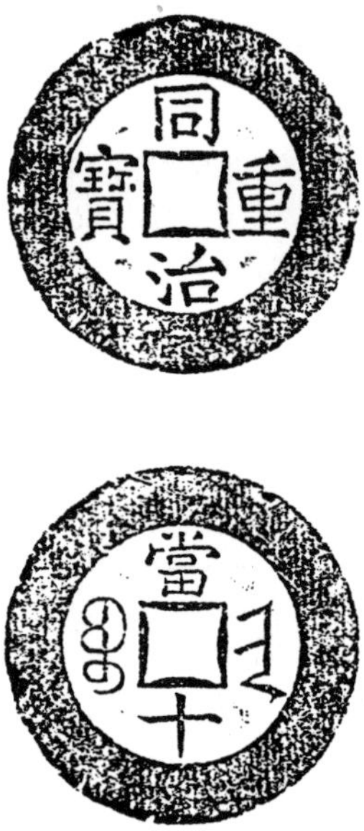

1072

1073

1074

1075

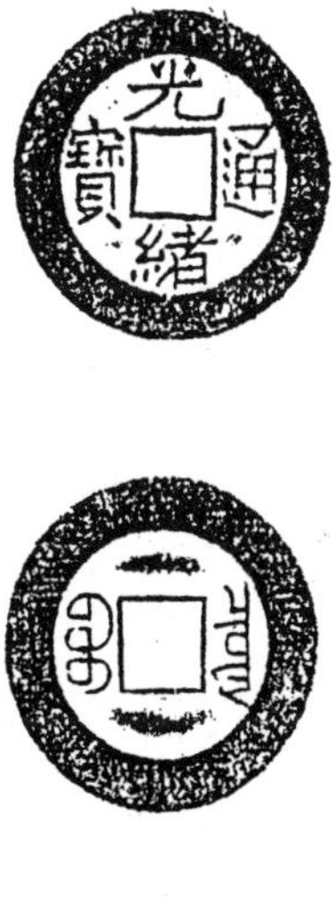

1076

1077

1078

1081

1079

牙　1082

1080

1083

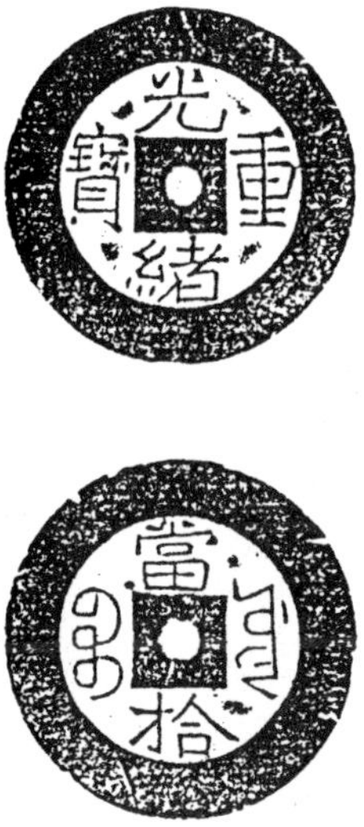

1084

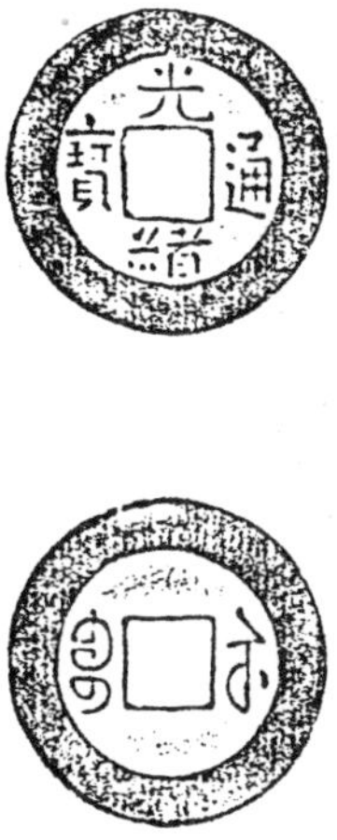

1085

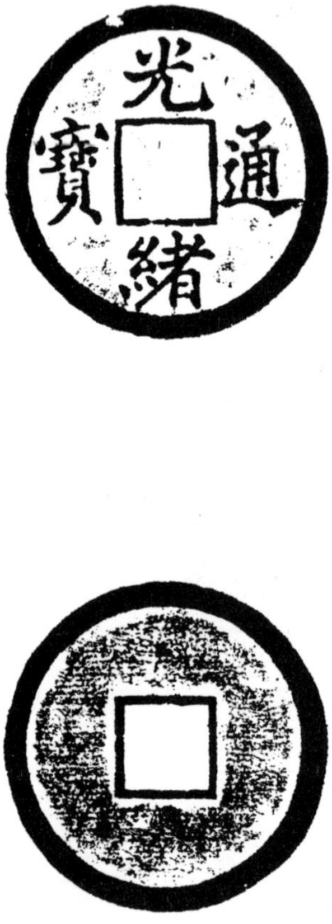

1088

1087

1086

1089

1091

1090

1092

1093

1094

1095

1096

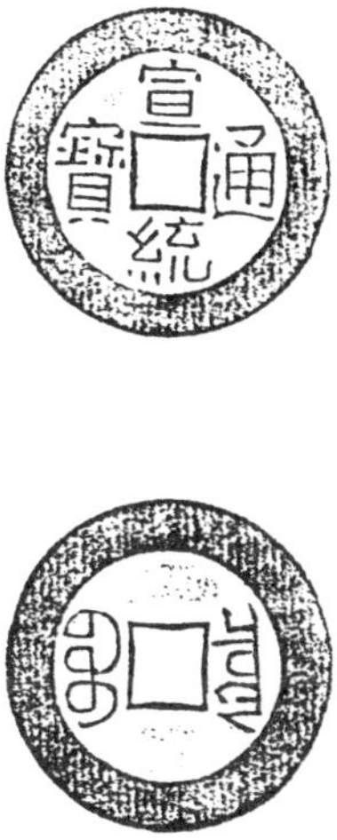

1097

1098

1099

1100

1101

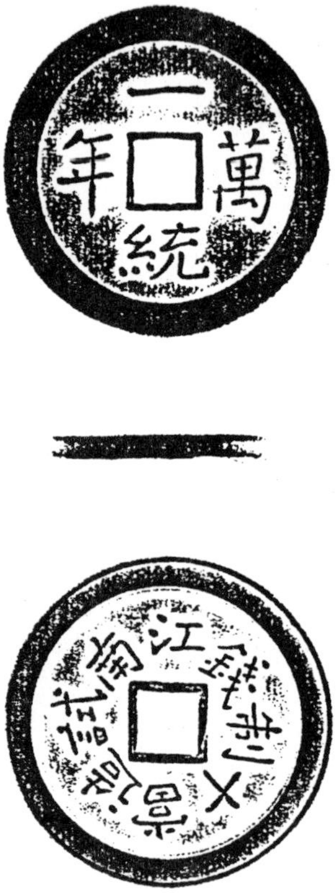

1102

1103

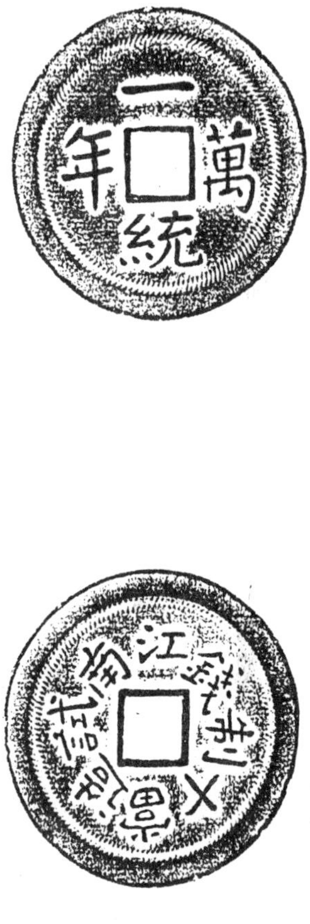

1104

1105

1106

1107

1108

1109

1112　　1111　　1110

1115

1114

1113

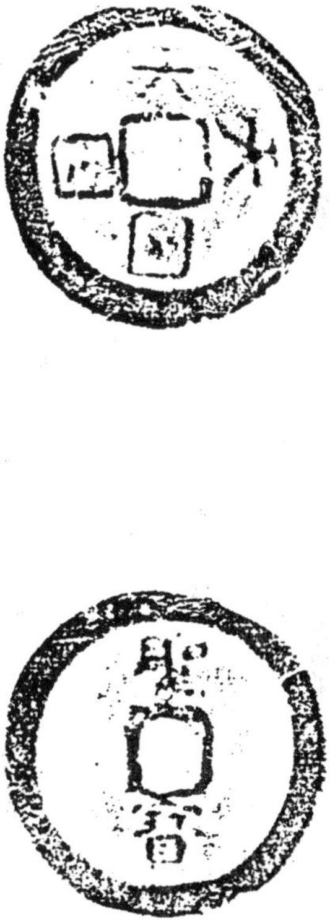

1116

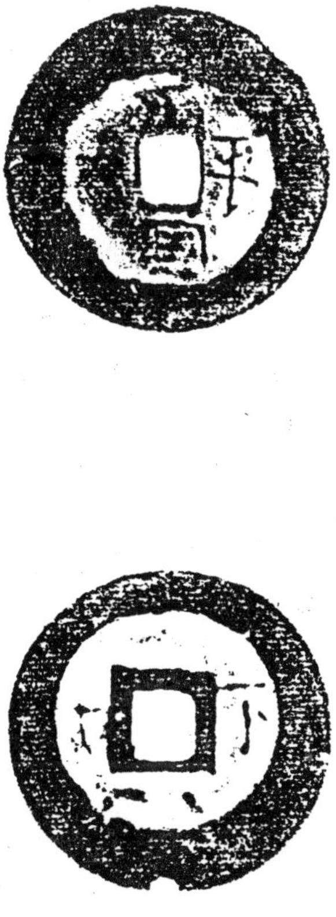

1117

1118

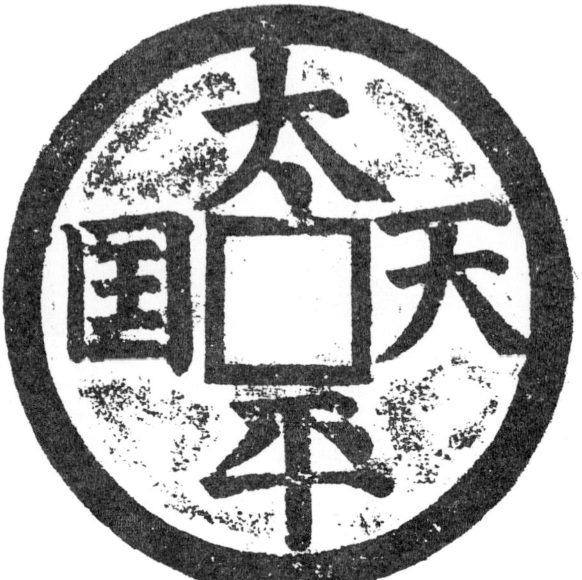
太
平
天
国

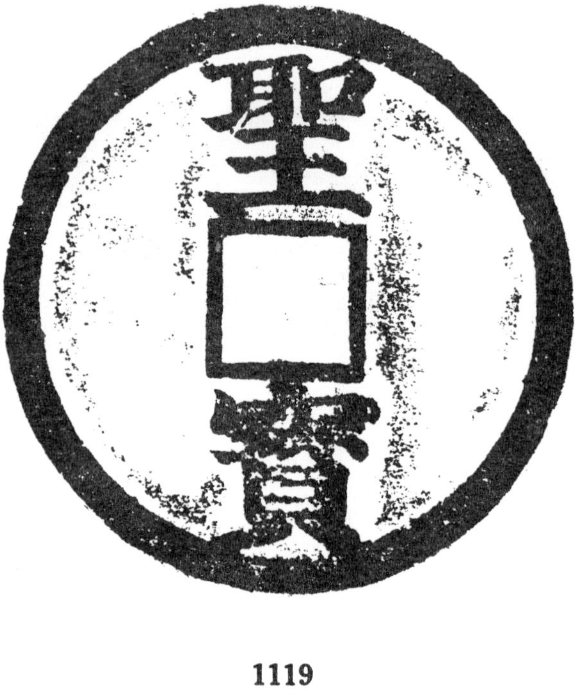
聖
寶

1120

聖
寶

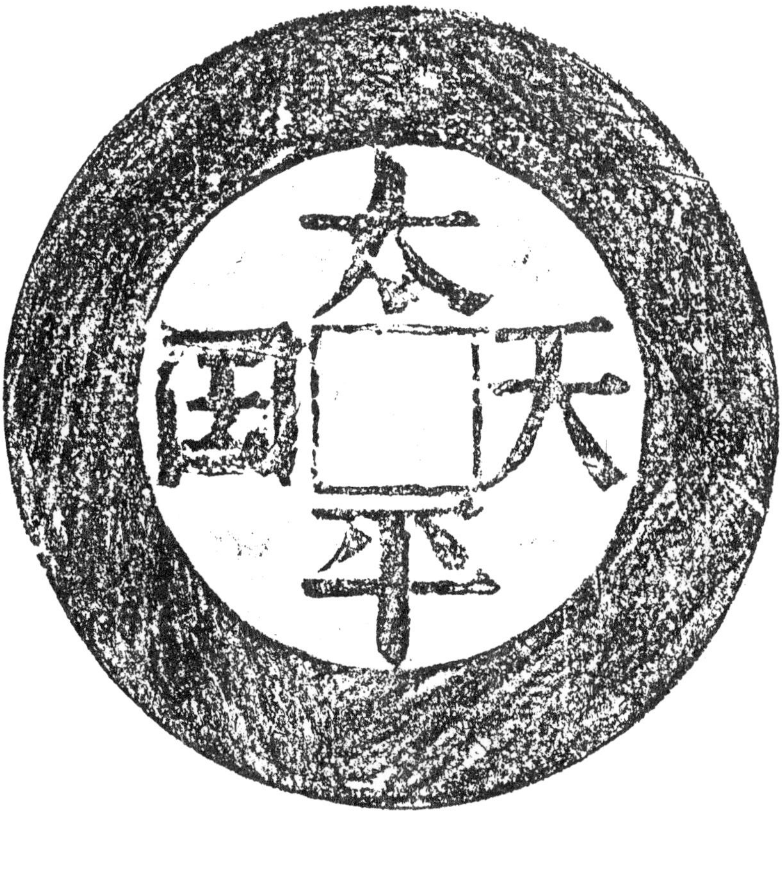

1121

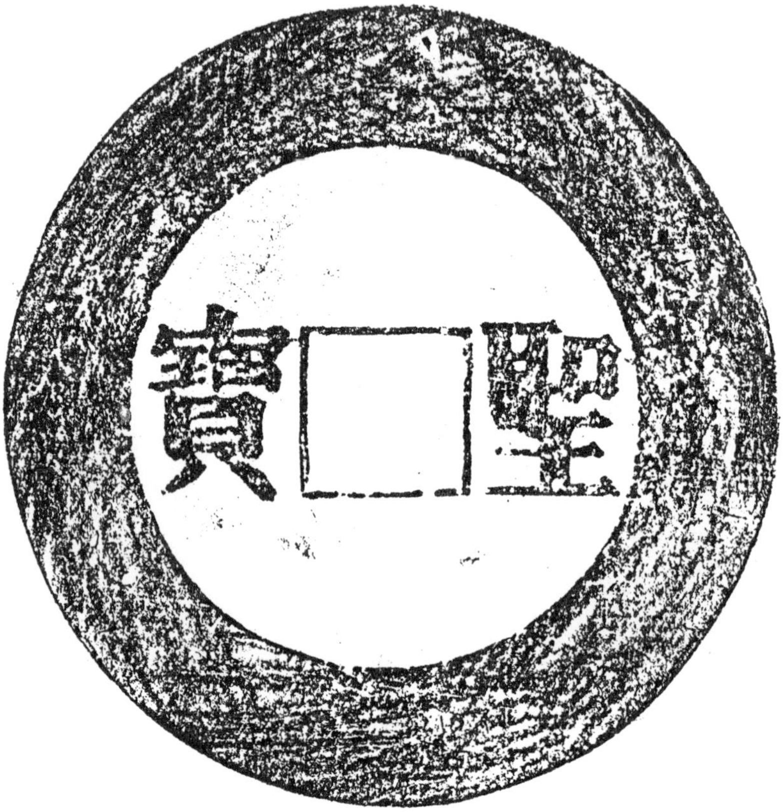
聖
寶

太平天囯

聖寶

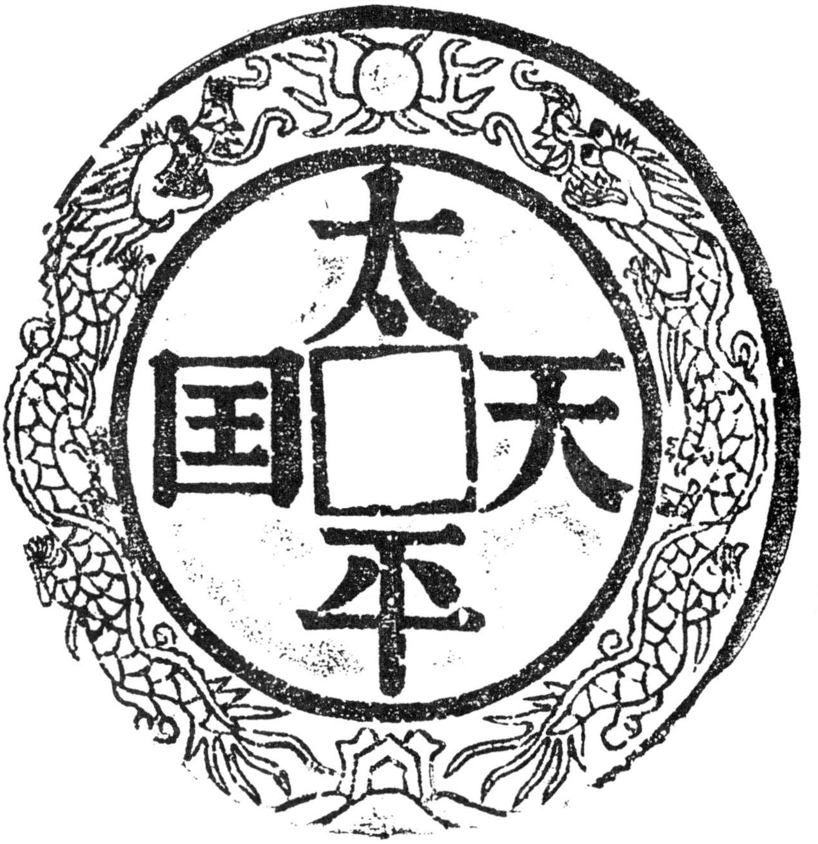

1123

聖
寶

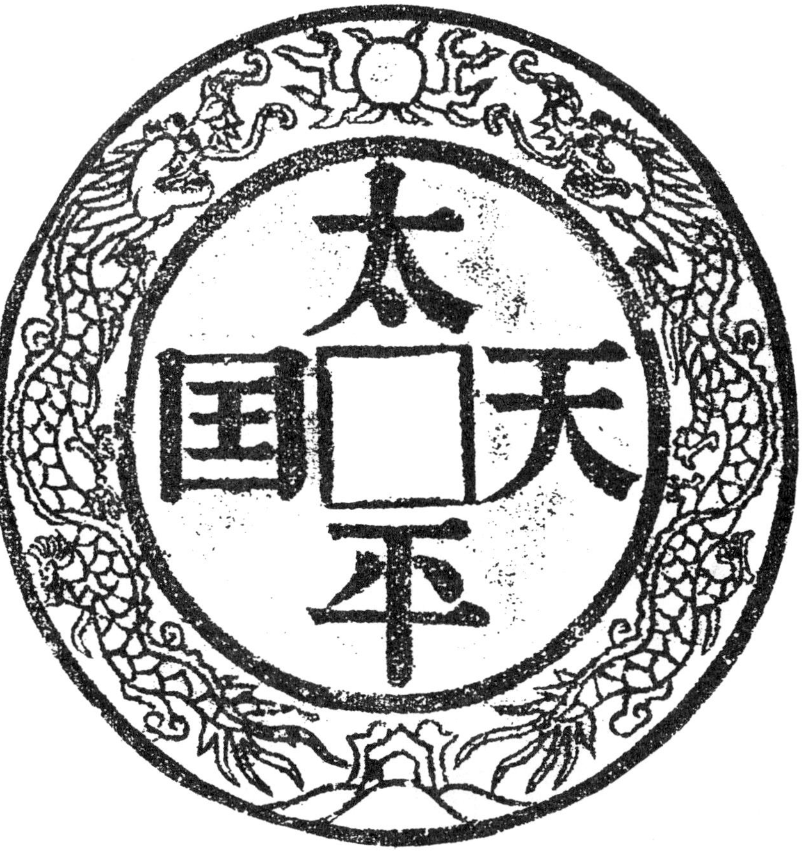
太平天国

聖
寶

1125

聖
寶

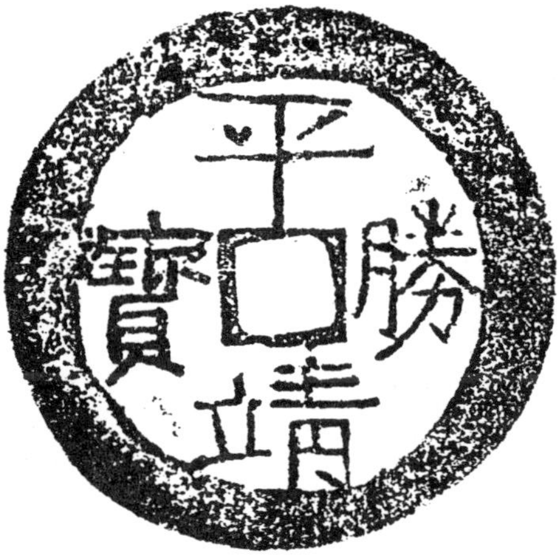
平
靖
勝
寶

1127

1128

1129

1130

1133

1131

1134

1132

1135

1137

1136

1138

1141

1139

1142

1140

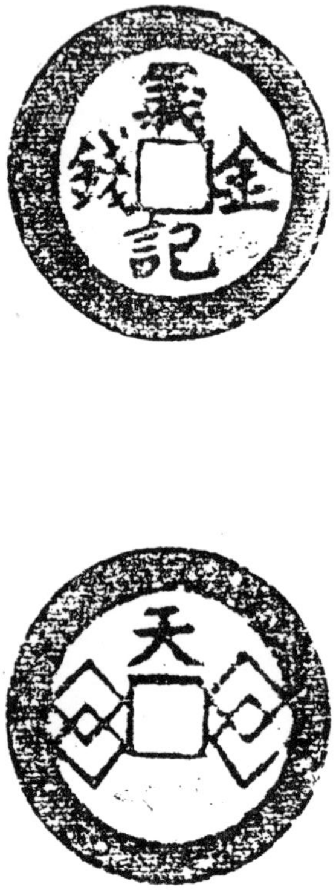

1143

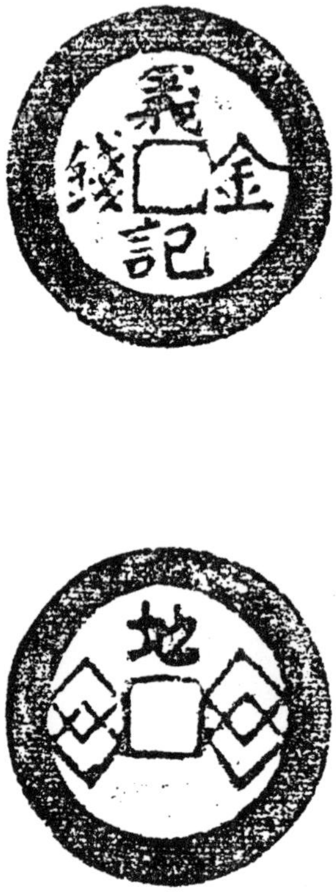

1144

1145

民國

1146

1147

1148

1149

厭勝錢

吉語錢

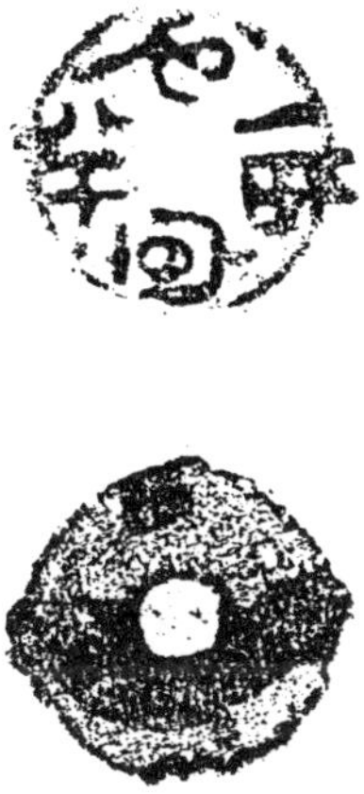

1150

1151

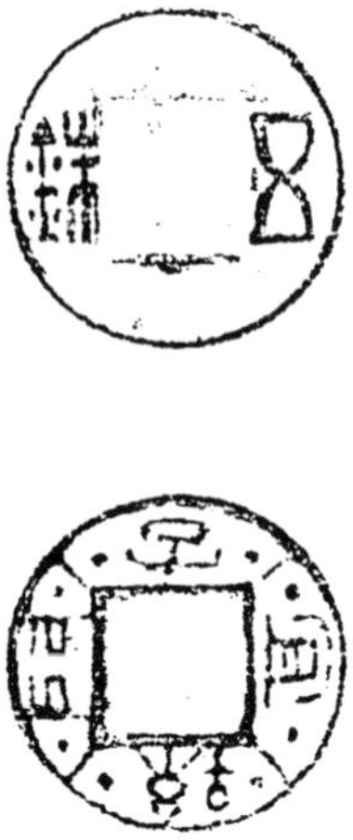

1152

1153

骨 1154

1155

1156

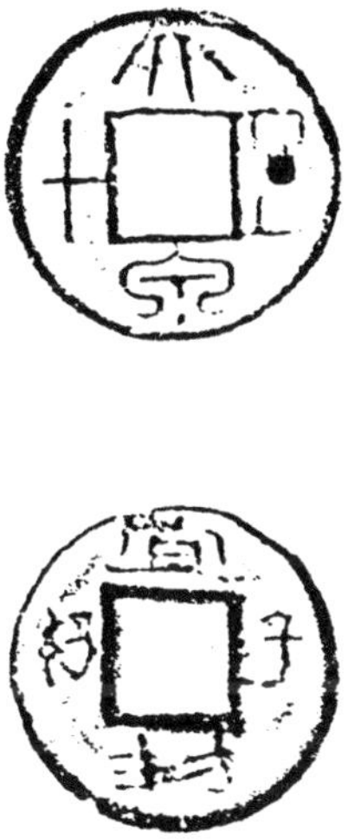

1158

1157

1159

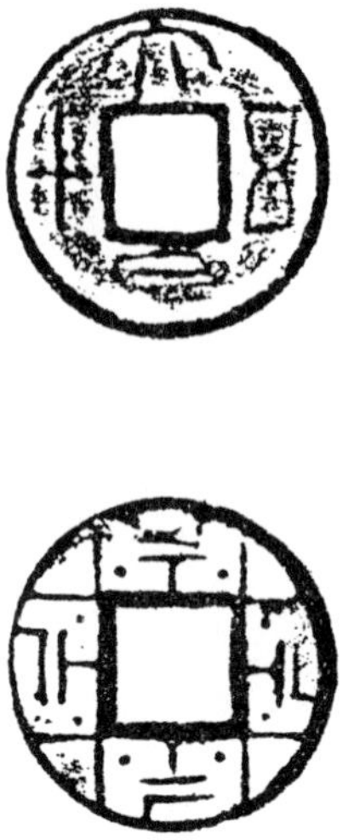

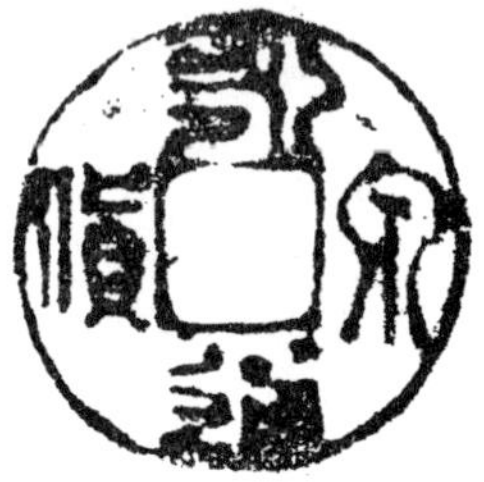

1160

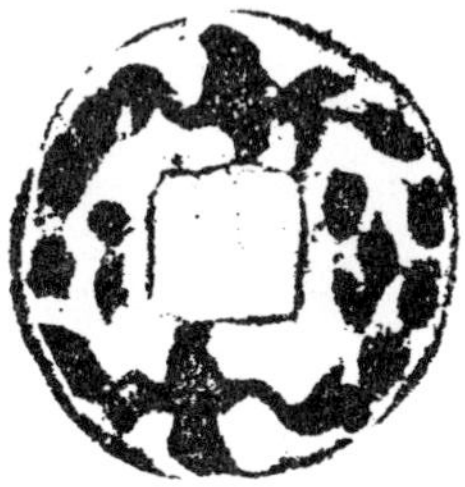

1162

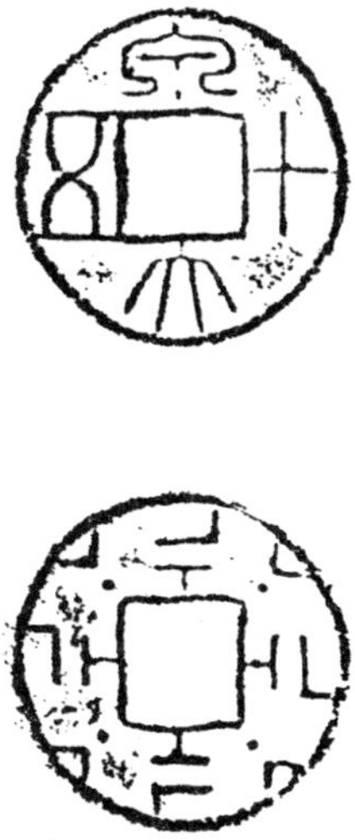

1161

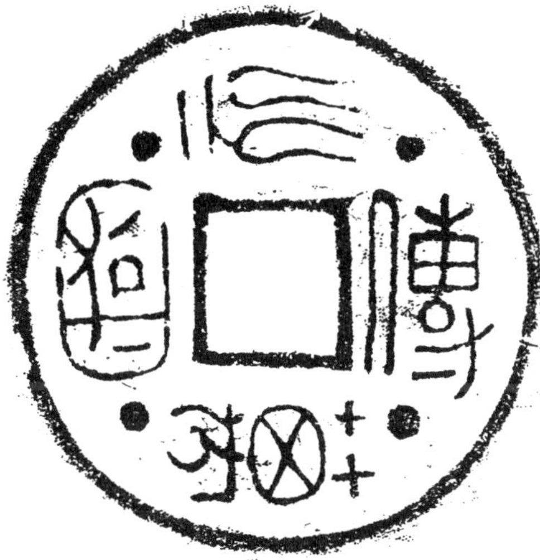

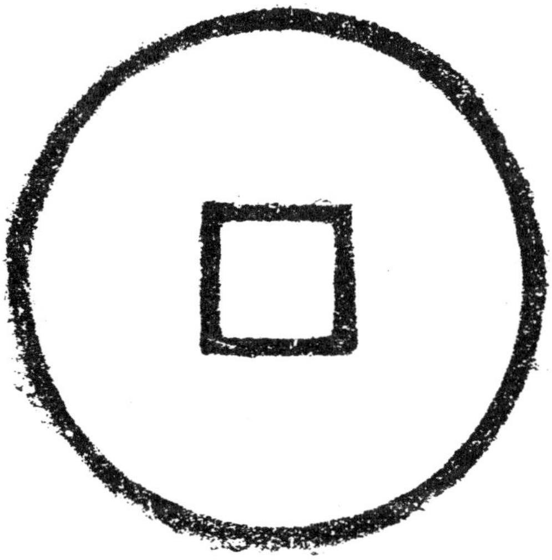

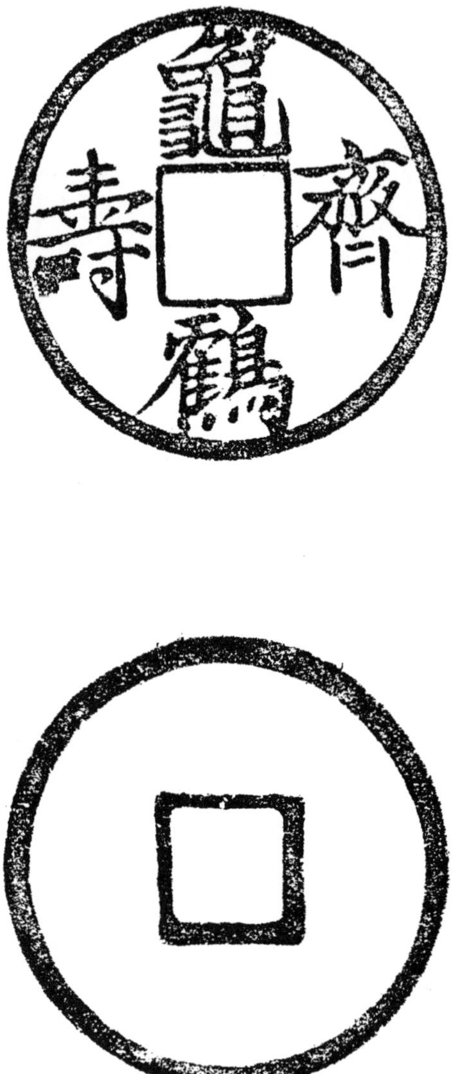

1164

1166

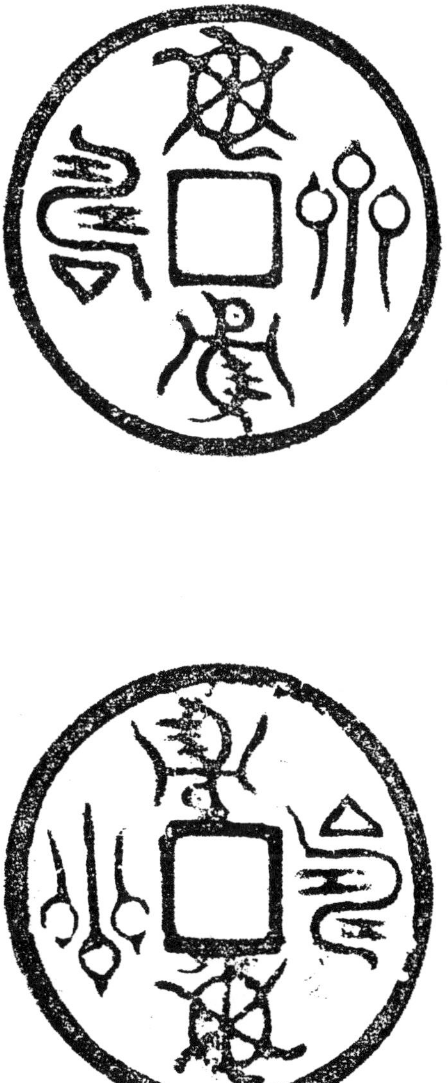

1165

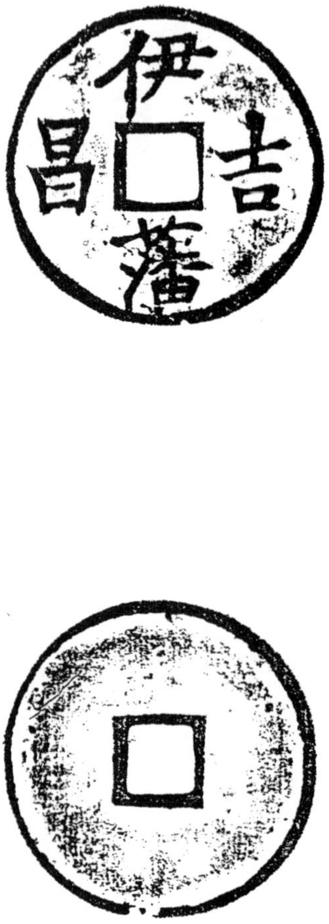

1167

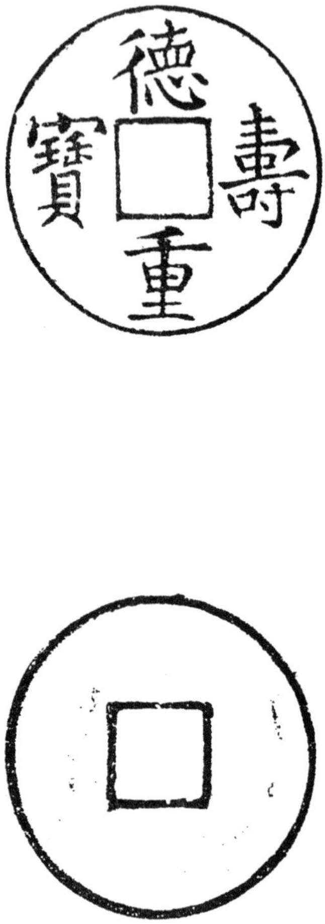

1168

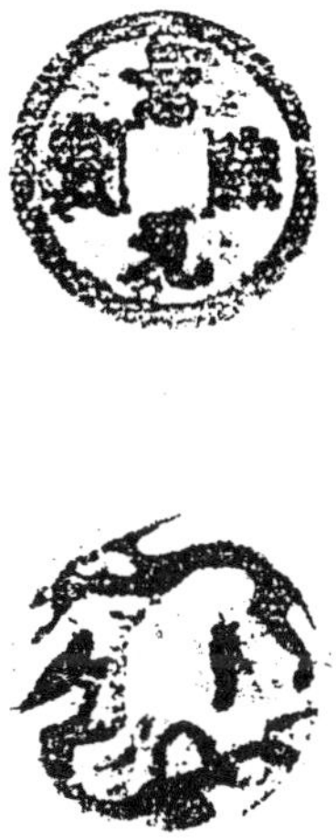

1169

1171

1170

1172

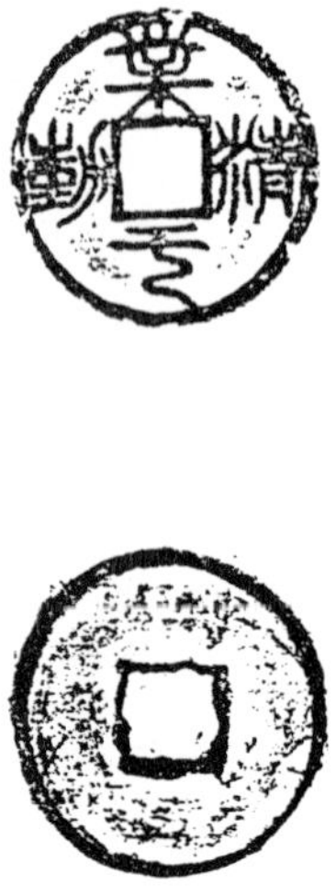

1173

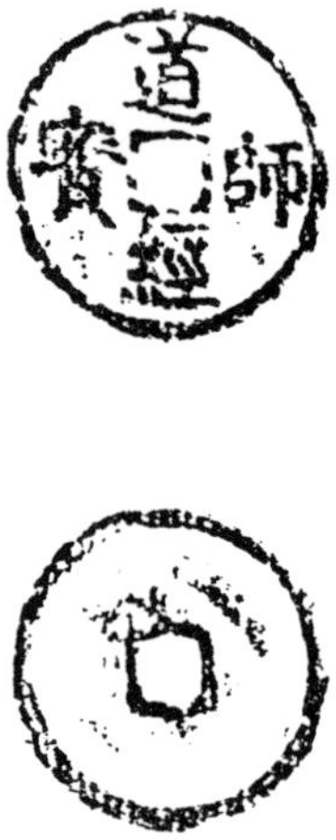

1174

1175

宜
宜
兄
弟

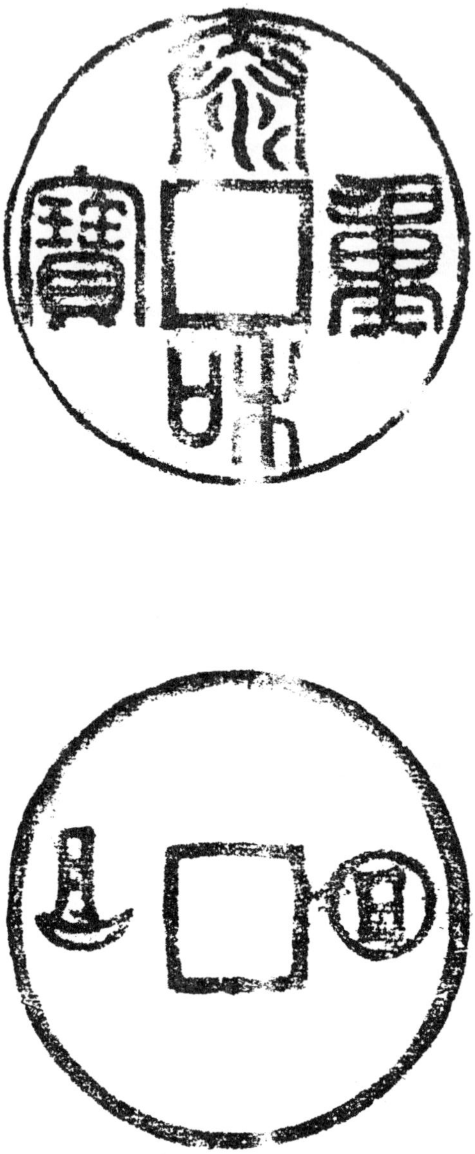

1177

1179

銀　1180

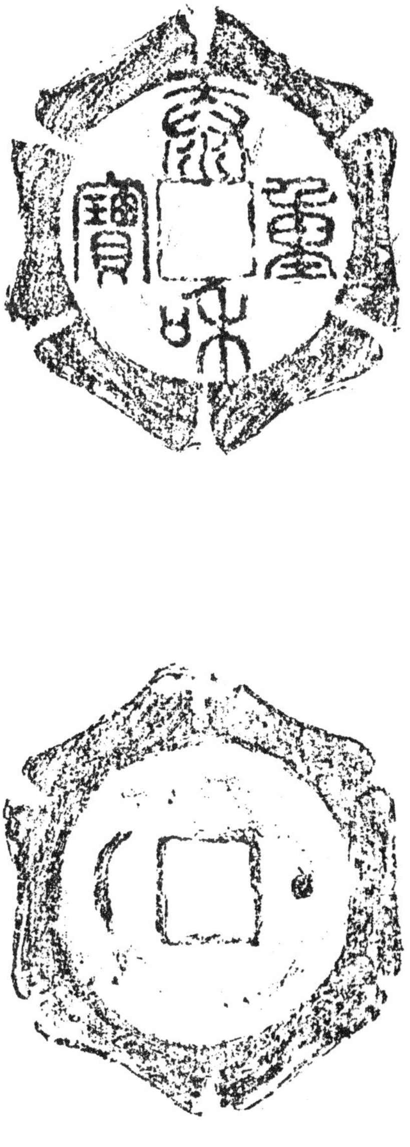

1178

1181

1182

1183

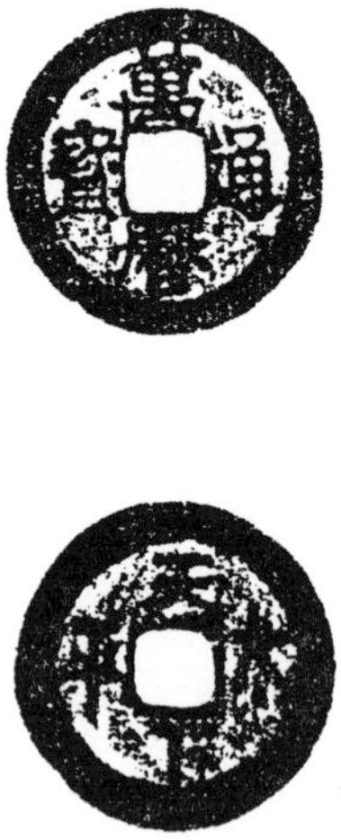

1184

1185

1186

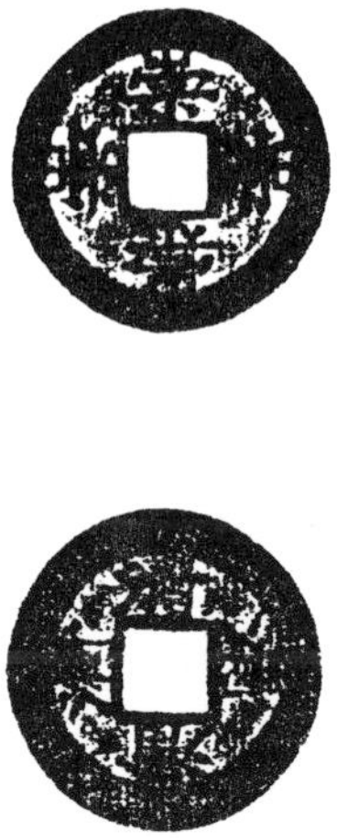

1187

1188

1189

1190

1191

1192

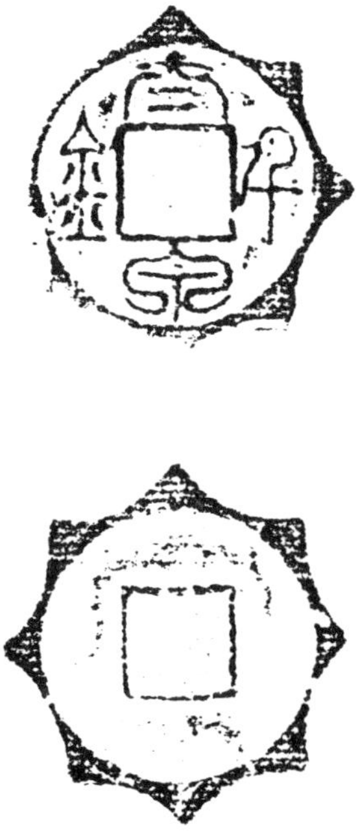

1193

1194

1196

1195

1197

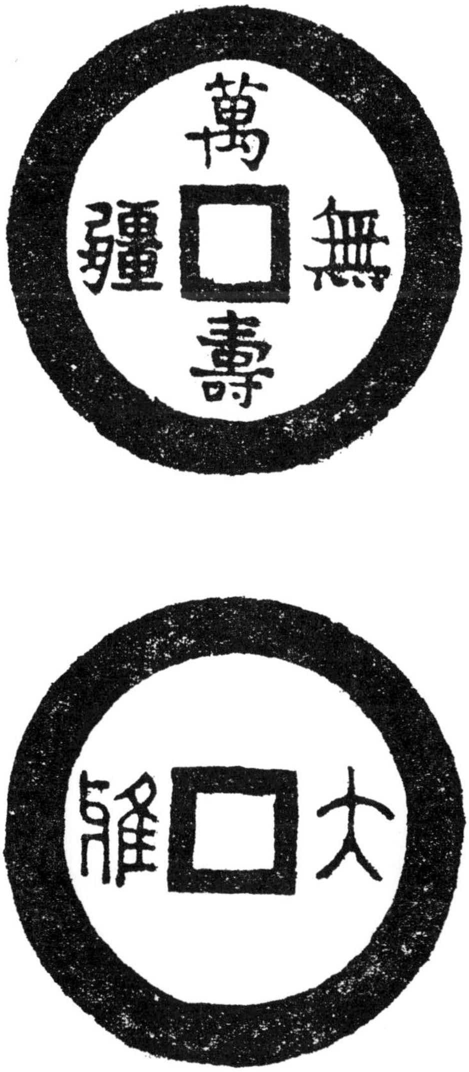

1198

1199

1200

1201

將馬錢

1202

1203

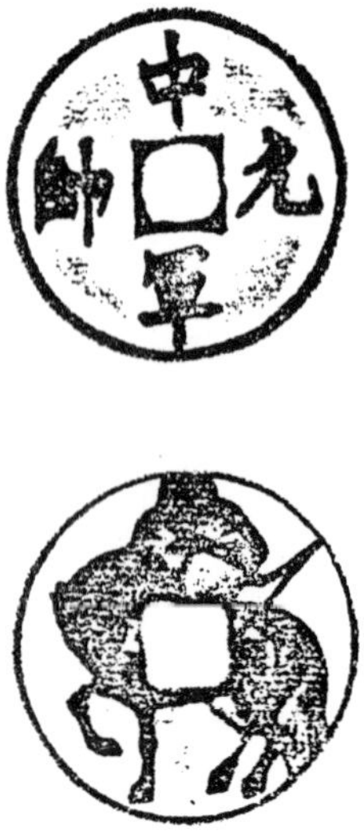

1204

1205

1206

1207

1208

1209

1212

1210

1213

1211

1214

1215

1216

1217

1218

1219

1220

1221

1222

1223

1224

1225

1226

1227

1228

1229

1232

1230

1233

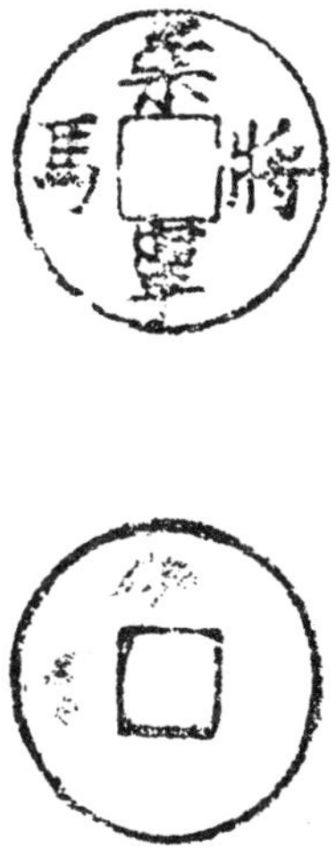

1231

1234

1235

1236

1237

1240

1238

1241

1239

1242

1243

1244

1245

1246

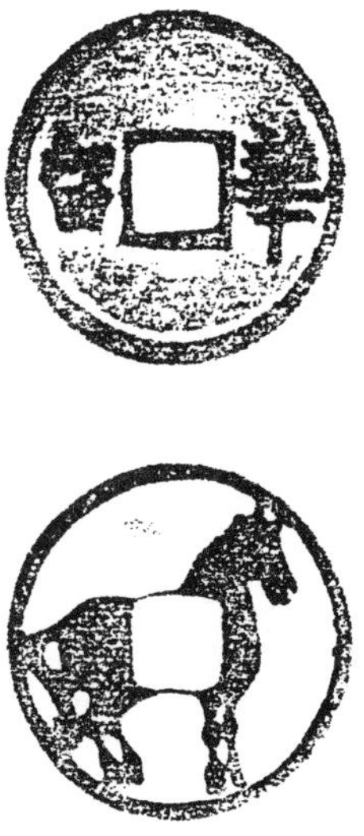

1247

1248

1249

1250

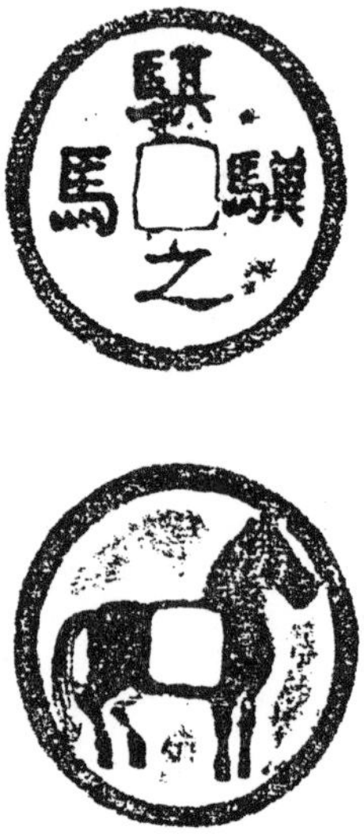

1251

1254

1252

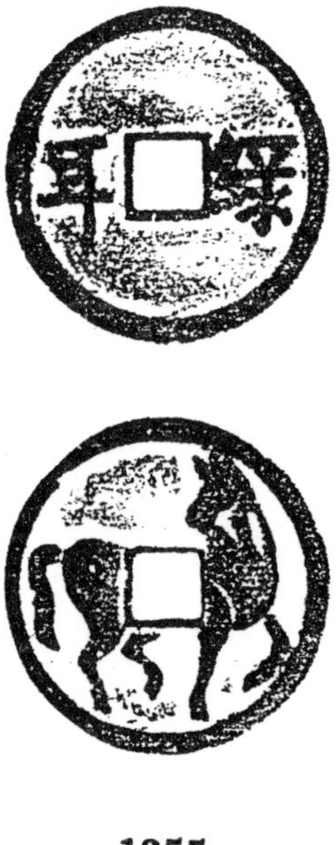

1255

1253

1256

1257

1258

1259

1260

1261

1262

1263

1264

1265

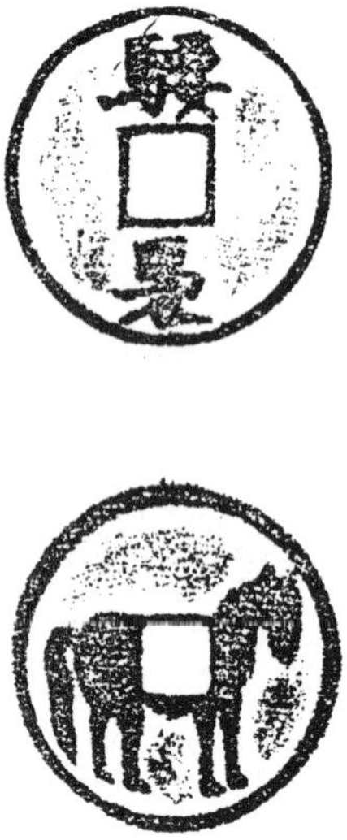

1266

1267

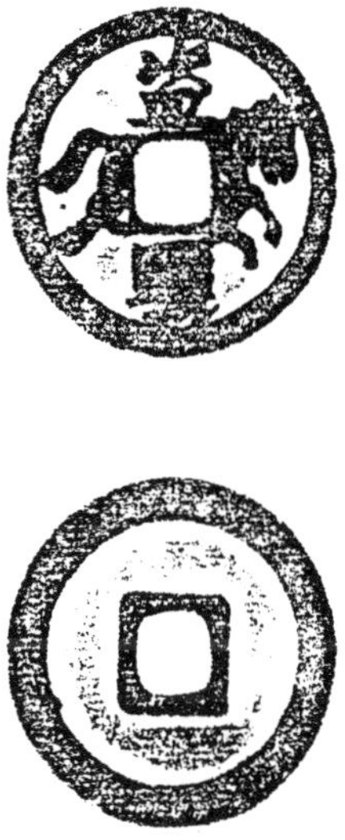

1268

1269

1270

1271

1274

1272

1275

1273

1276

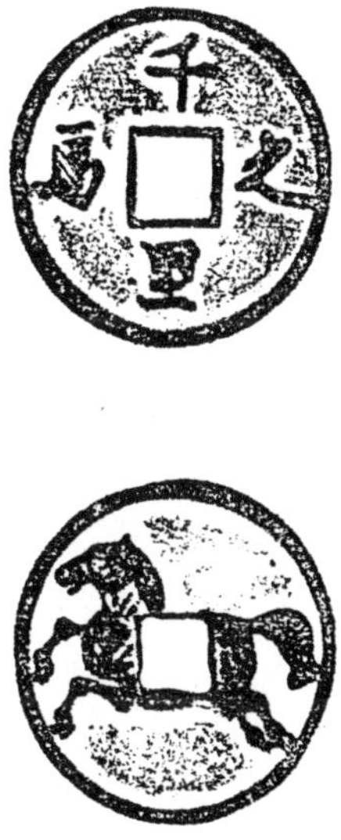

1277

1278

1279

1280

1281

1282

1283

1284

1285

1286

1287

1288

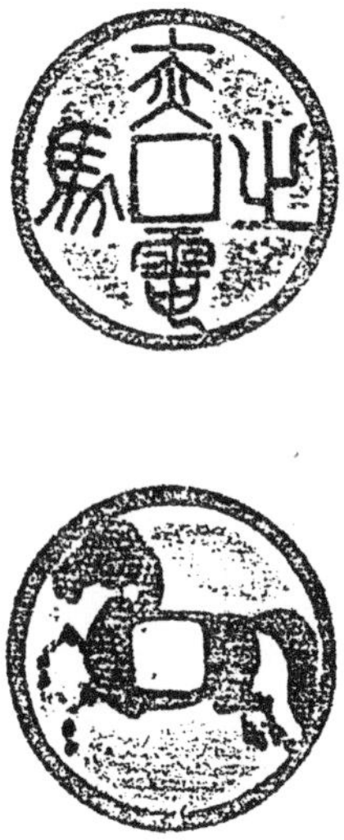

1289

1290

1291

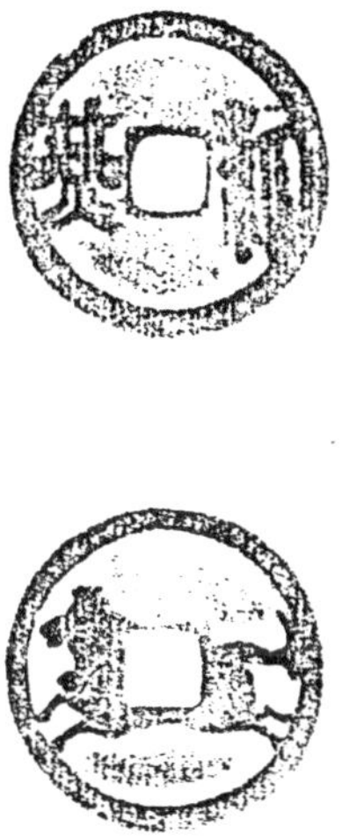

1294

1292

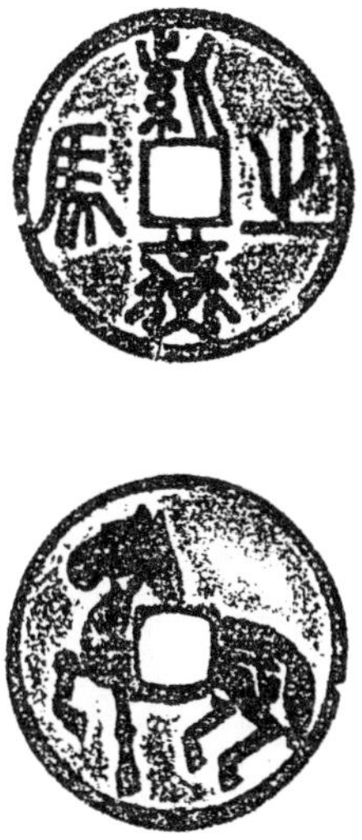

1295

1293

1298

1296

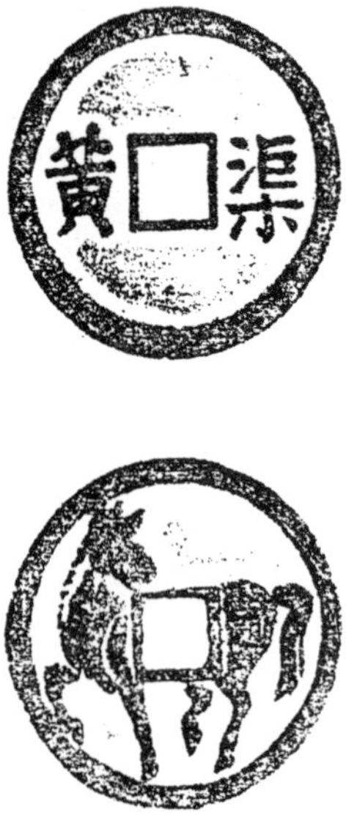

1299

1297

1300

1301

1302

1303

1304

1305

其它壓勝錢

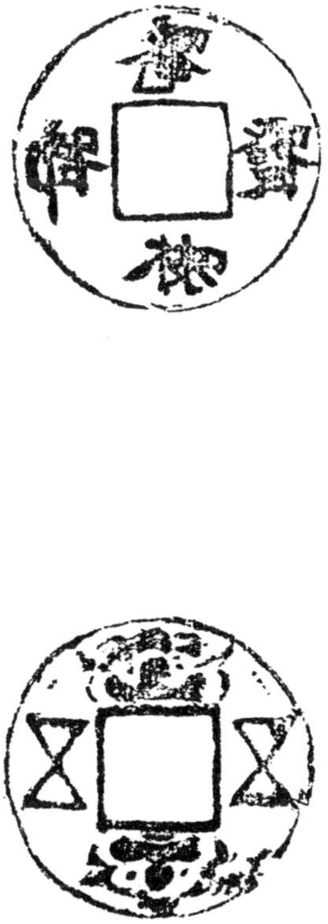

1306

1308

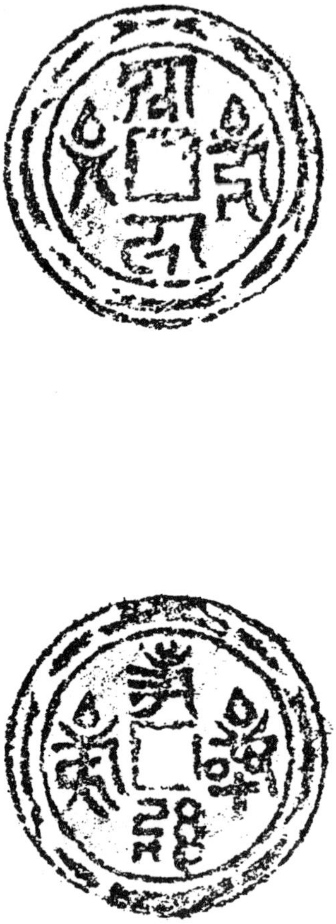

銀　1307

1310

1311

1312

錢范

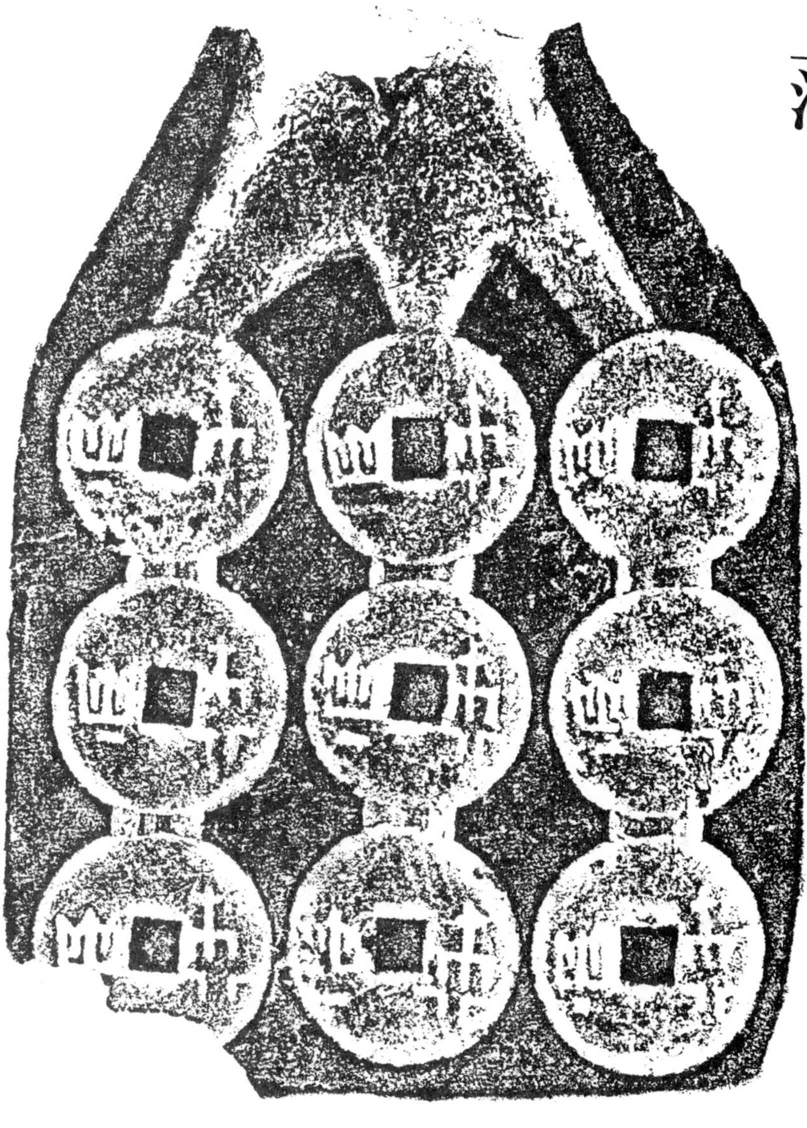

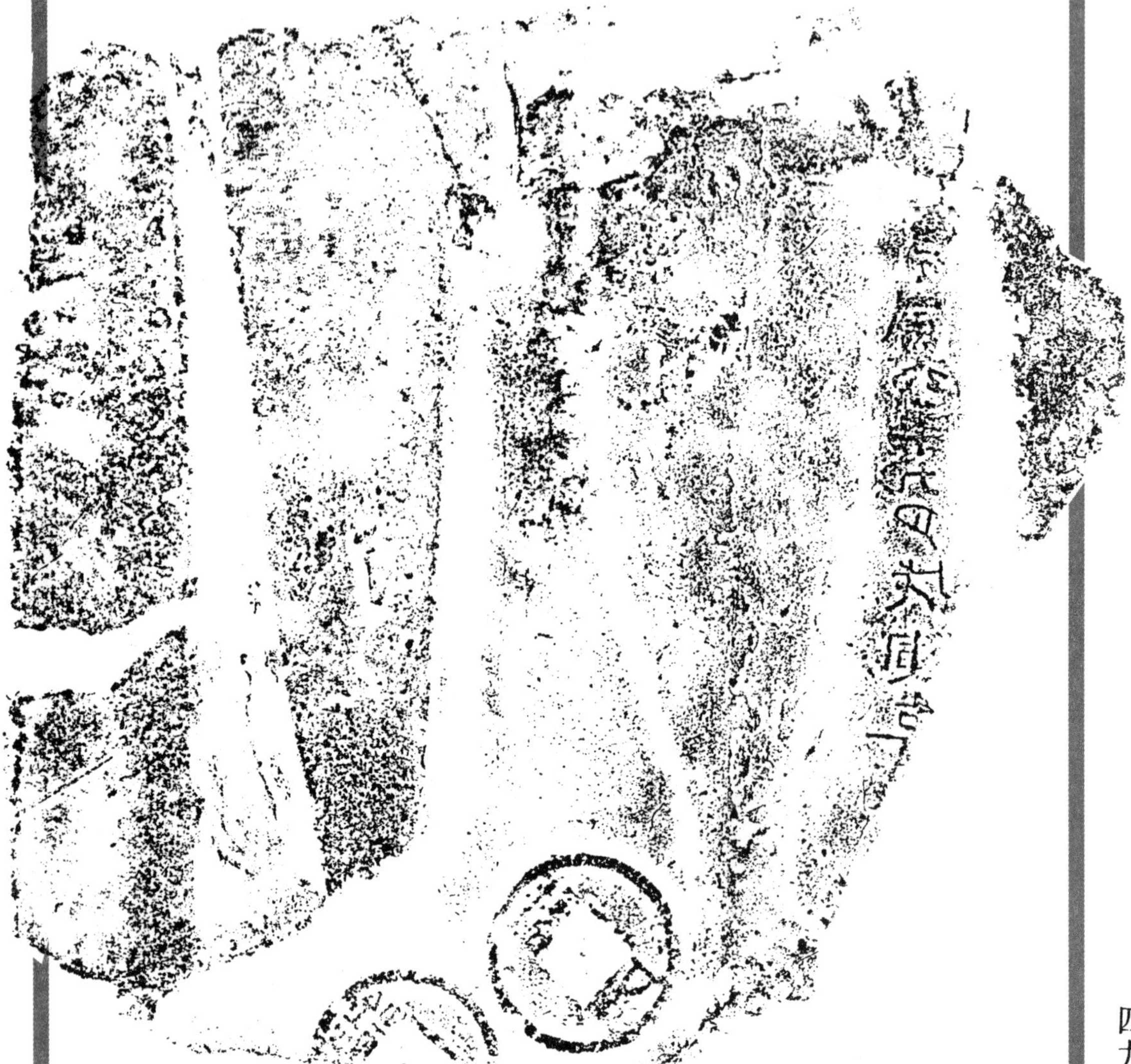

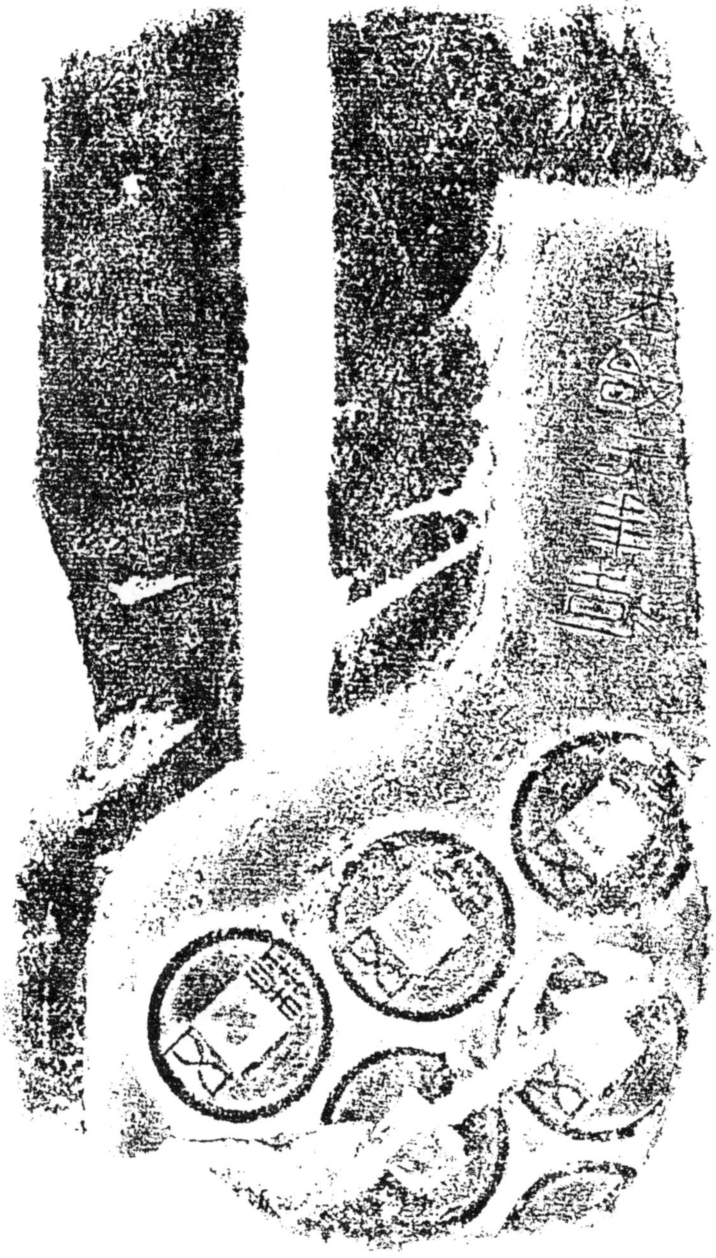

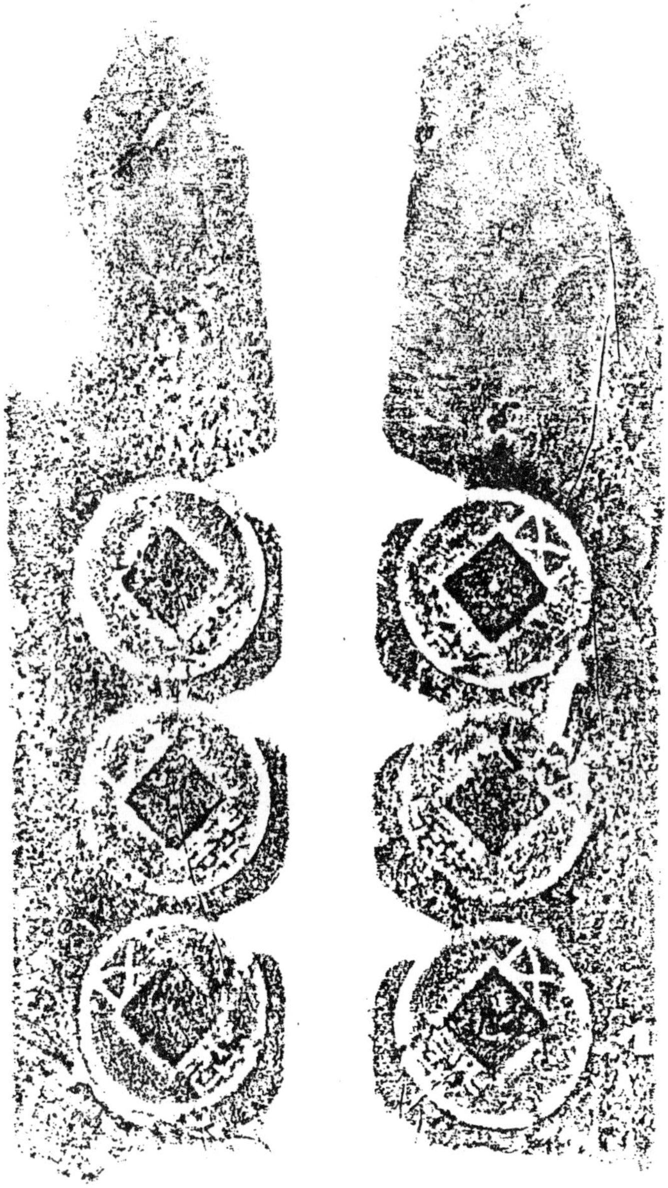

1316

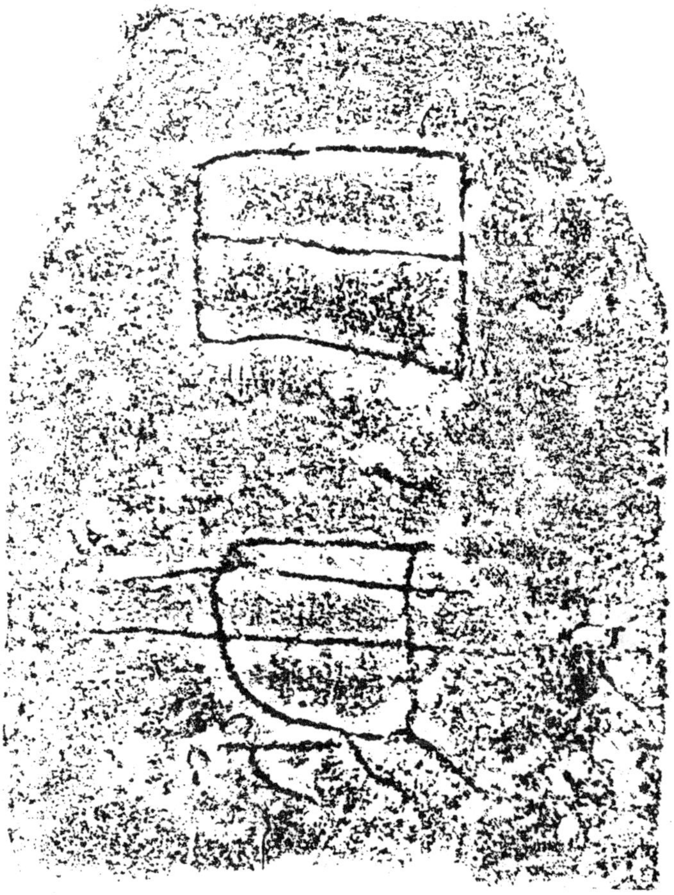

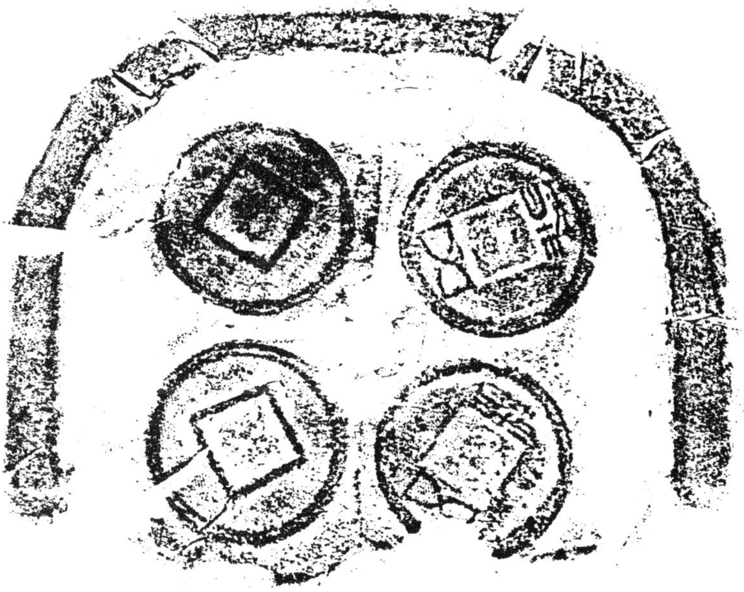

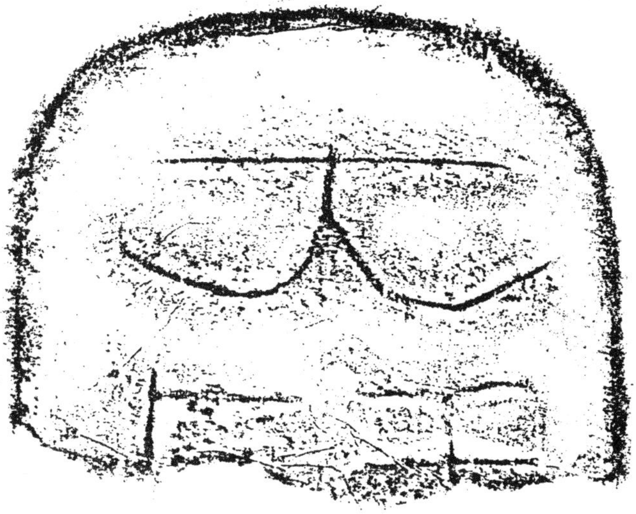

1318

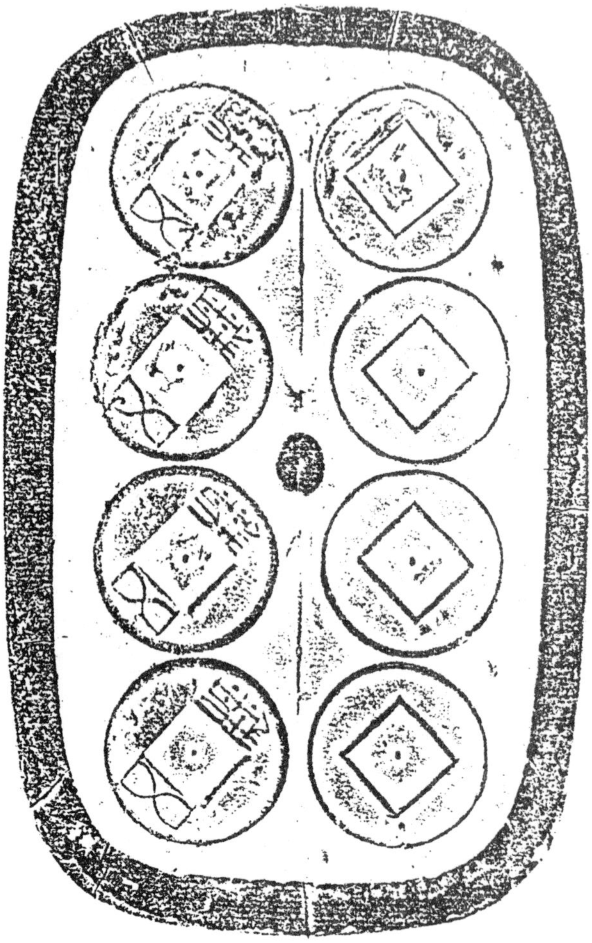

1319

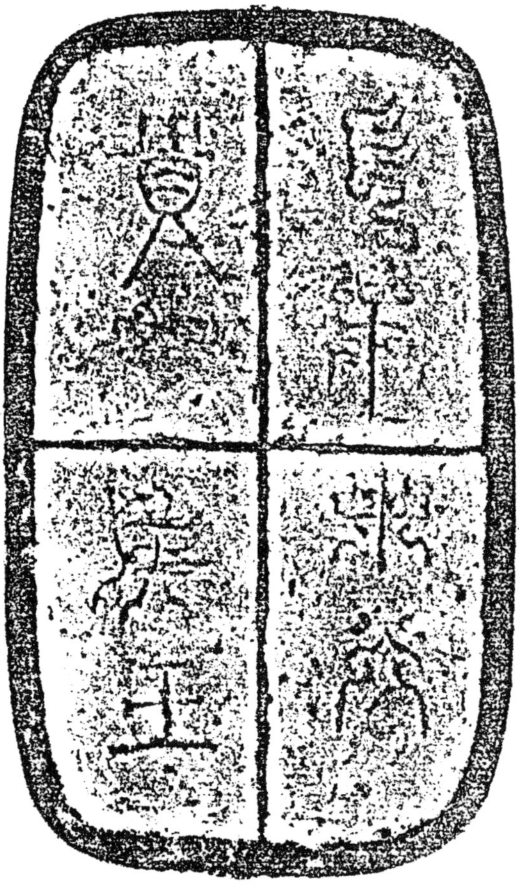

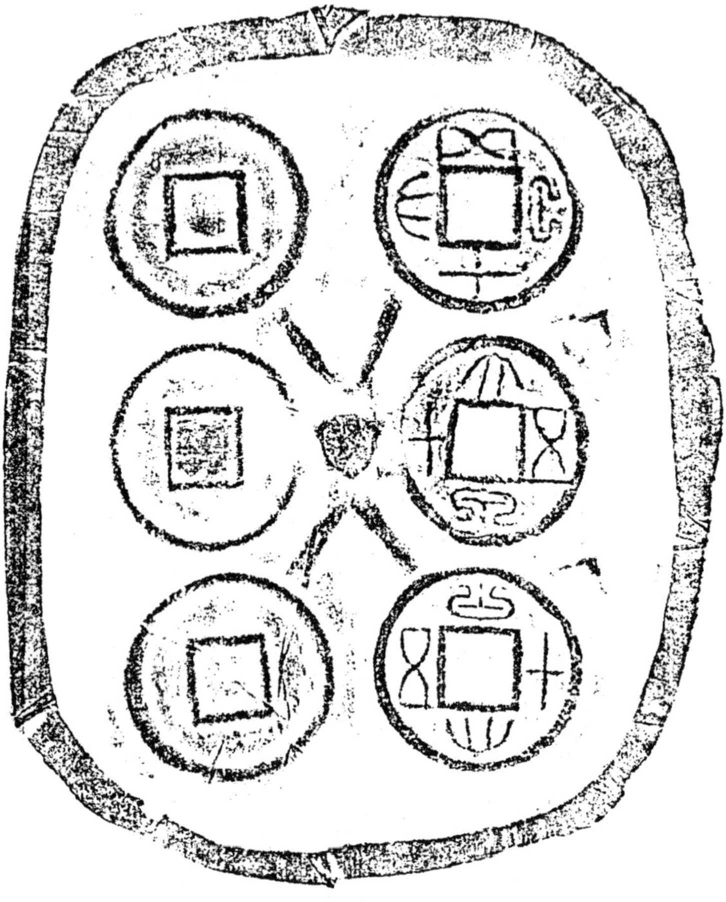

1320

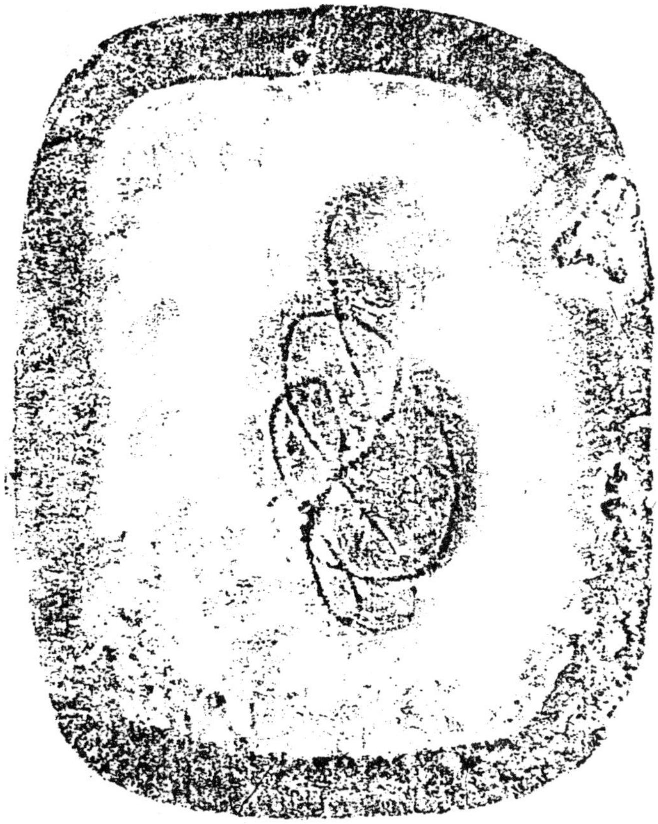

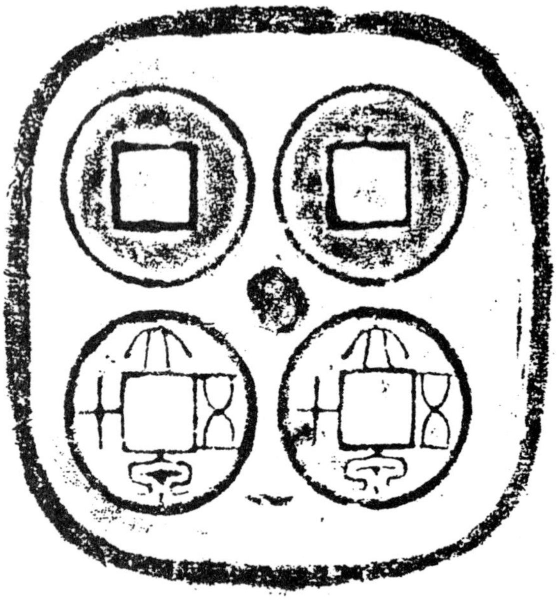

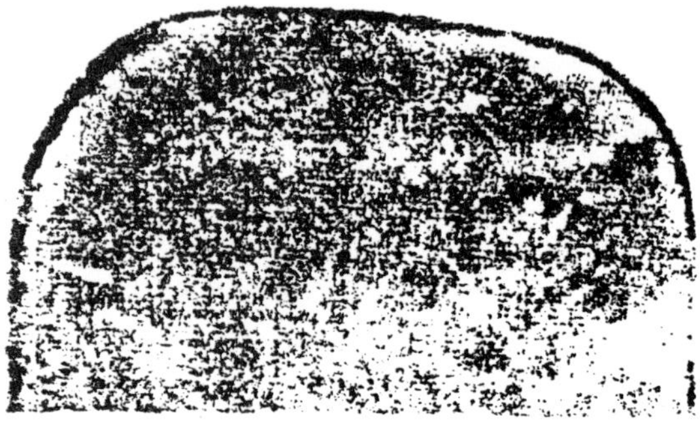

1321

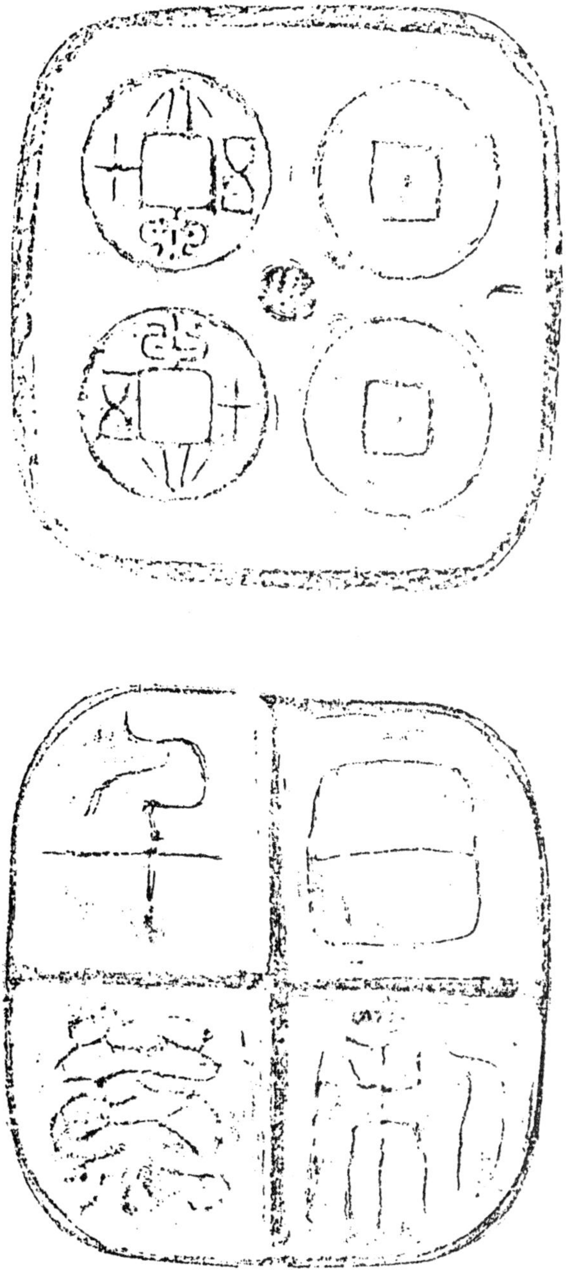

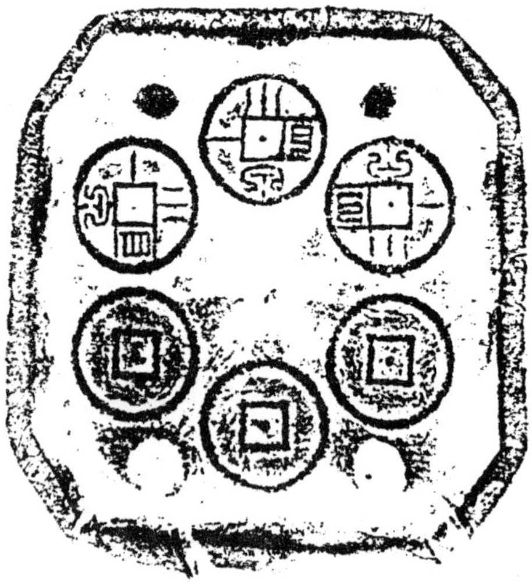

1323

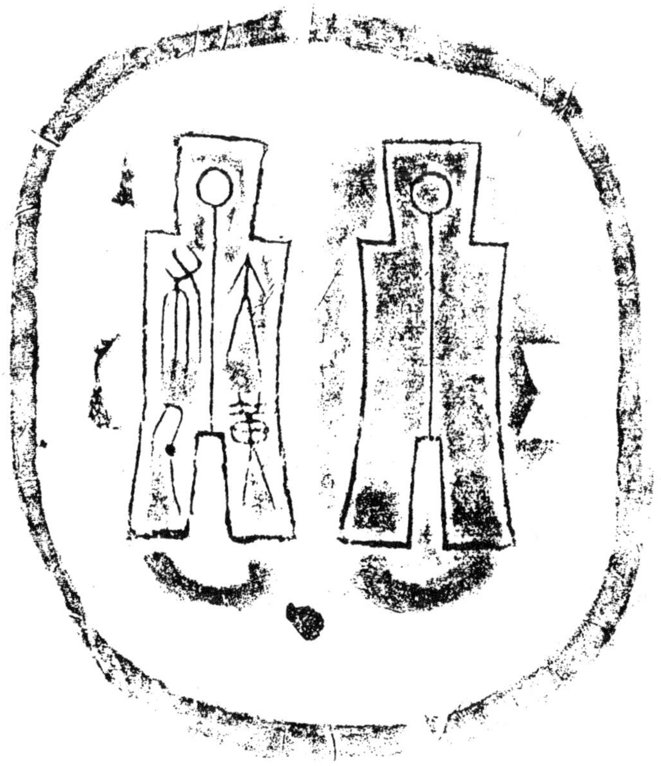

1324

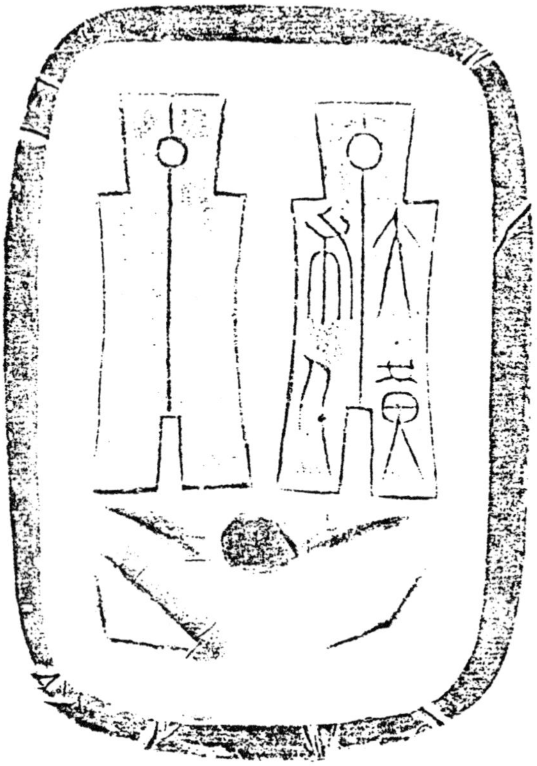

1325

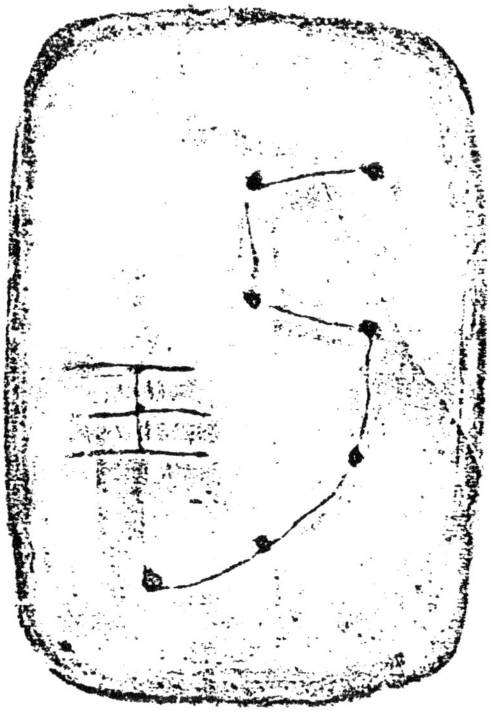

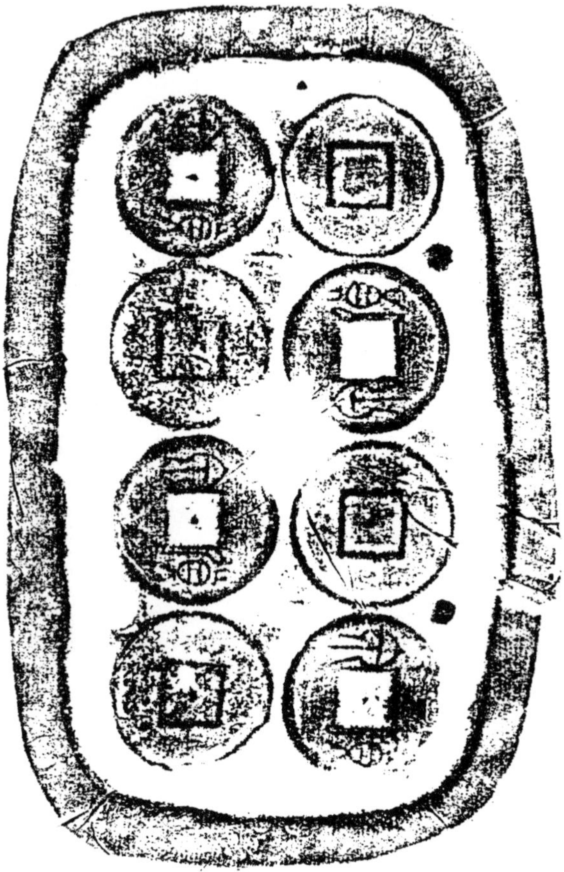

1326

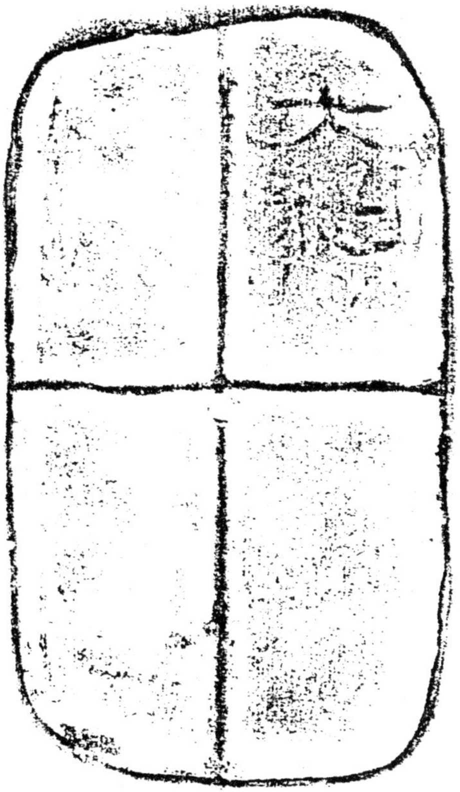

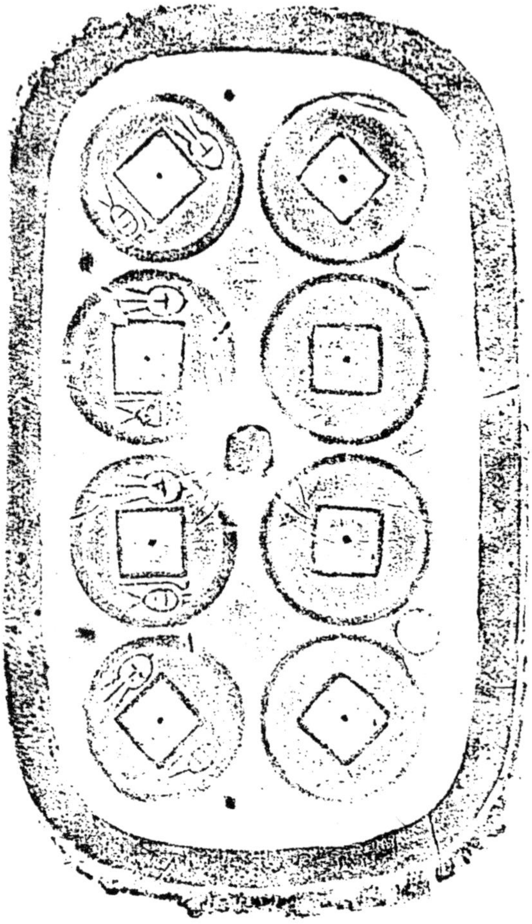

1327

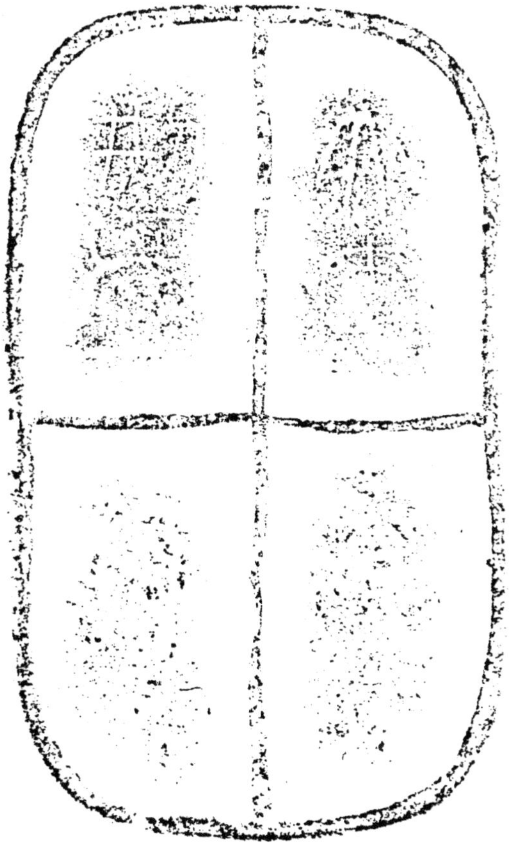

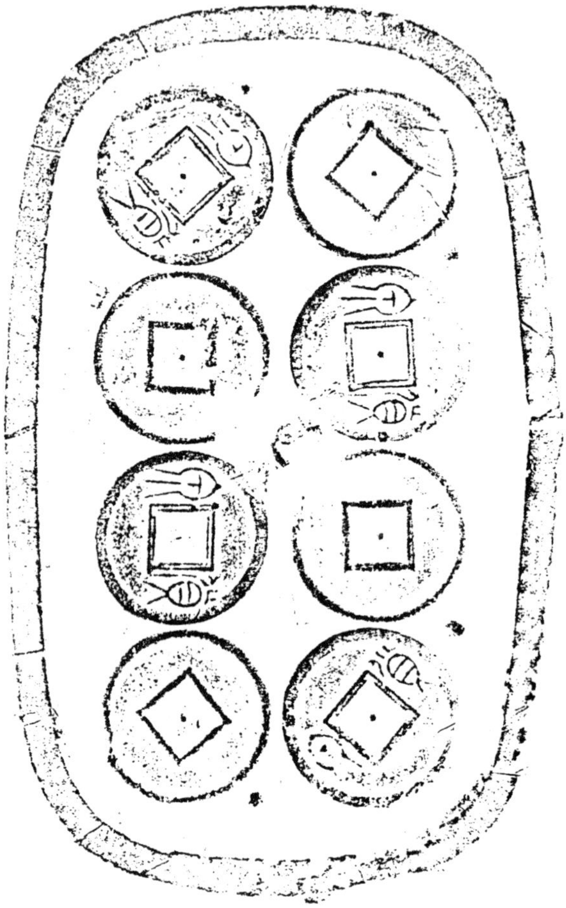

1328

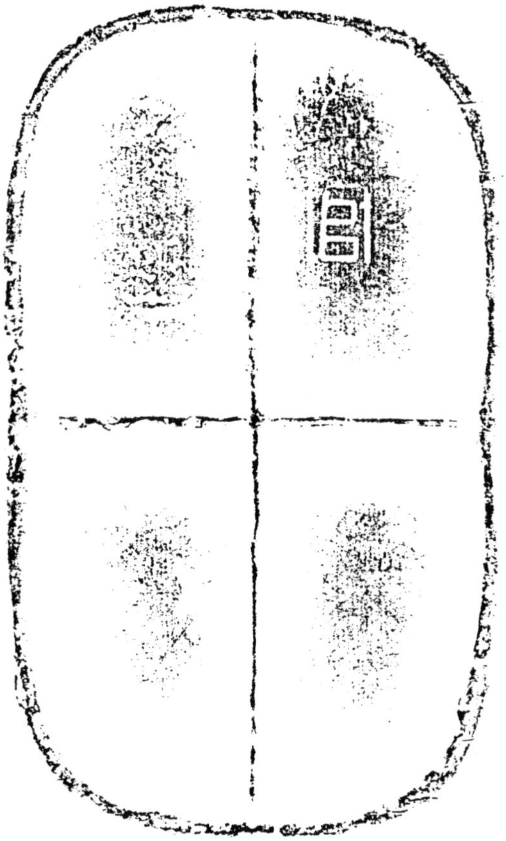

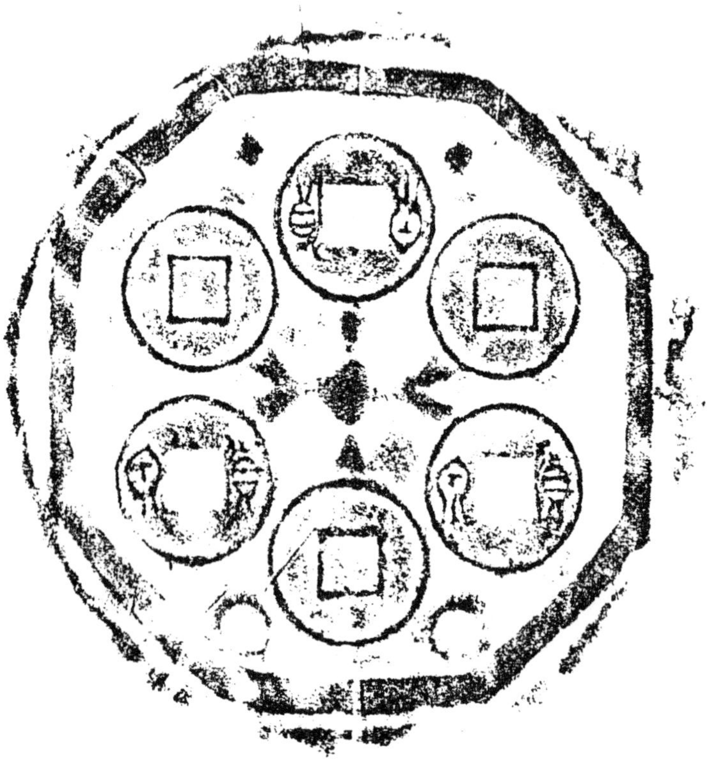

1329

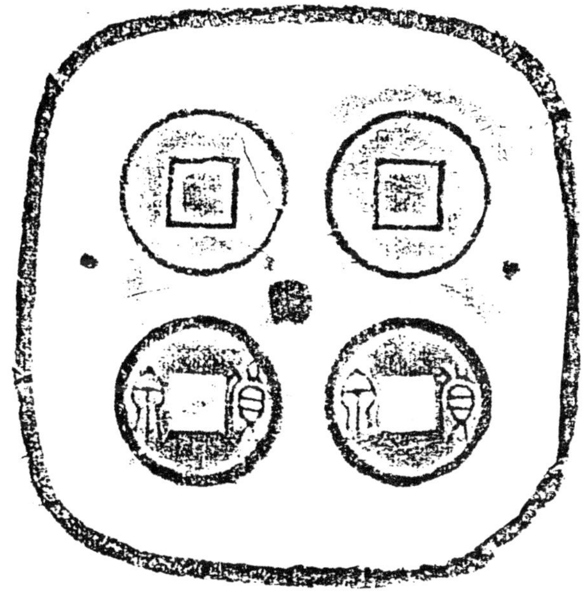

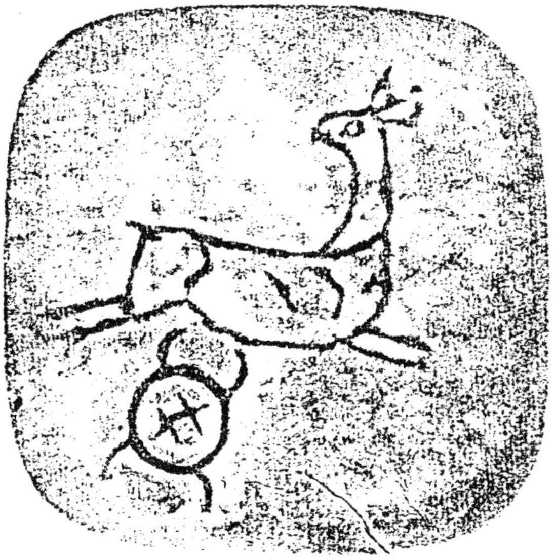

1330

1331

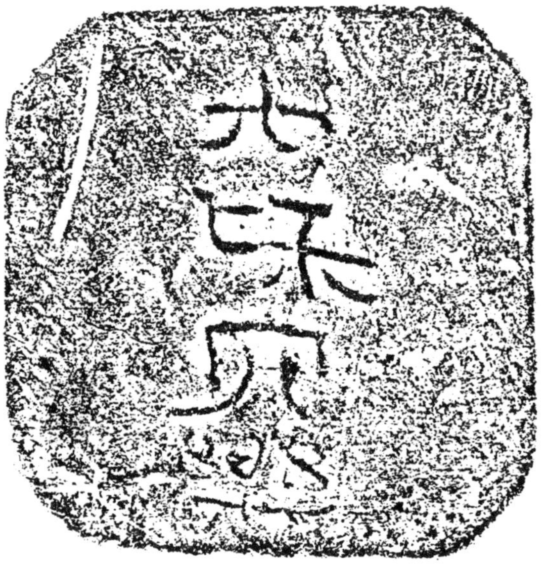

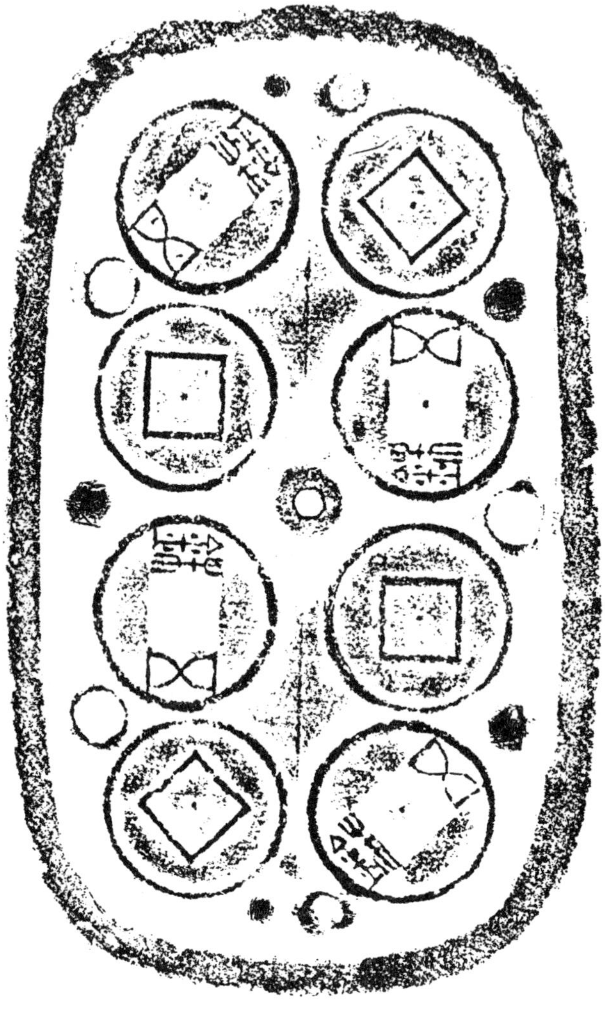

1332

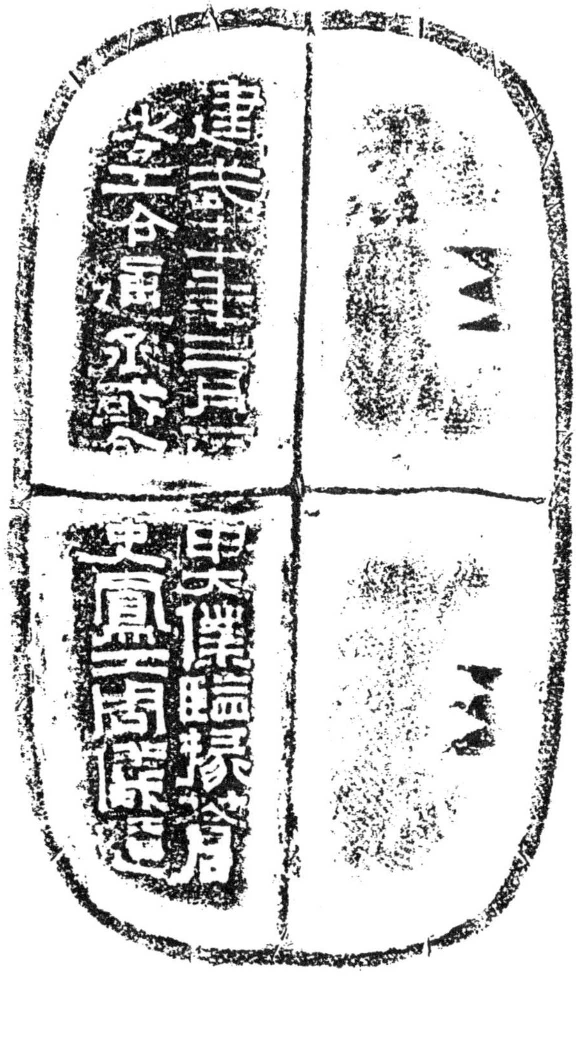

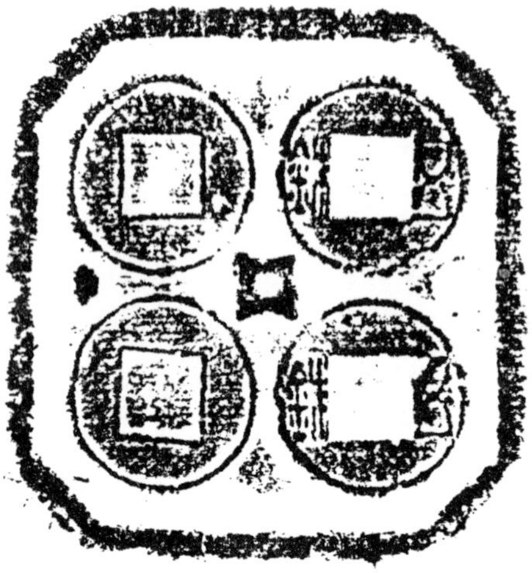

1333

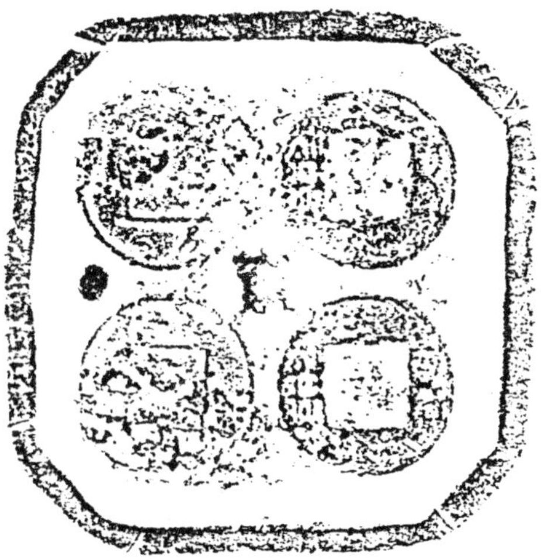

1334

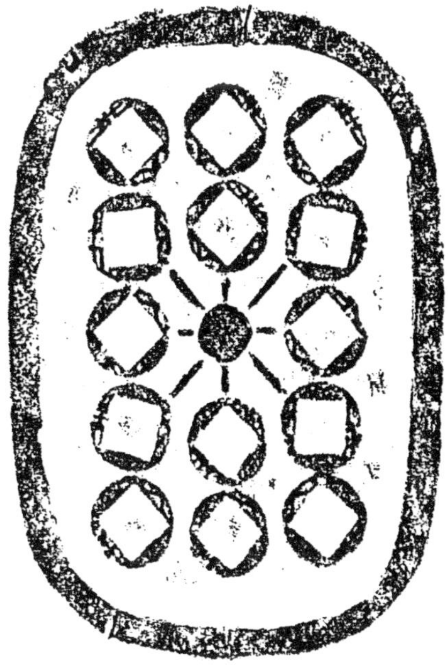

1335

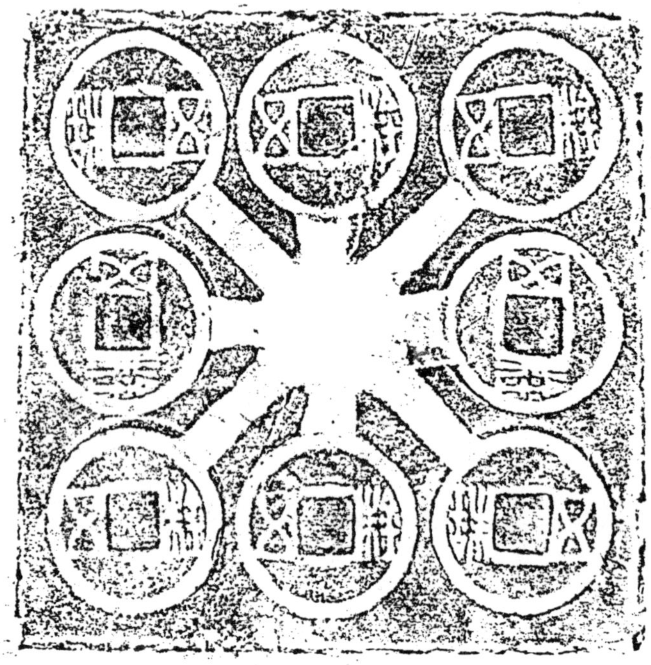

1336

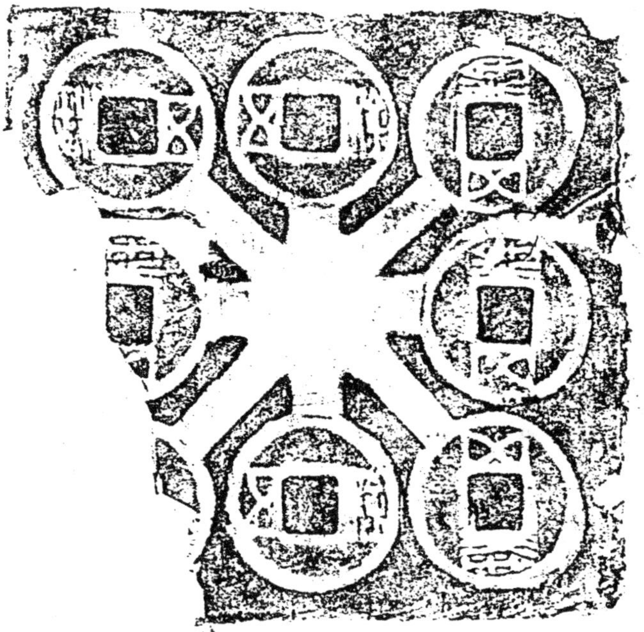

1337

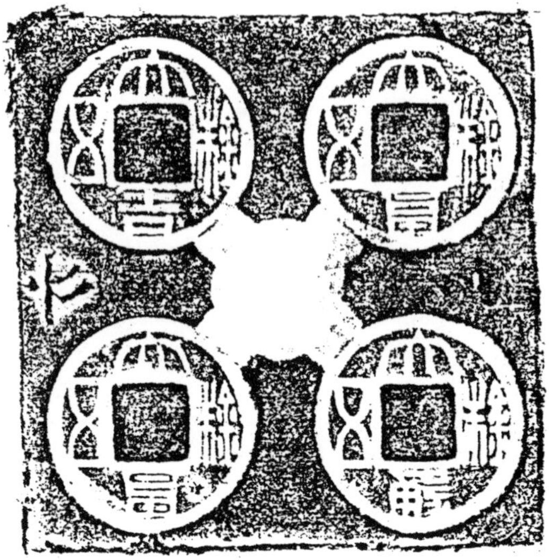

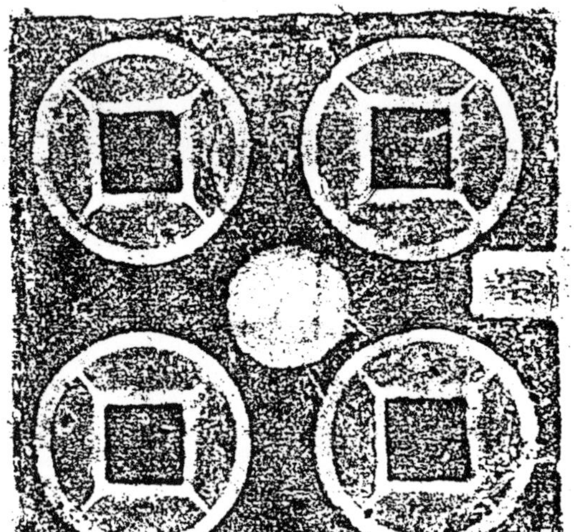

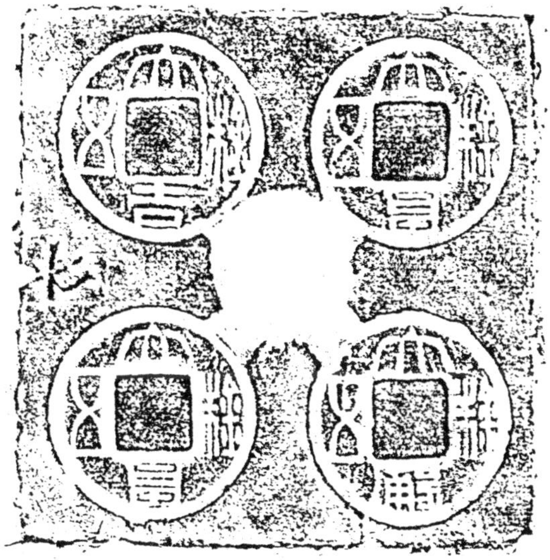

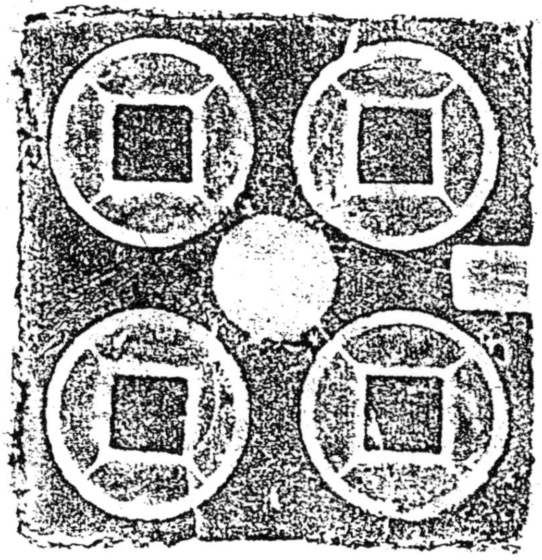

朝鮮

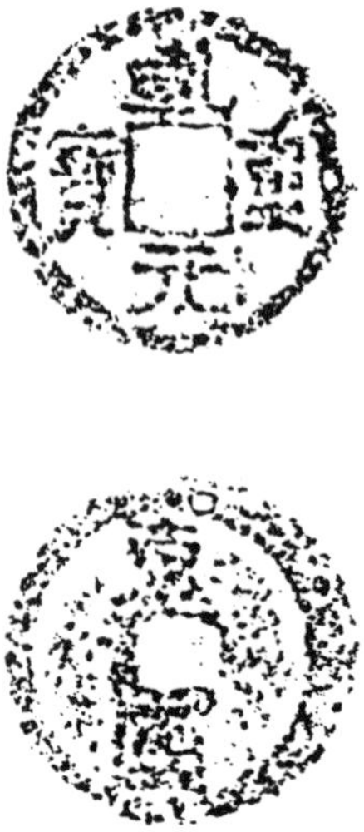

鐵 **1340**

1341

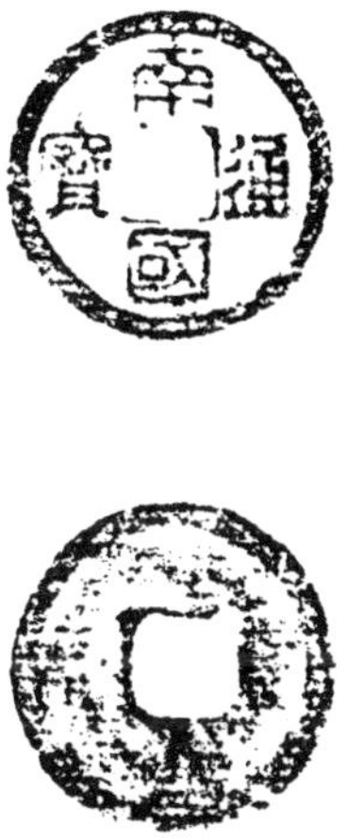

1342

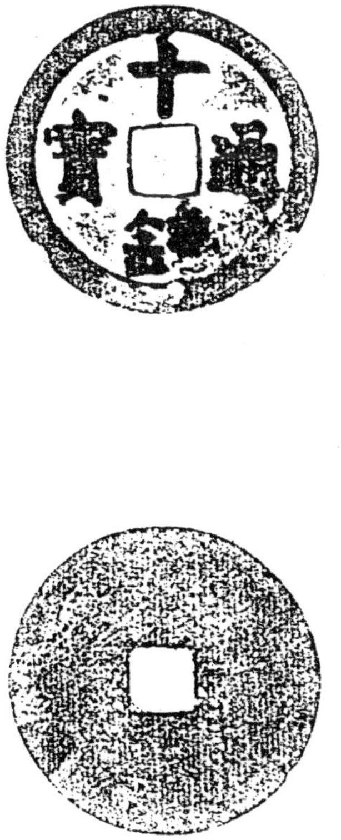

1344

1343

1347

1346

1345

琉球

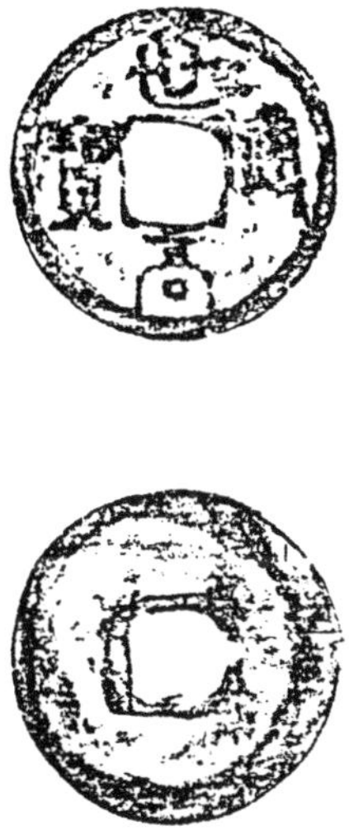

1348

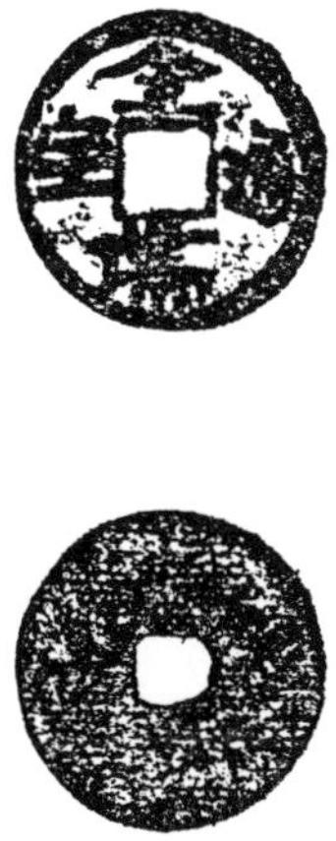

1349

日本

1350

1351

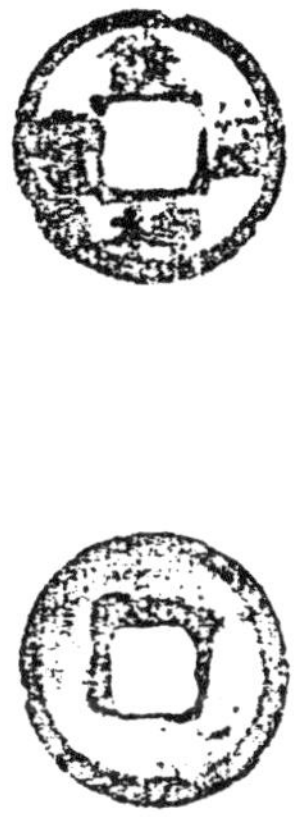

1352

1353

1354

1355

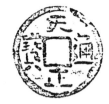

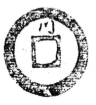

1358

1357

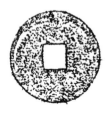

1356

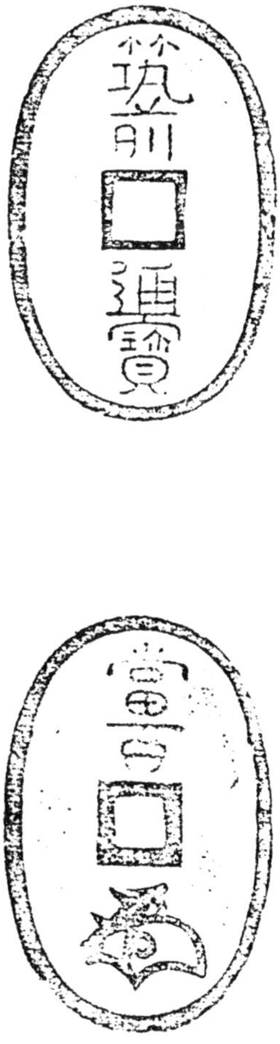

1359

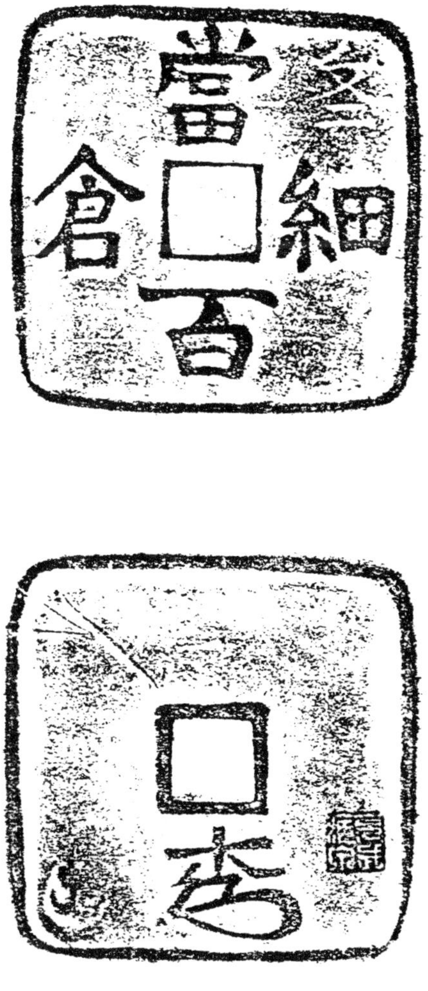

1360

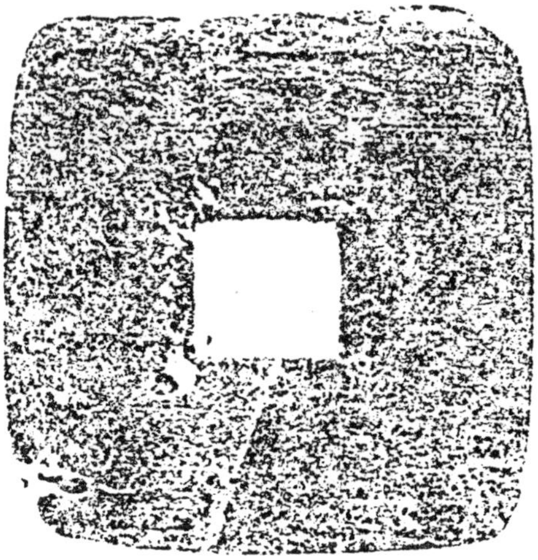

1361

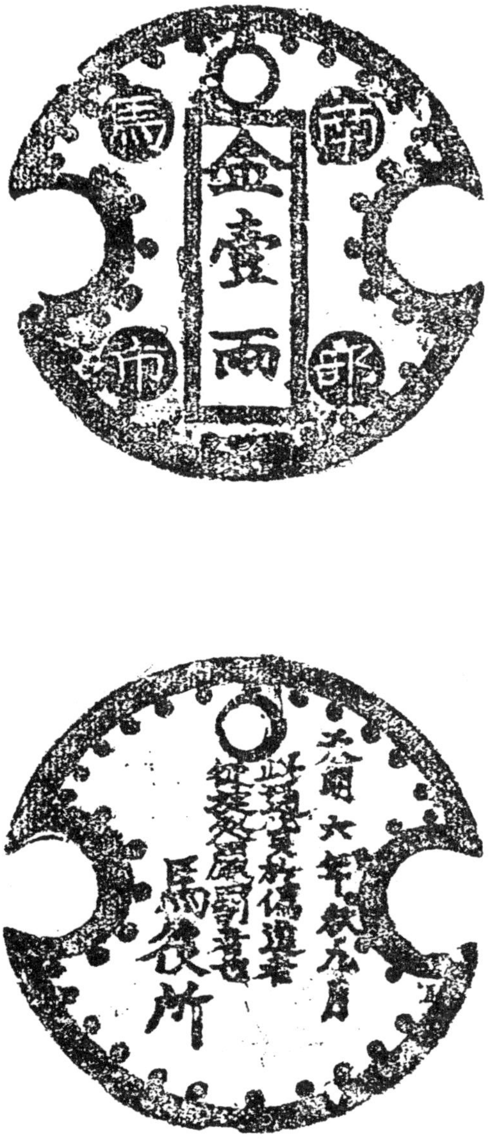

金 1362

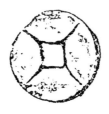

1364

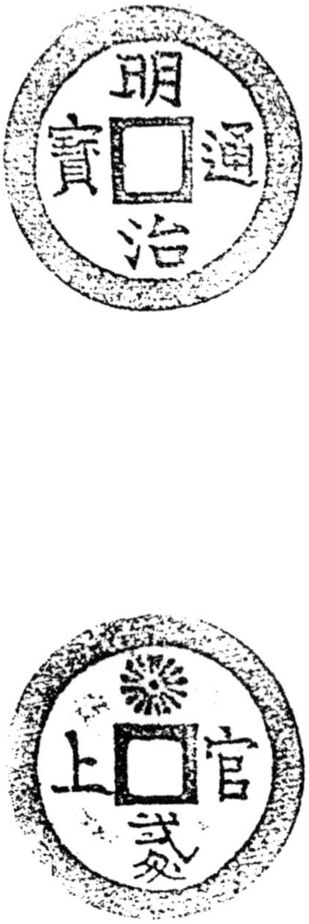

1363

越南

1365

1366

1367

1368

1369

1370

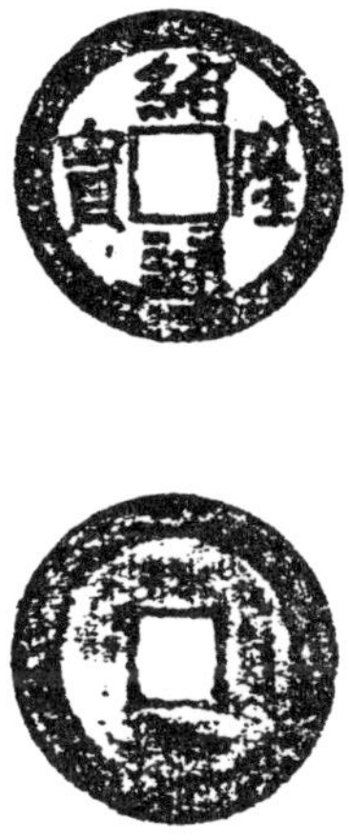

1371

1372

1373

1374

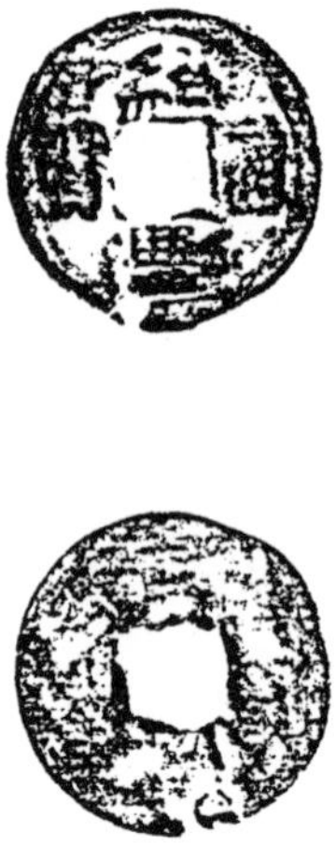

1375

1376

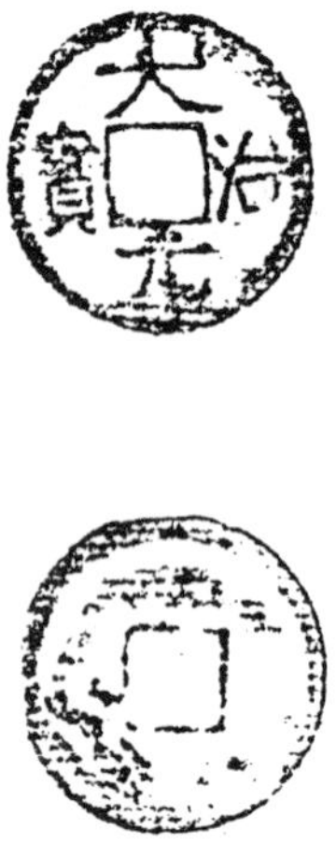

1377

1378

1379

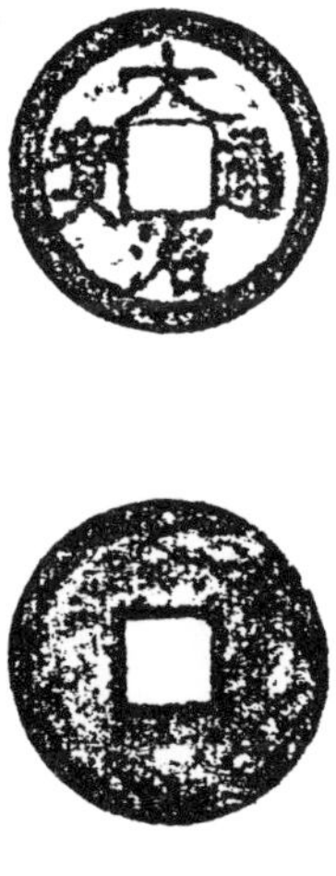

1380

1381

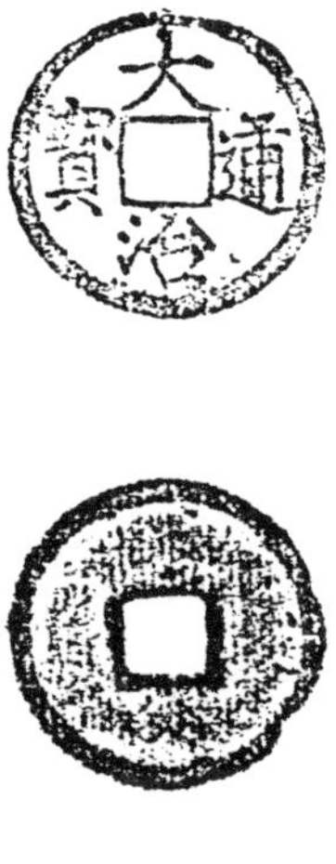

1382

1383

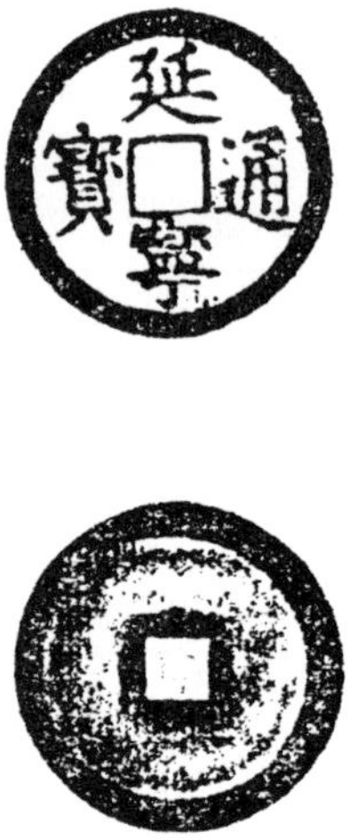

1384

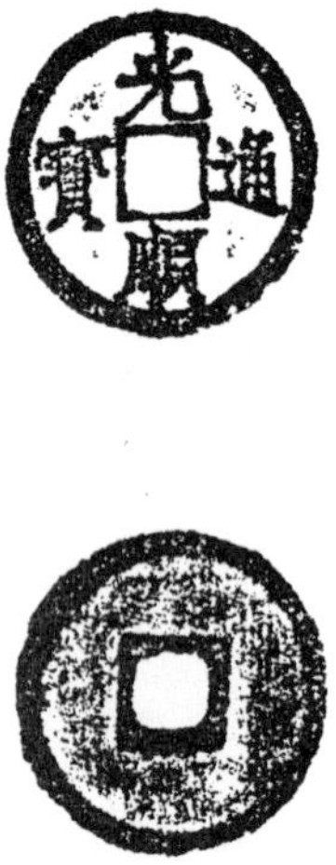

1385

1386

1387

1388

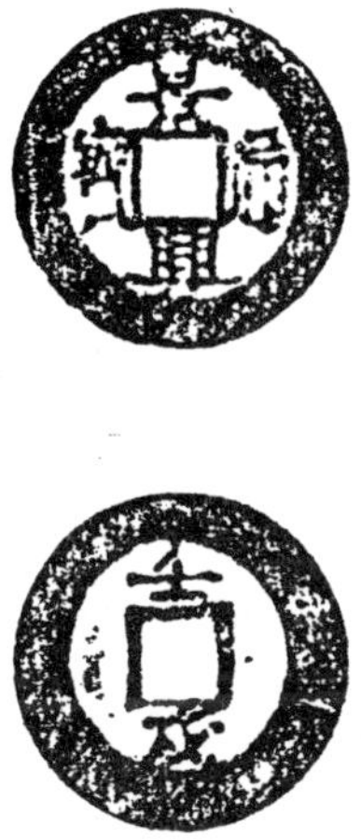

1389

1390

1391

1392

1393

1394

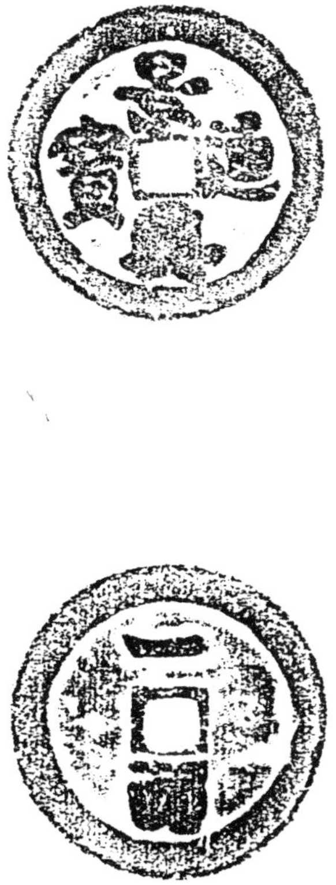

1395

1396

1398

1399

1397

1400

1402

1401

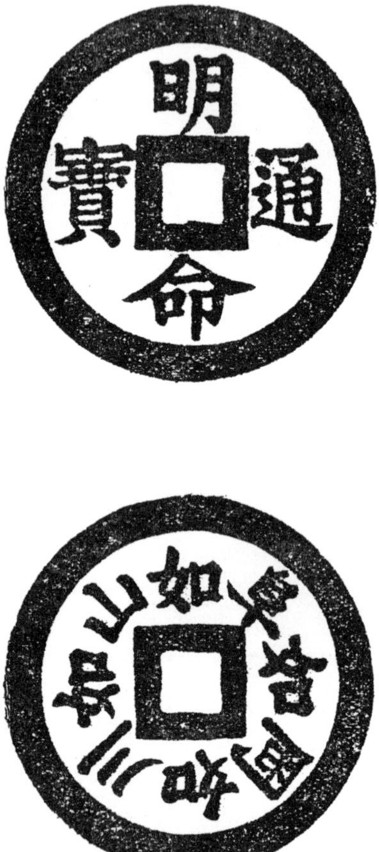

1405

1404

1403

1407

銀 1408

1406

1411

1409

1412

1410

1413

1414

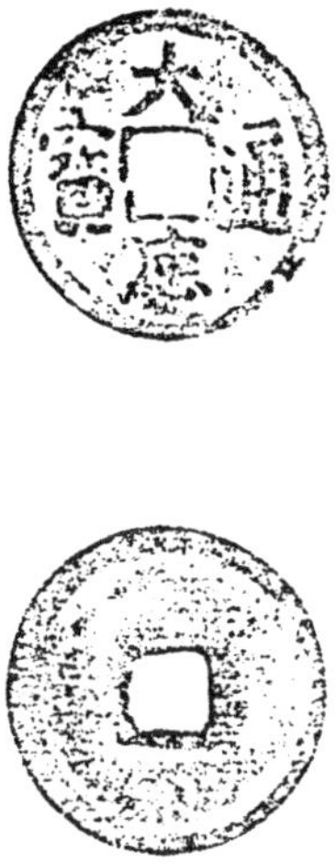

1415

1416

1417

1418

1419

1420

1421

1422

1423

待考

1424

1425

1428

1426

1429

1427

1432

1430

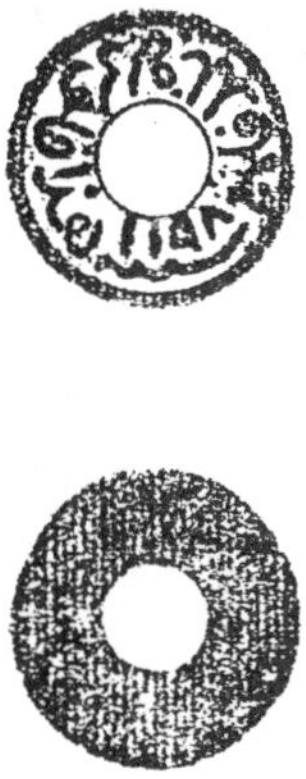

1433

1431

1434

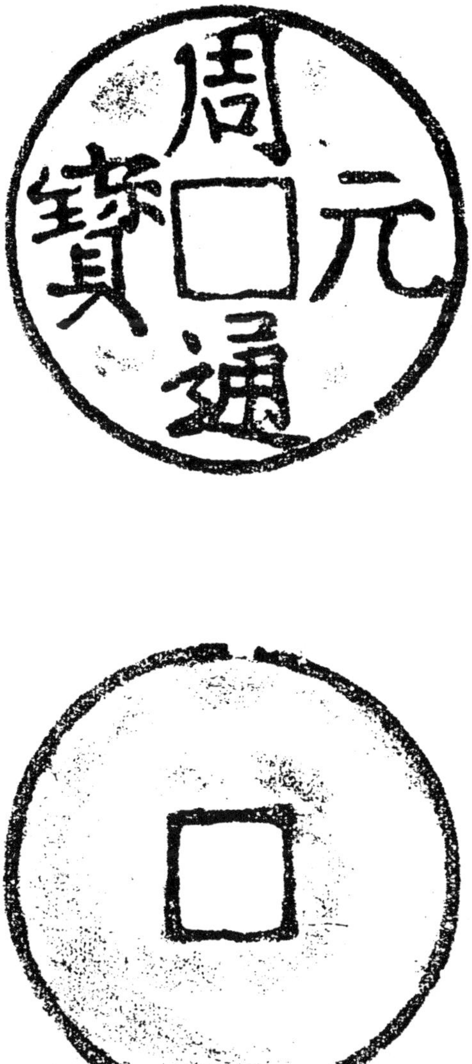

1435

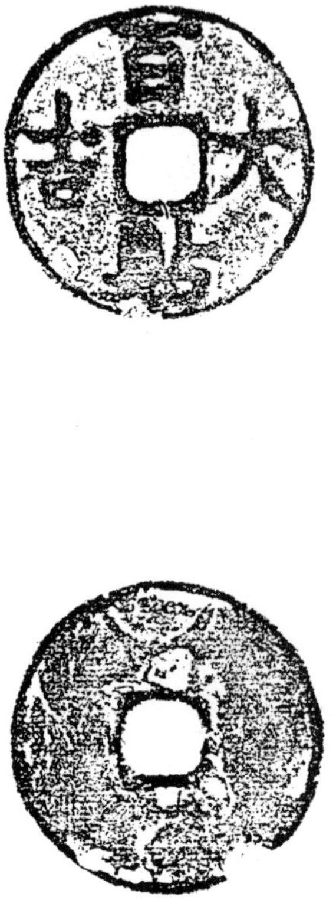

1438

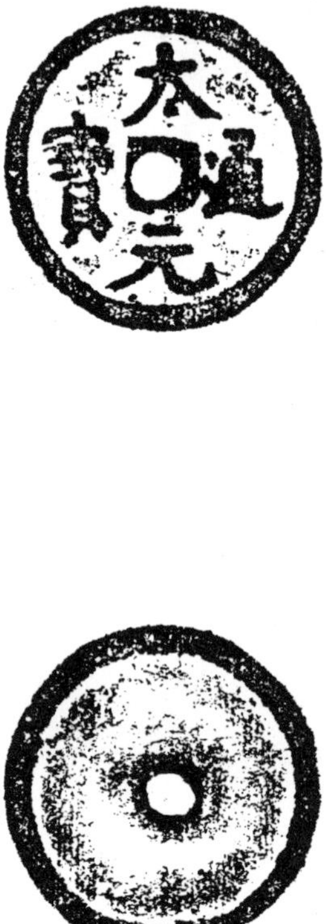

1437

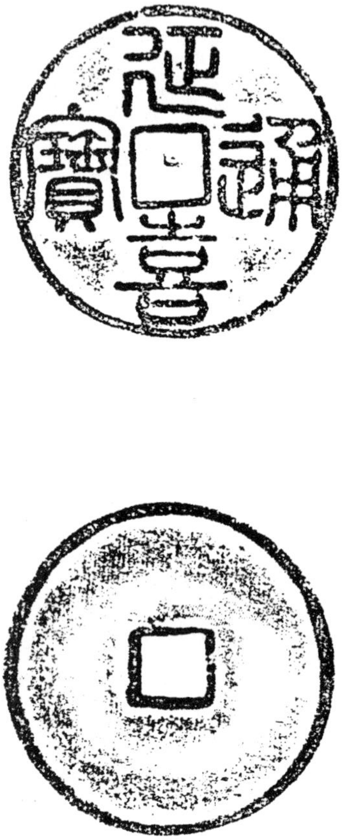

1436

1441

1439

1442

1440

1443

1444

1445

1446

1447

1448

1449

1450

1451

1452

1453

1454

拾
貫

機製幣部分

中國機製幣　金幣

1455

1456

1459

1457

1460

1458

1461

1462

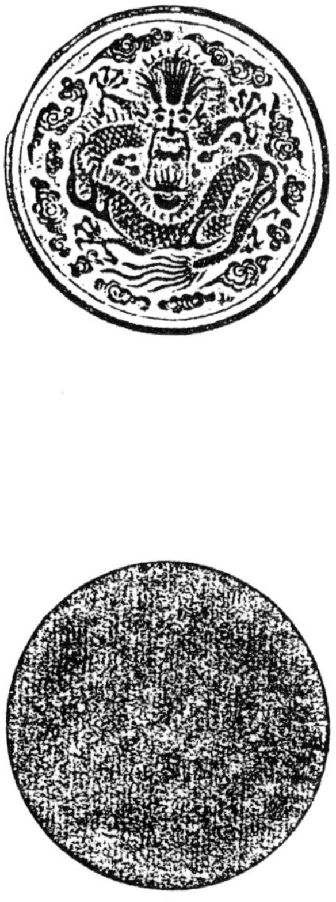

1463

1465

1464

1467

1466

1468

1471

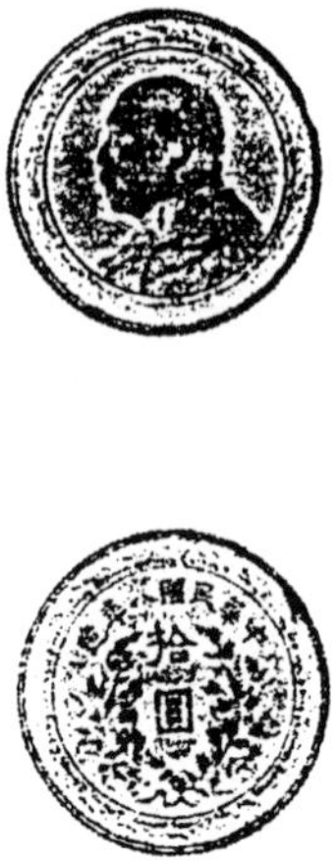

1469

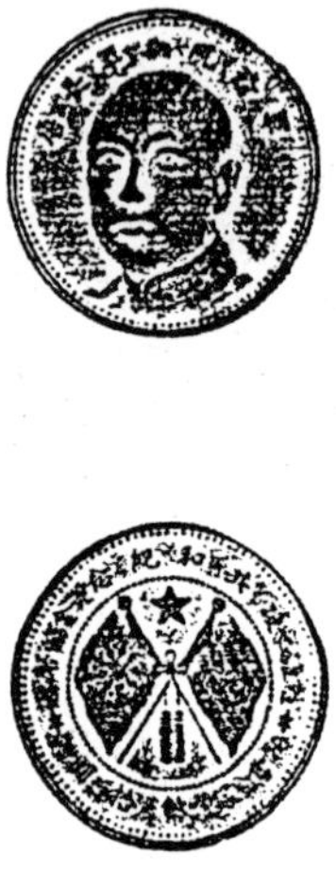

1472

1470

1473

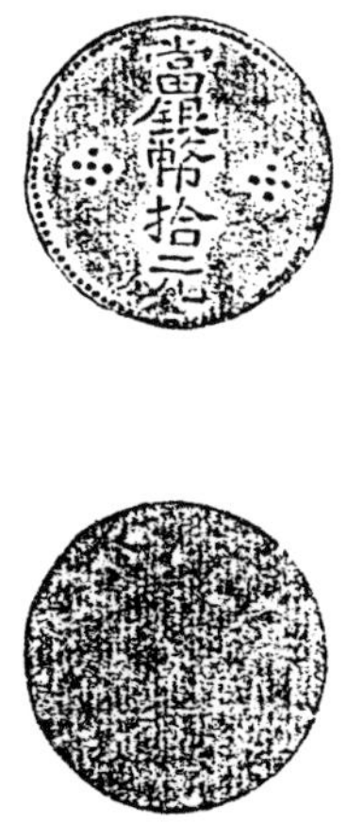

1474

1475

1476

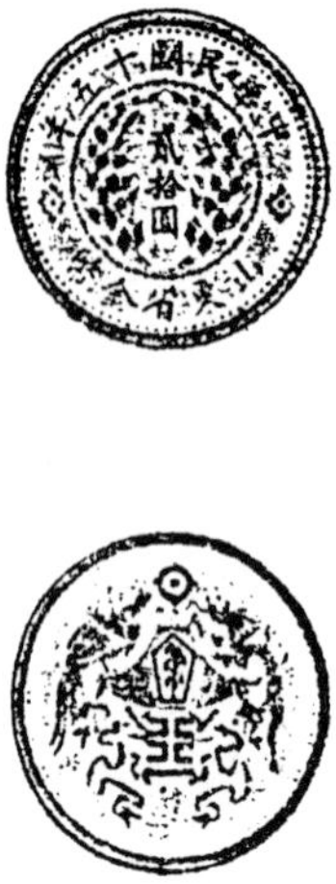

1479

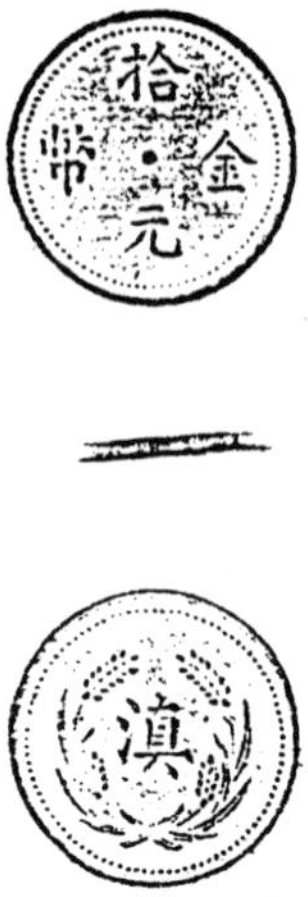

1477

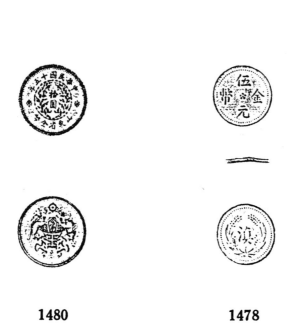

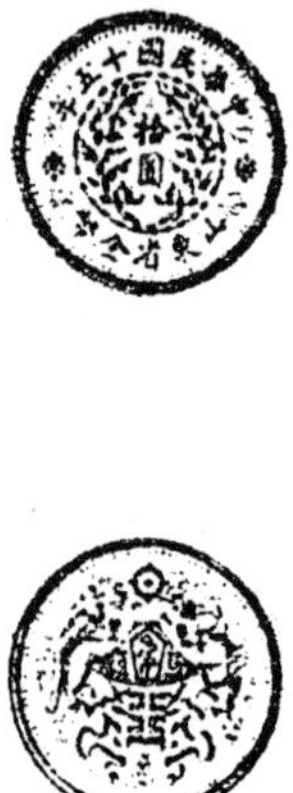

1480

1478

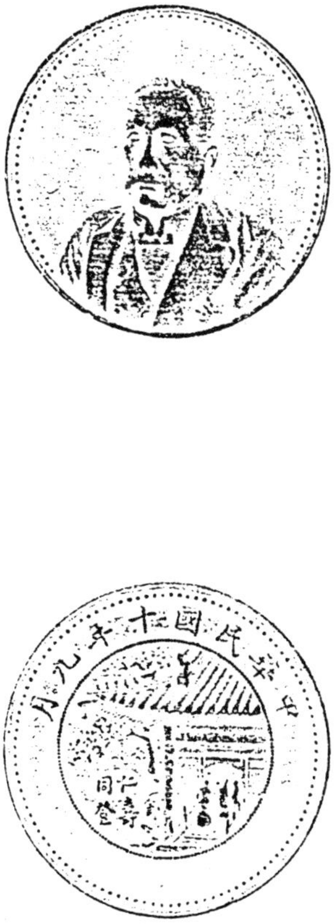

1482

1481

銅 **1483**

1485

銅 **1484**

銀幣

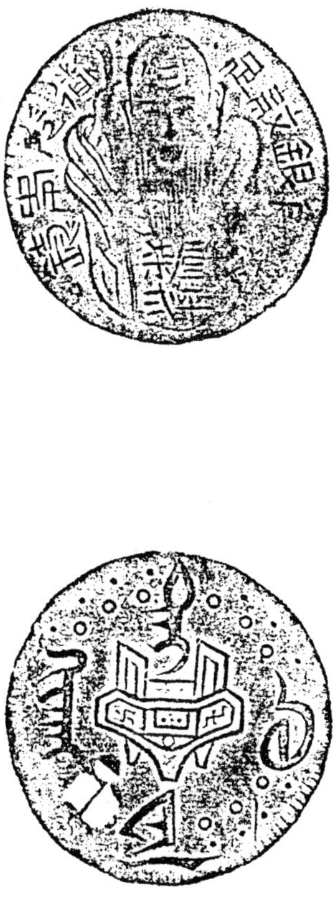

1486

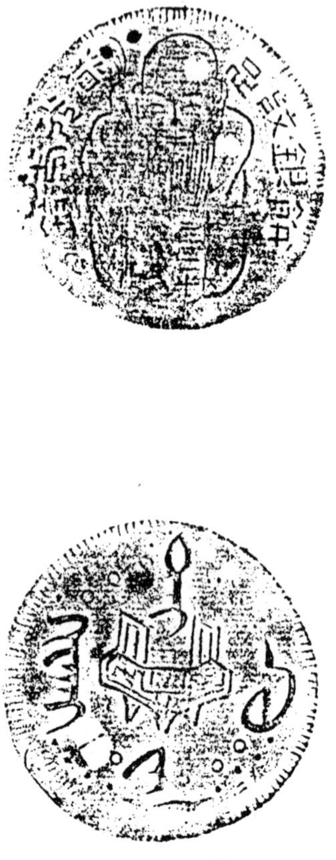

1487

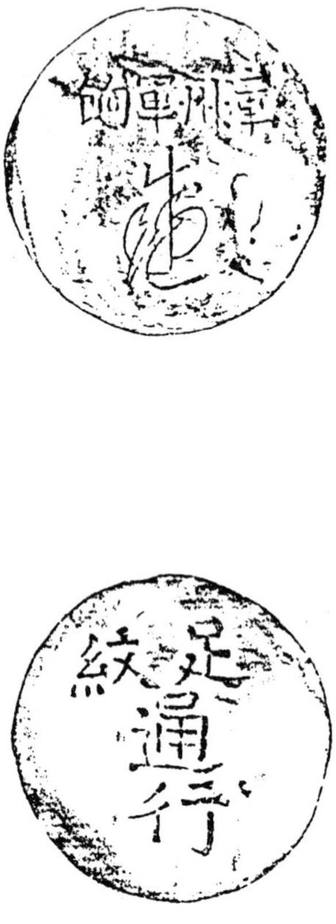

1488

1490

1489

1491

1492

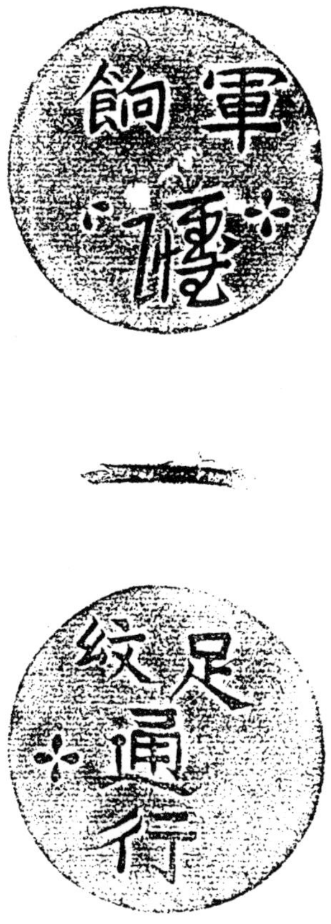

1494

1493

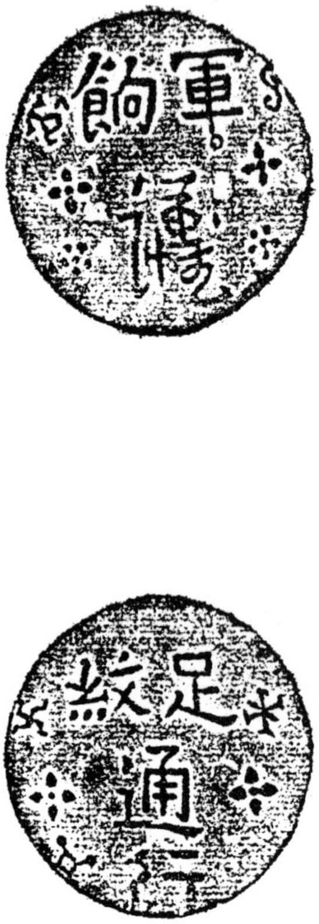

1497

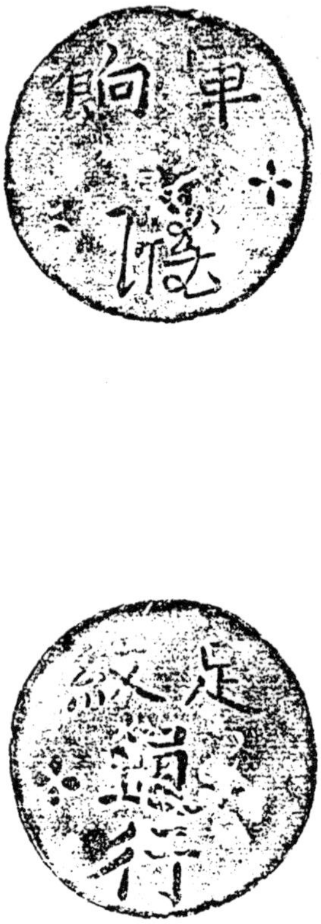

1496

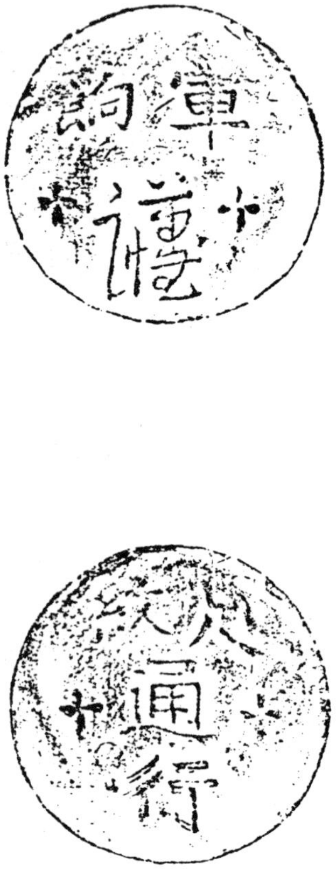

1495

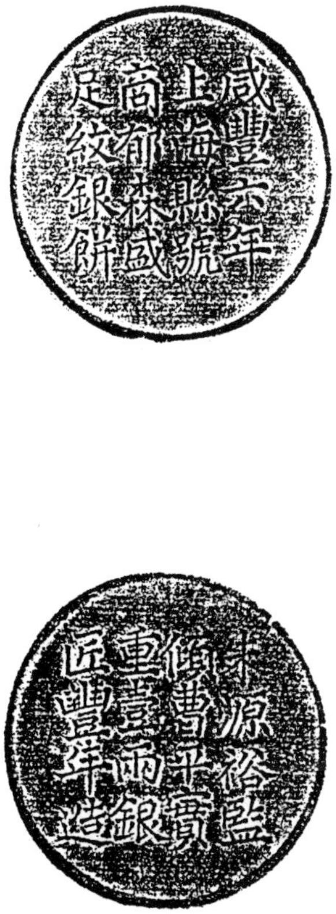

1500

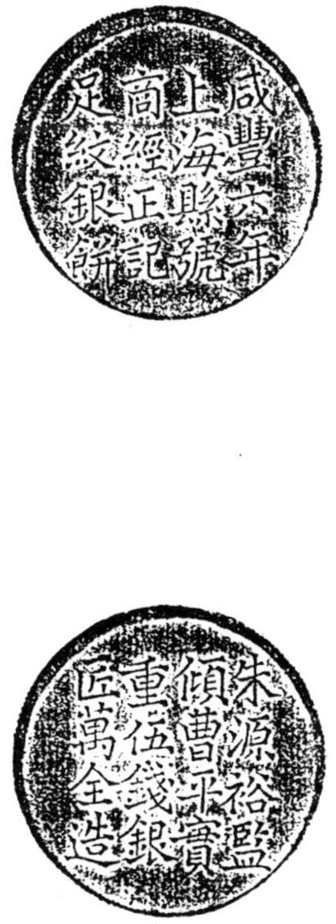

1499

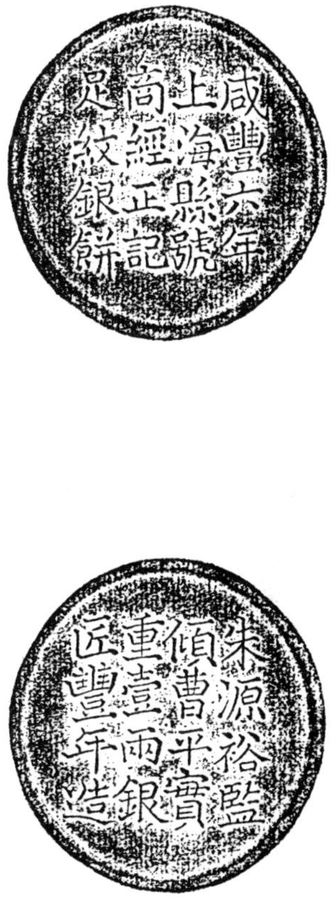

1498

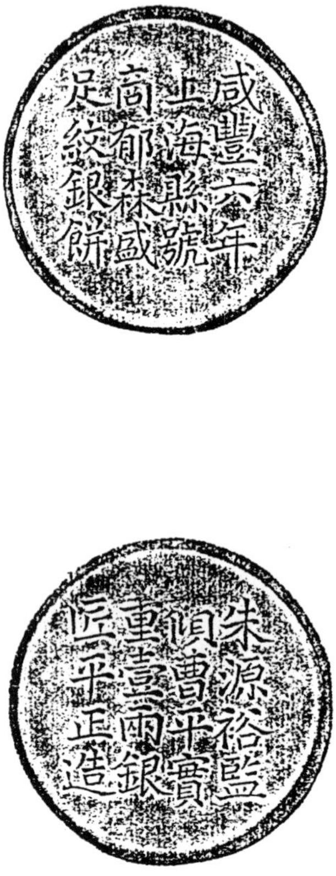

1501

1502

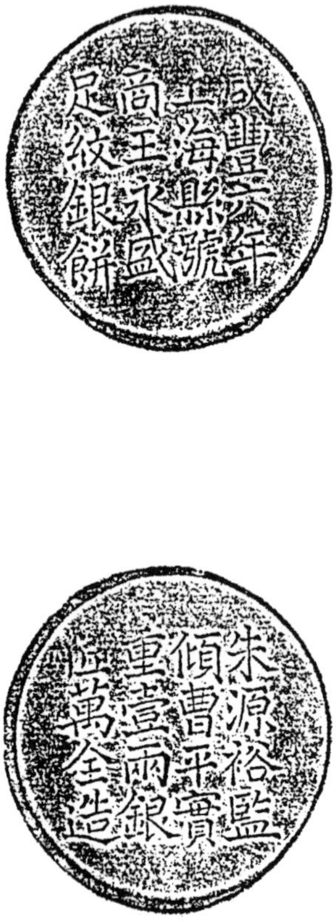

1503

1505

1504

1506

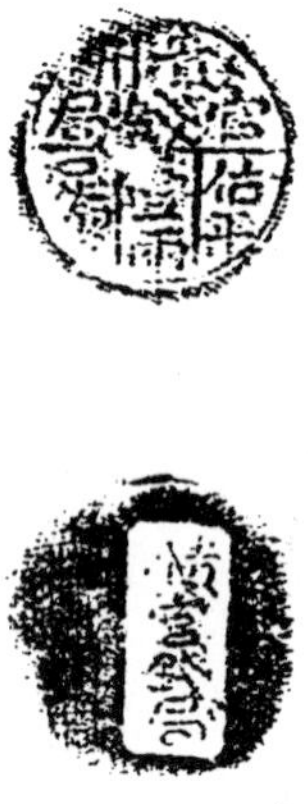

1509

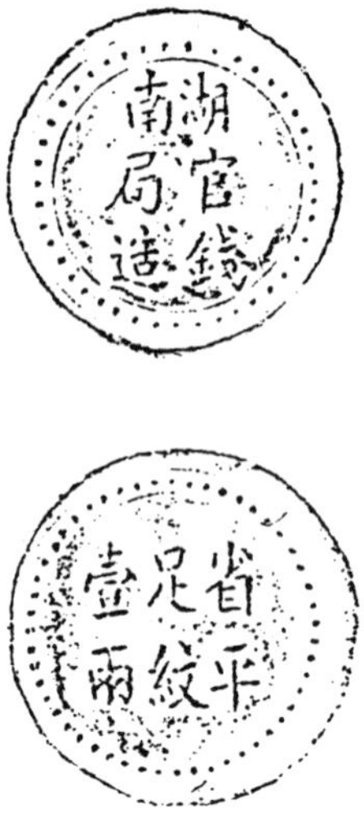

1507

1510

1508

1511

1513

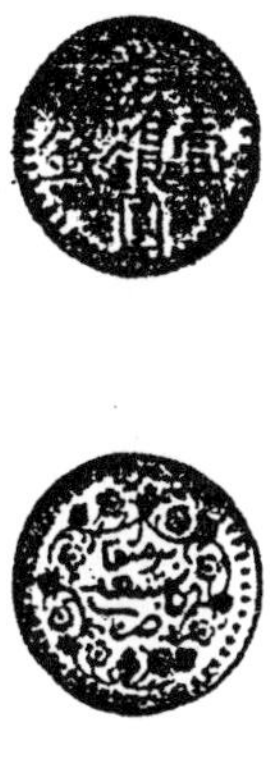

1512

1516

1514

1517

1515

1520

1518

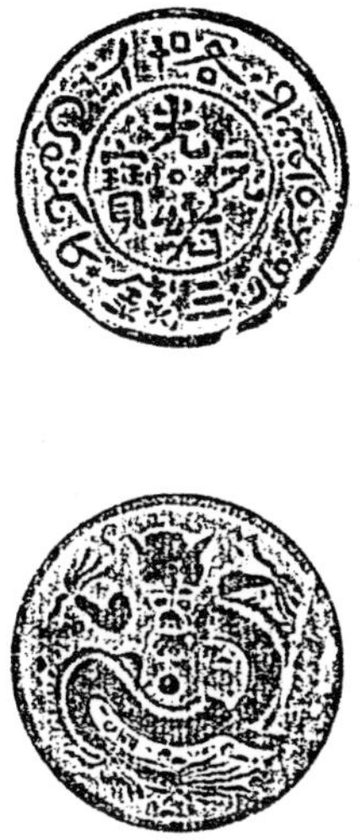

1521

1519

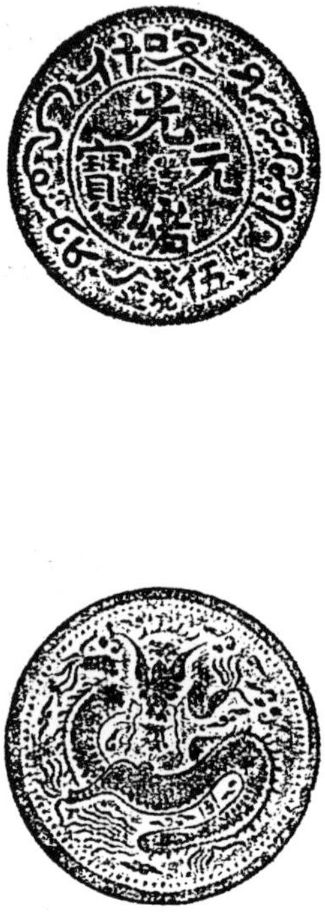

1522

1523

1524

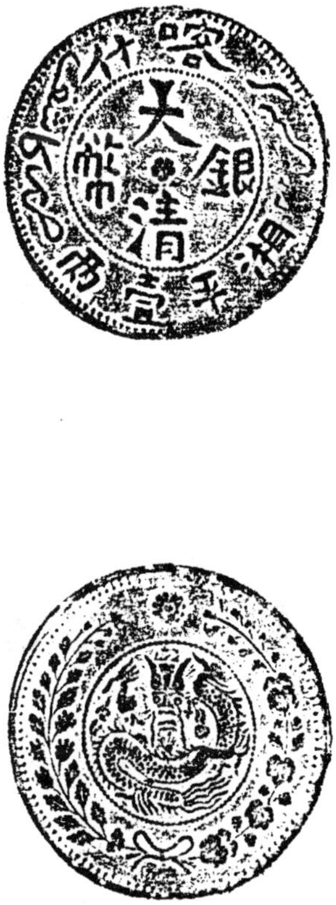

1525

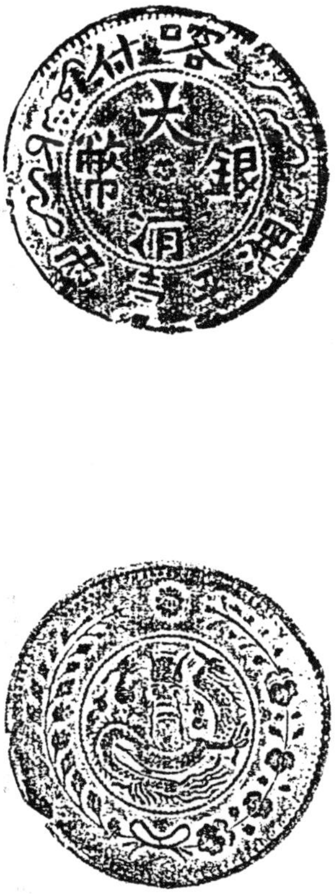

1526

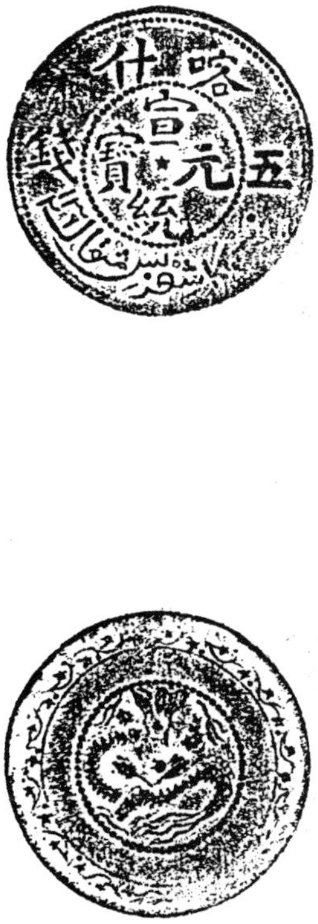

1527

1528

1529

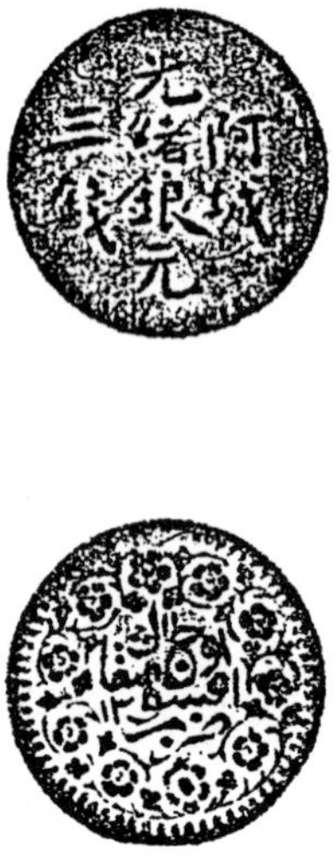

1530

1531

1534

1533

1532

1537

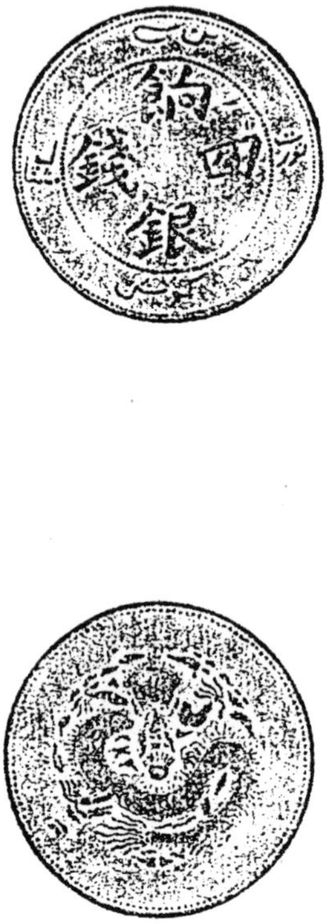

1536

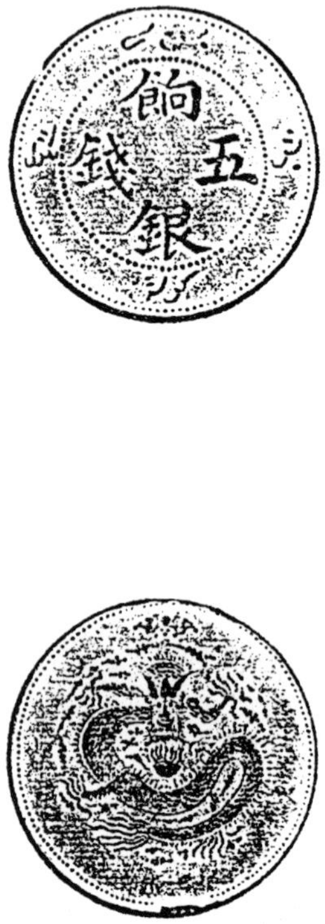

1535

1540

1539

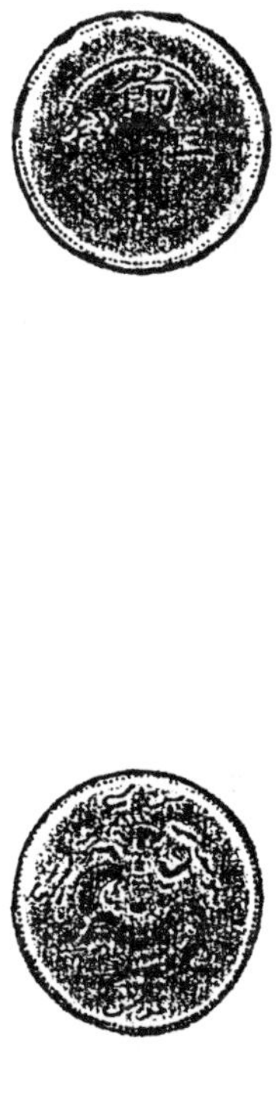

1538

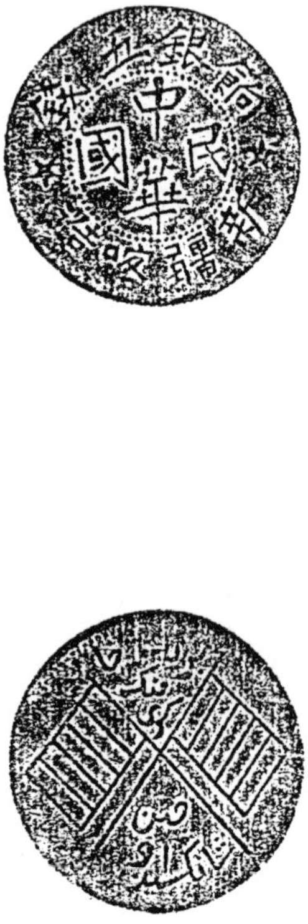

1543

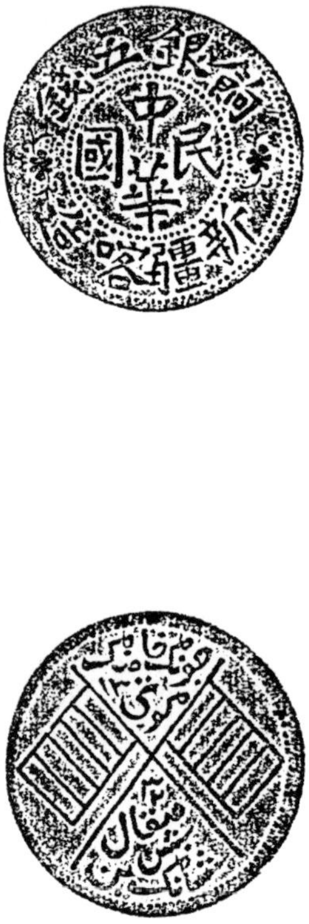

1542

1541

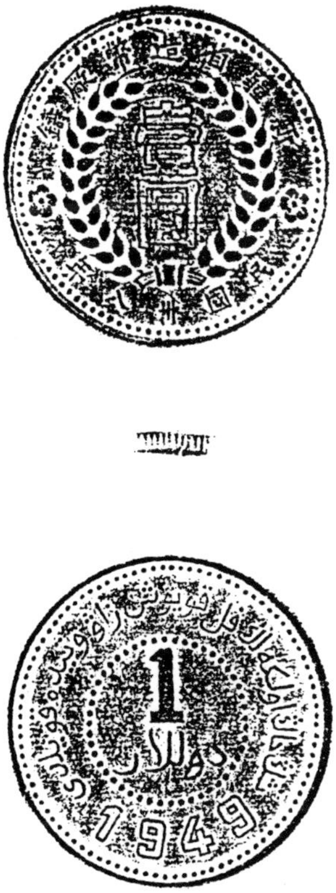

1546

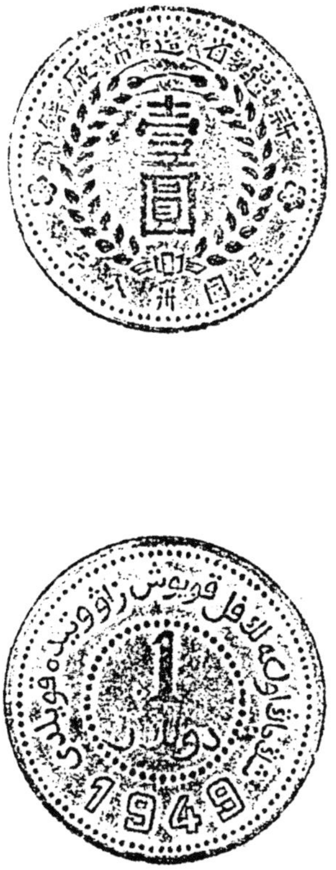

1545

1544

1547

1548

1549

1550

1553

1551

1552

1555

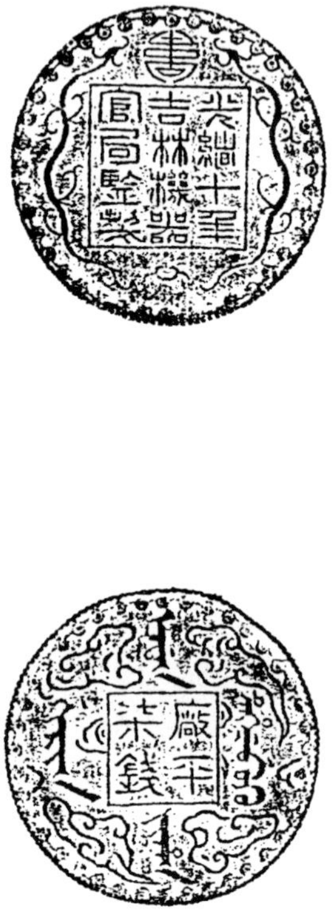

1554

1556

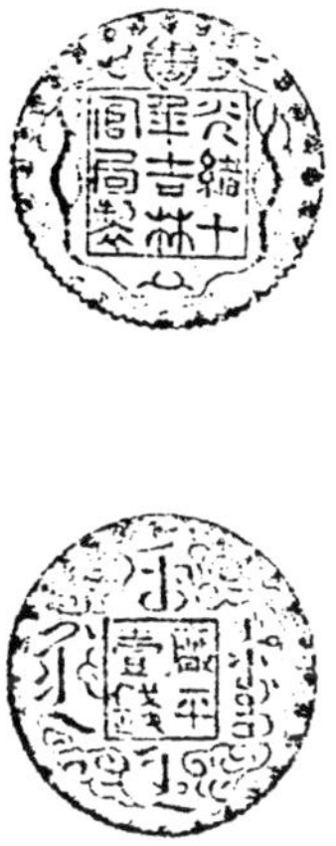

1557

1558

1559

1560

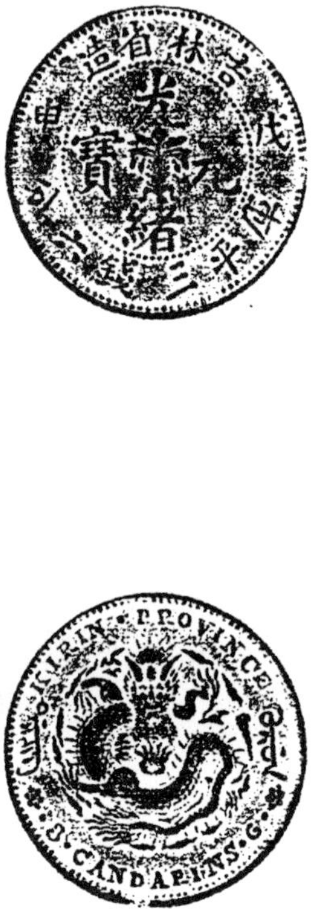

1561

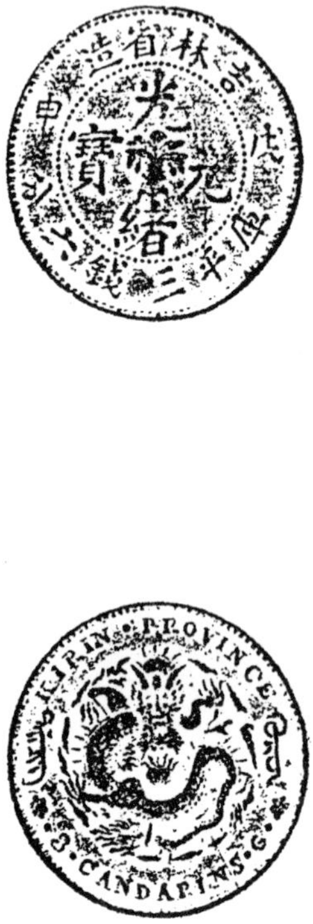

1562

1565

1564

1563

KWANG-TUNG PROVINCE
光緒元寶
廣東省造

1567

KWANG-TUNG PROVINCE
光緒元寶
廣東省造

1566

1568

1569

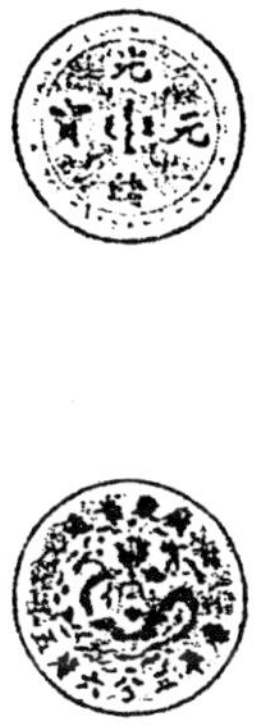

1570

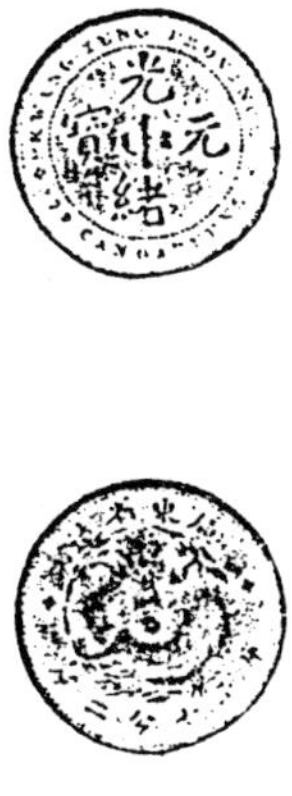

1571

1572

1573

1574

1577

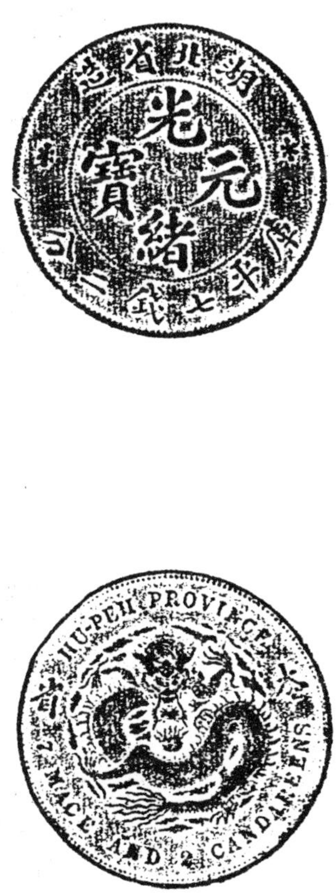

1576

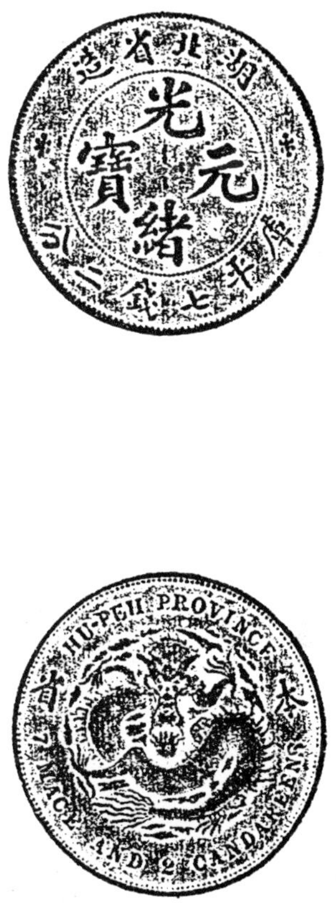

1575

1579

1578

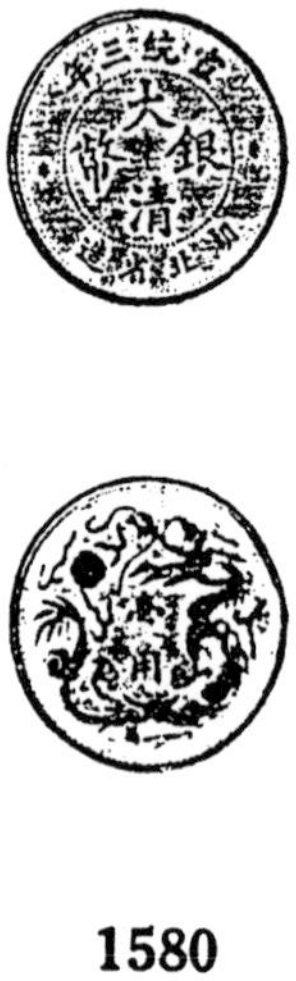

1580

1582

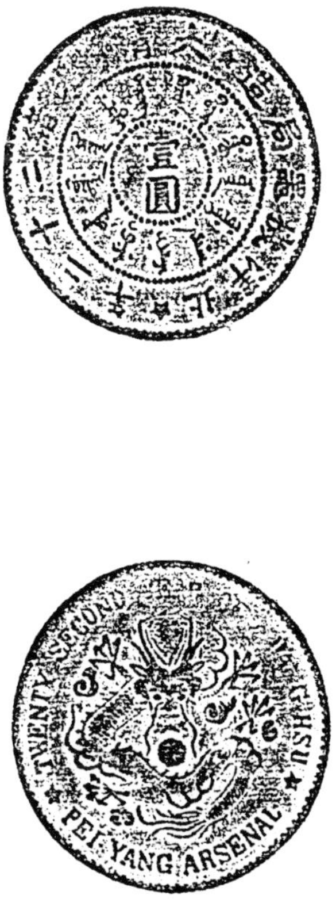

1581

1583

1584

1586

1585

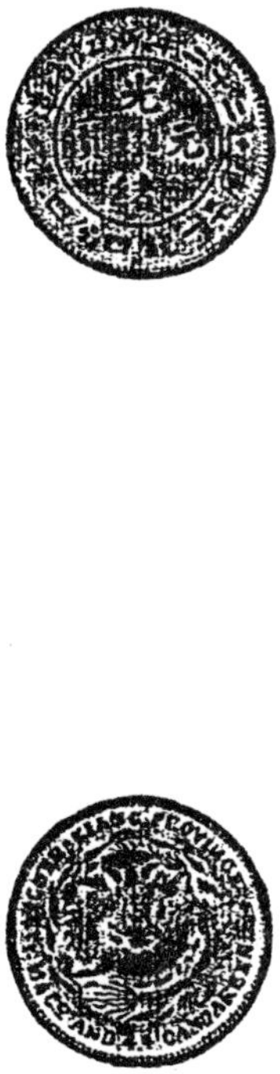

1589

1588

1587

1590

1591

1592

1593

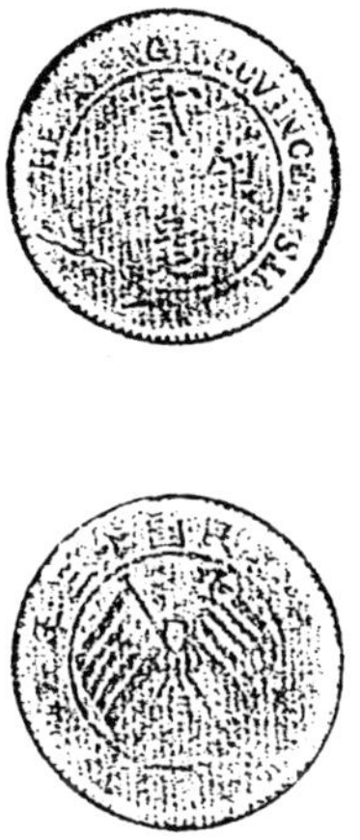

1595

1594

1596

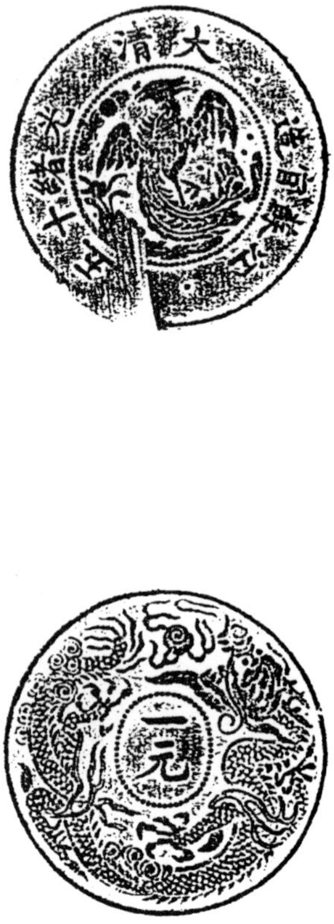

1597

1598

1599

1602

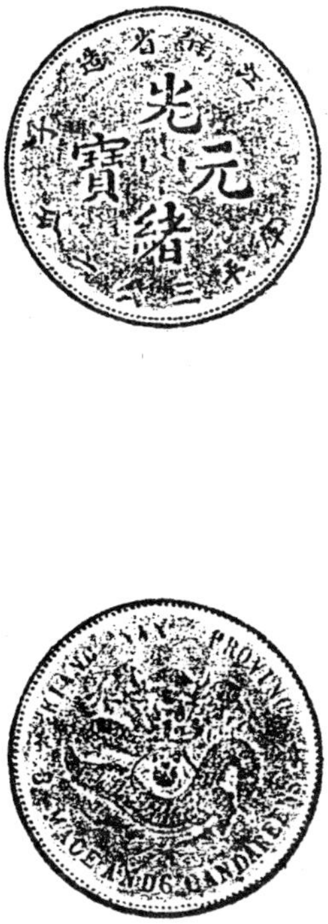

1601

1600

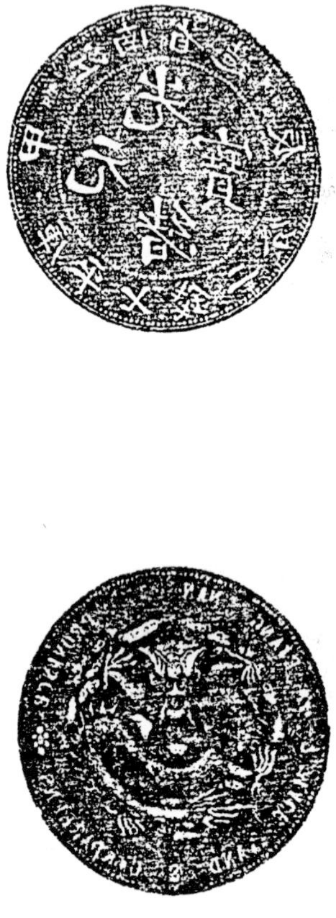

1604

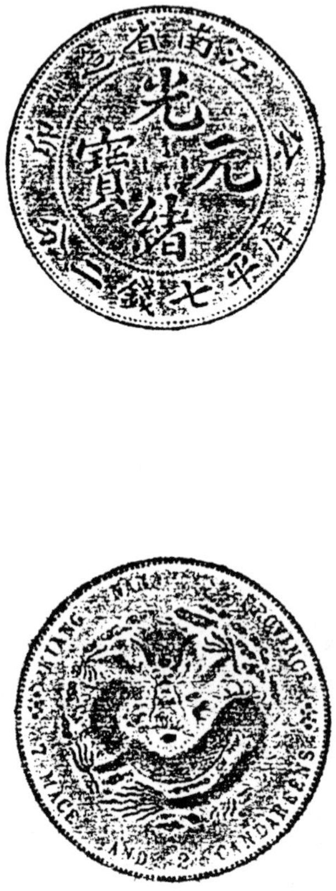

1603

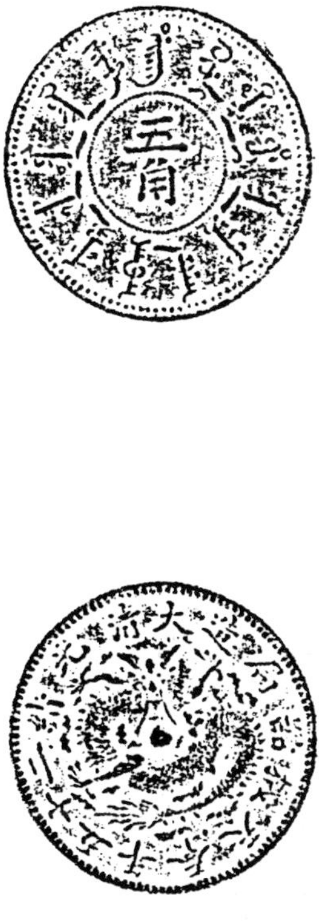

1607

1606

1605

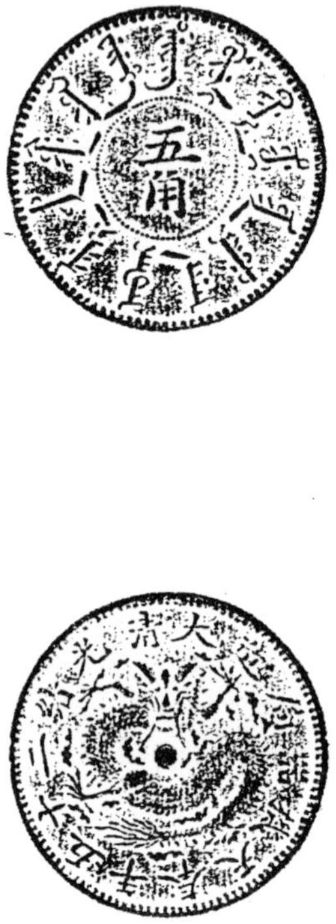

1608

銅 1609

1610

1613

1612

1611

1615

1614

1616

1618

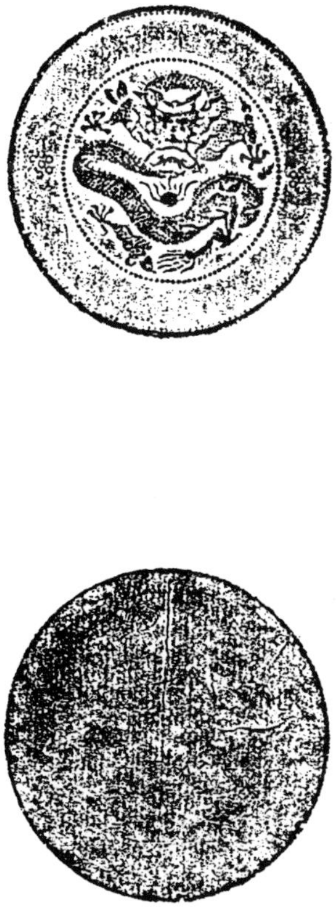

1617

1619

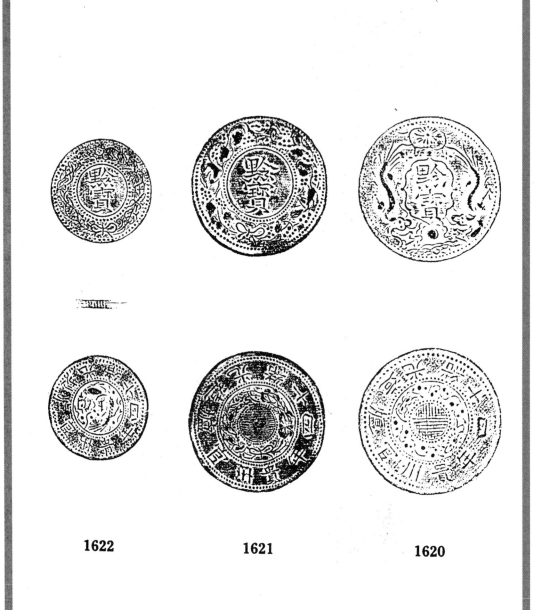

1622

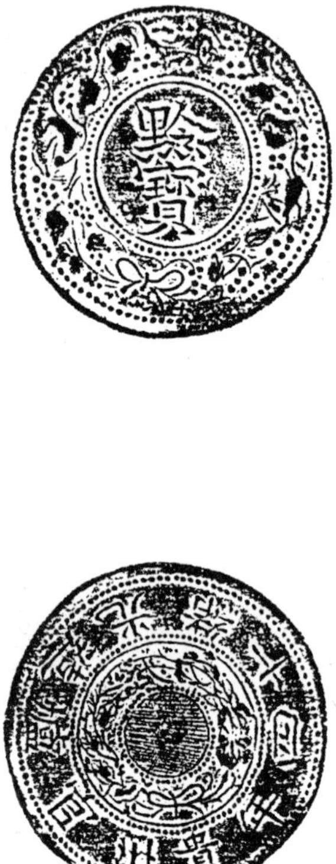

1621

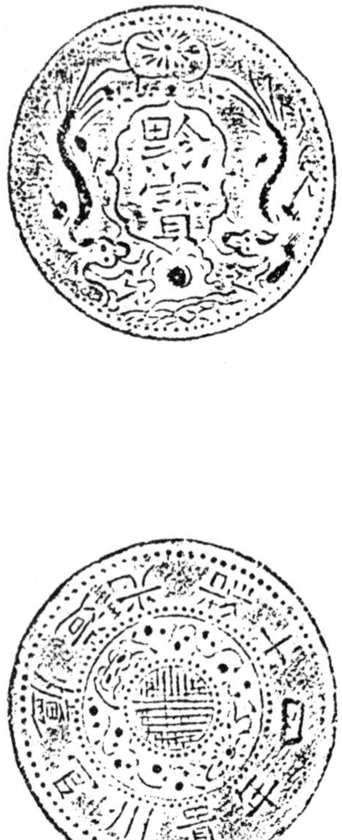

1620

1623

1624

1625

1626

1627

1628

1629

1632

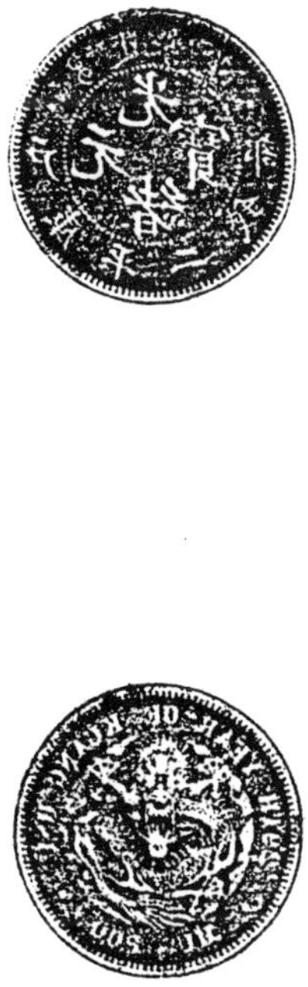

1631

1630

1635

1633

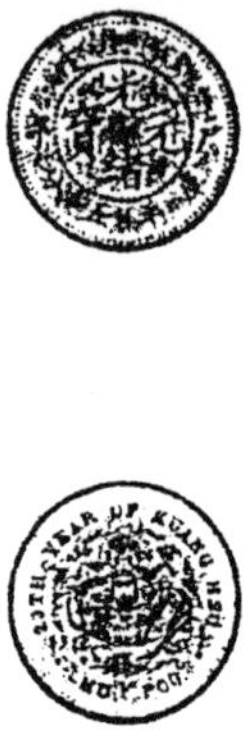

1636

1634

1639

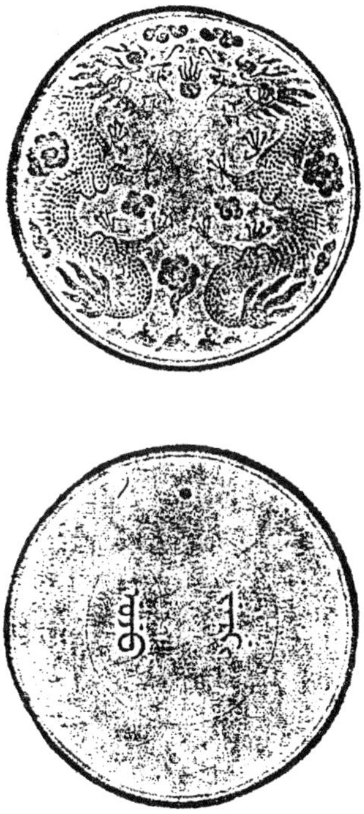

1637

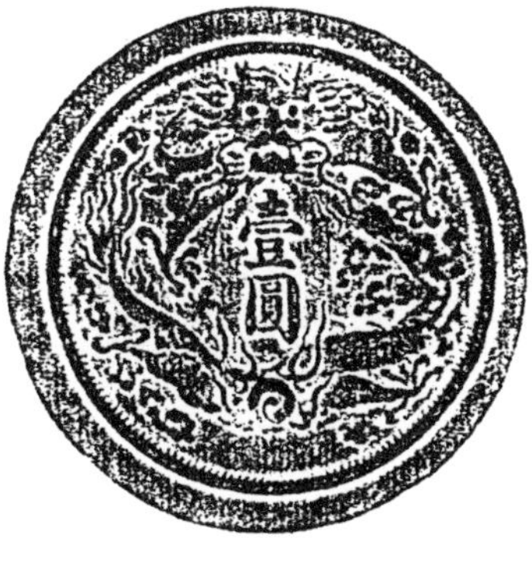

1640

1638

1642

1641

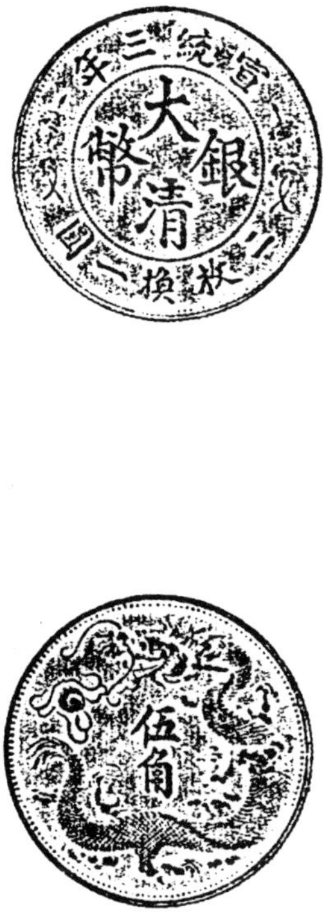

1645

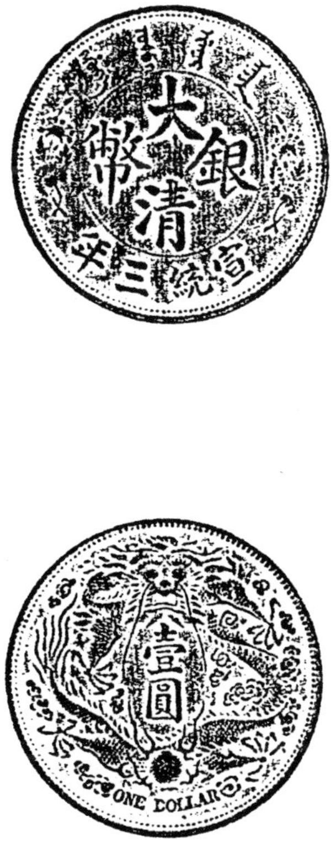

1644

1643

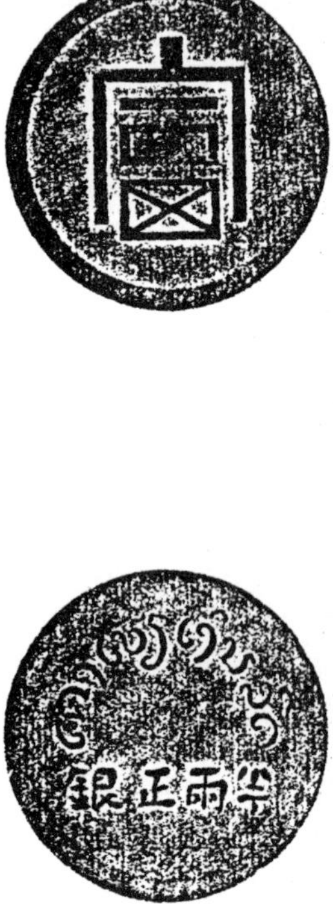

1648

1647

1646

1651

1650

1649

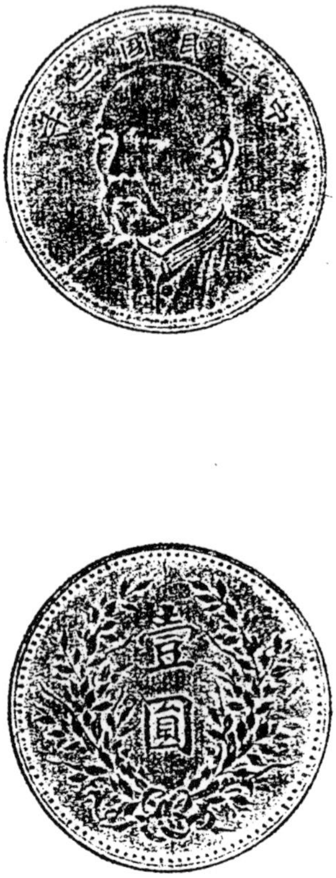

1652

1653

1654

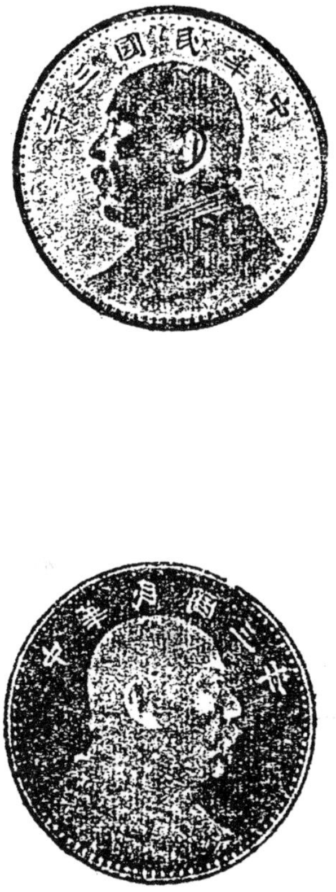

1655

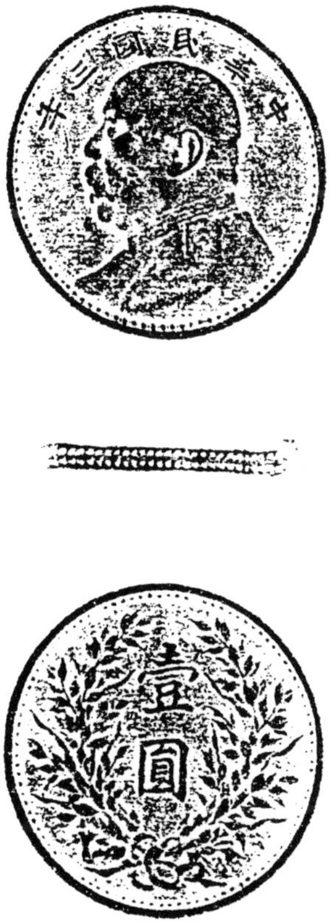

1656

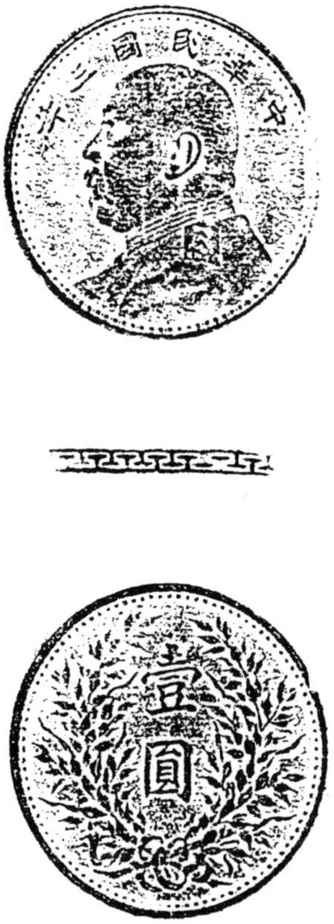

1657

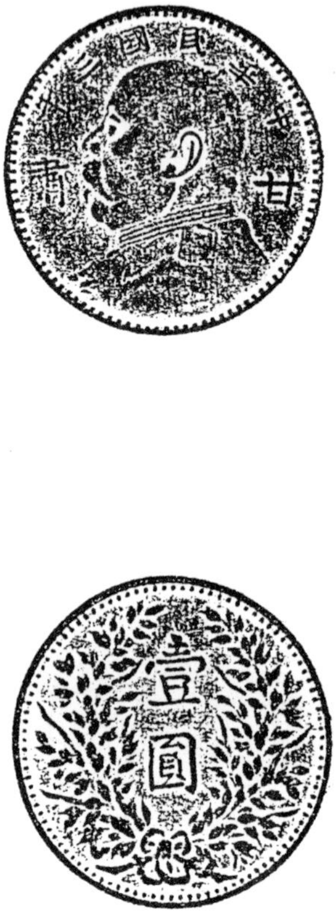

1658

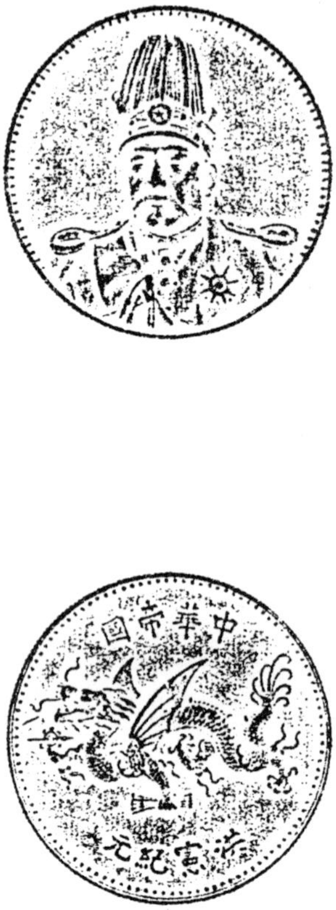

1659

1660

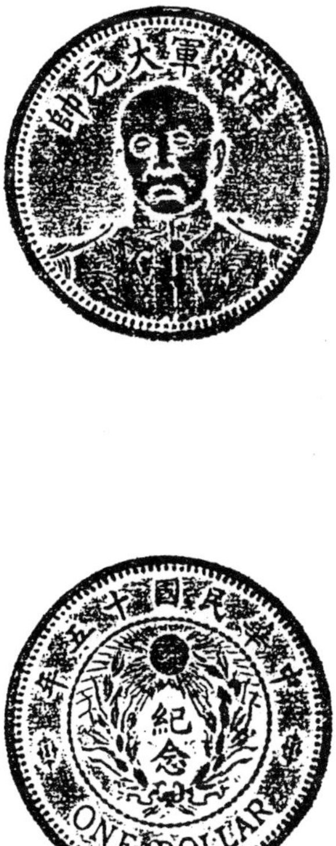

1663

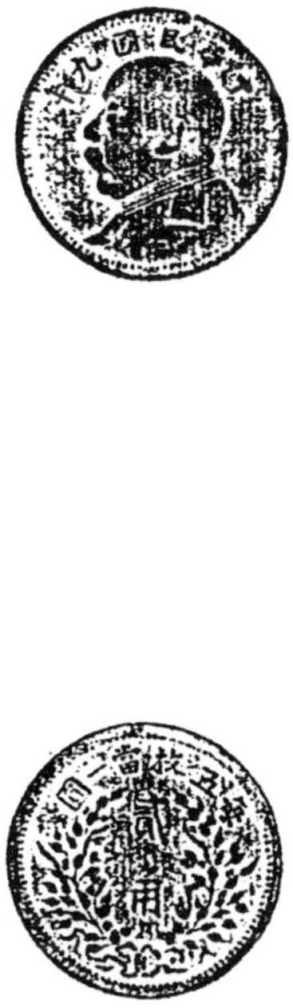
1662

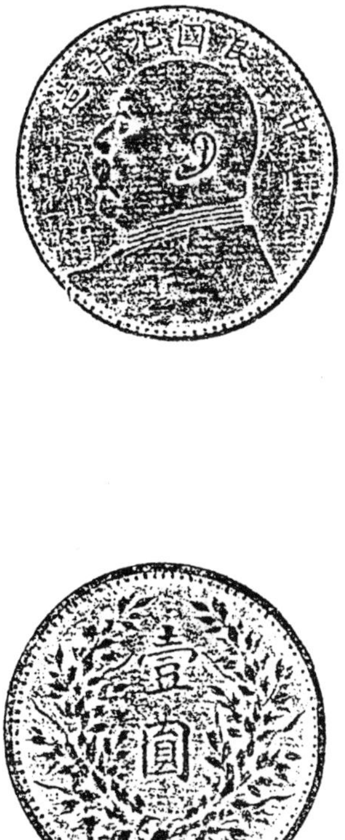

1661

1666

1665

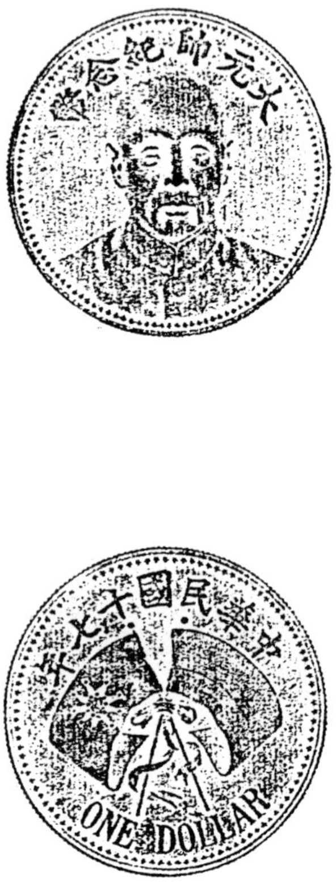

1664

1667

1669

1668

1672

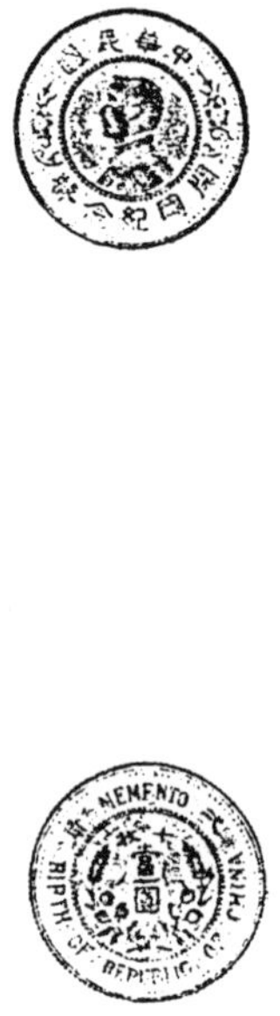

1671

1670

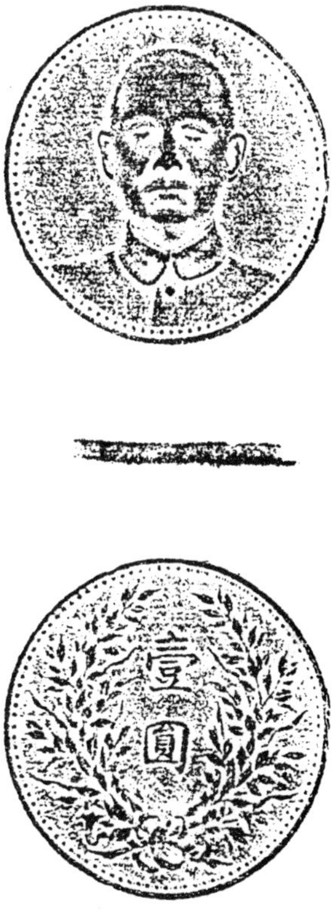

1673

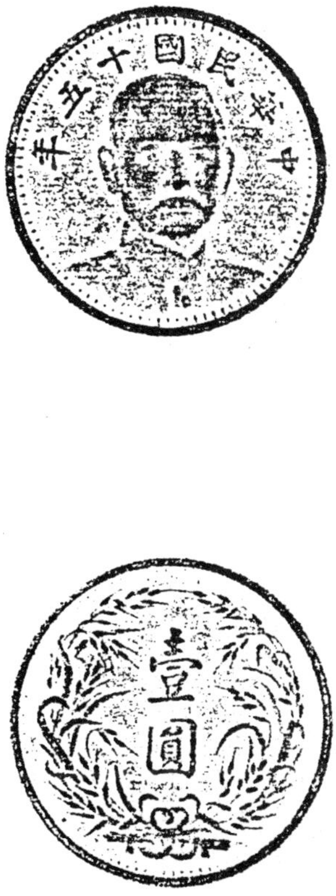

1674

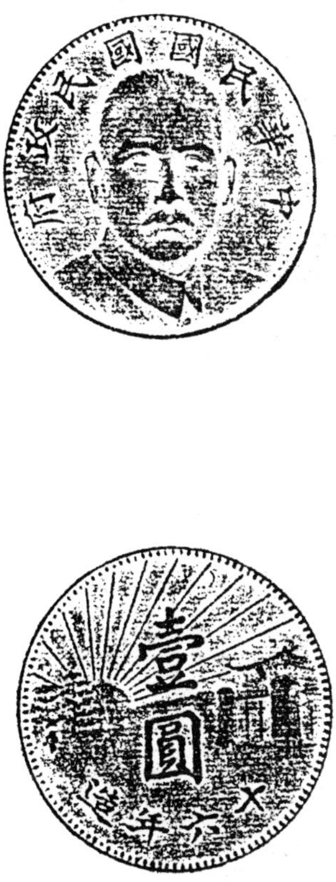

1675

1678

1677

1676

1681

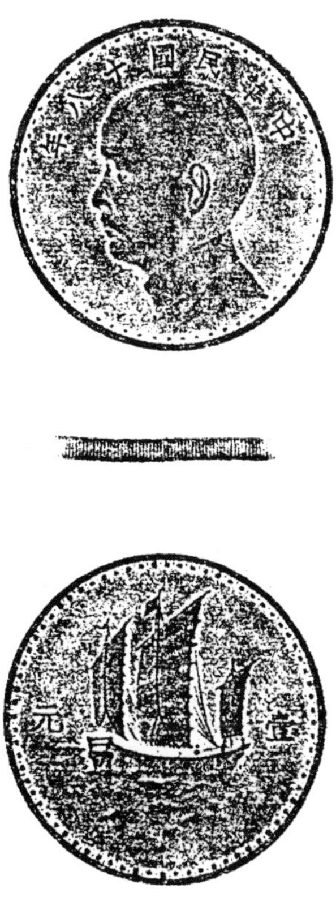

1680

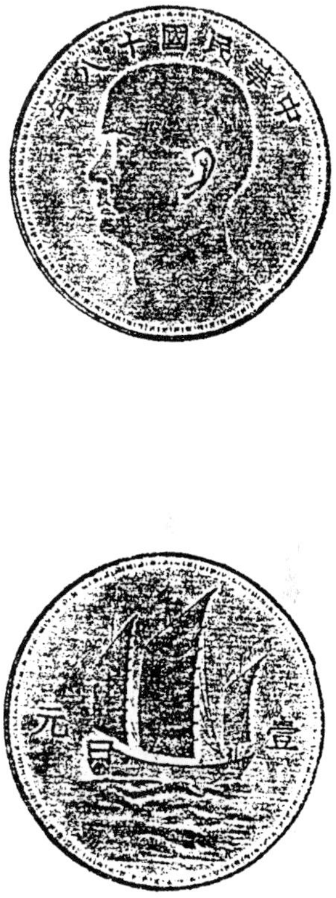

1679

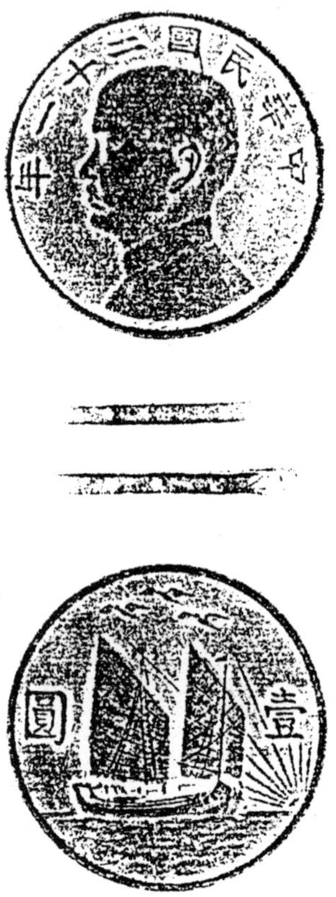

1682

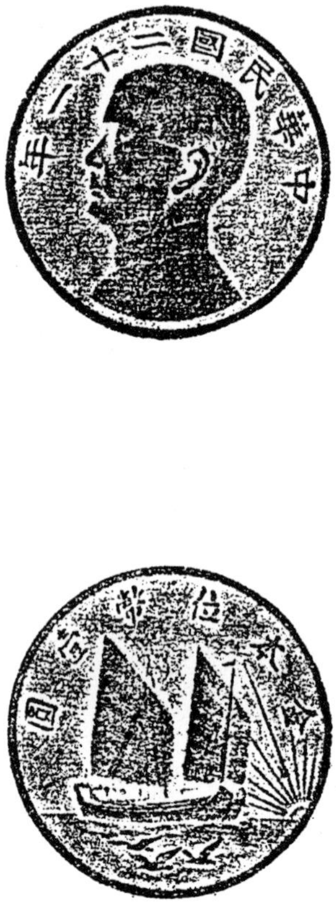

銅 1683

1684

1685

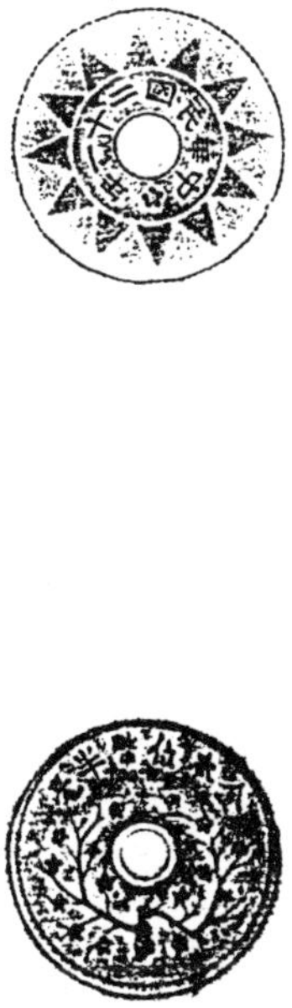

1686

1687

1690

1689

1688

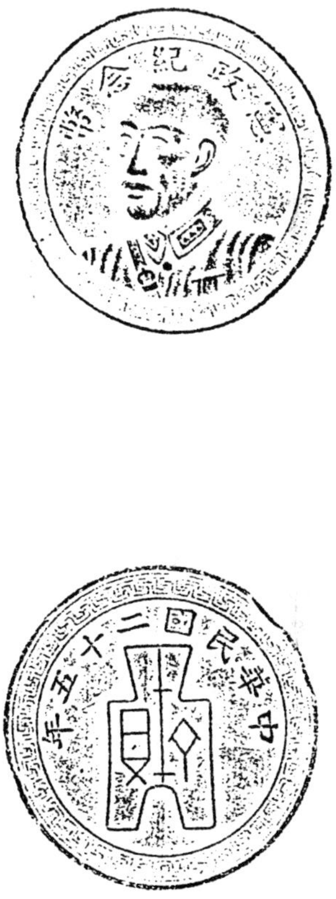

1691

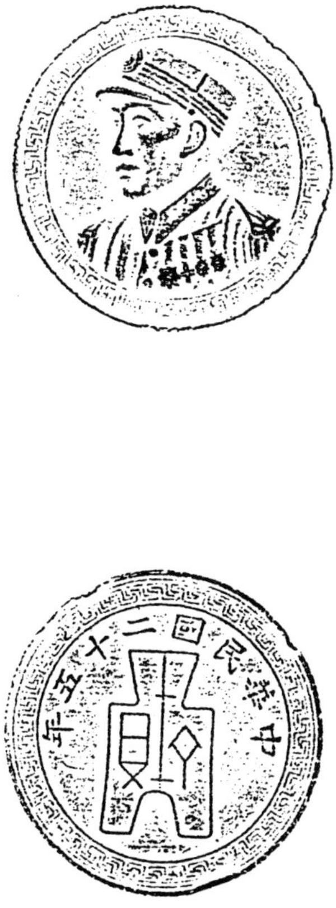

1692

1693

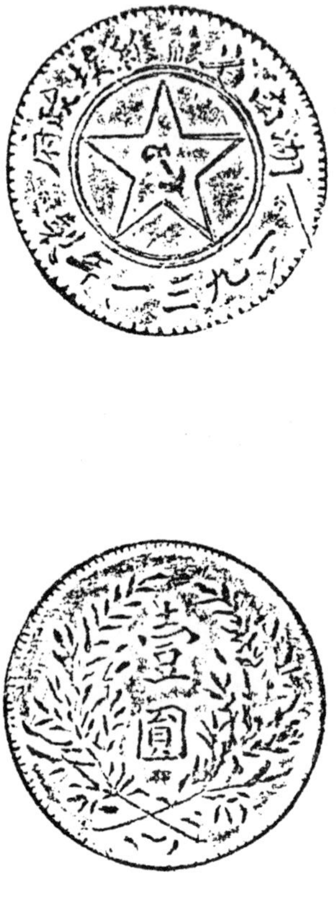

1694

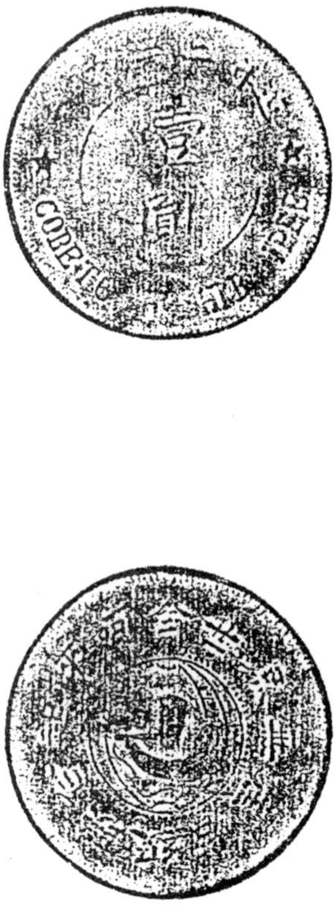

1695

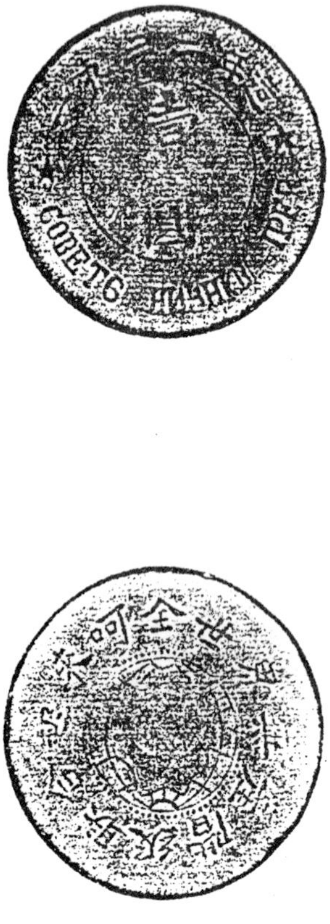

1696

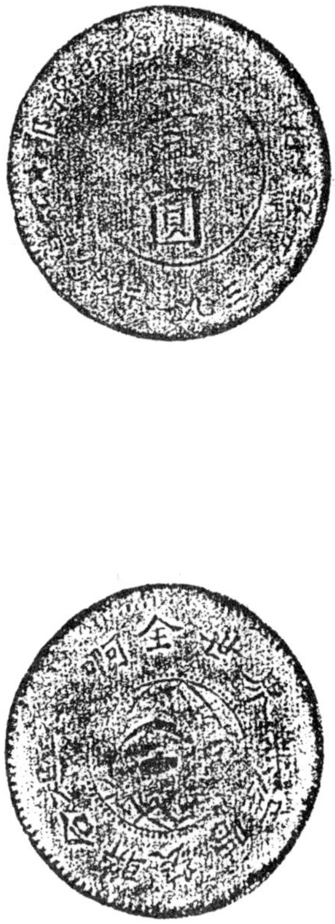

1697

1698

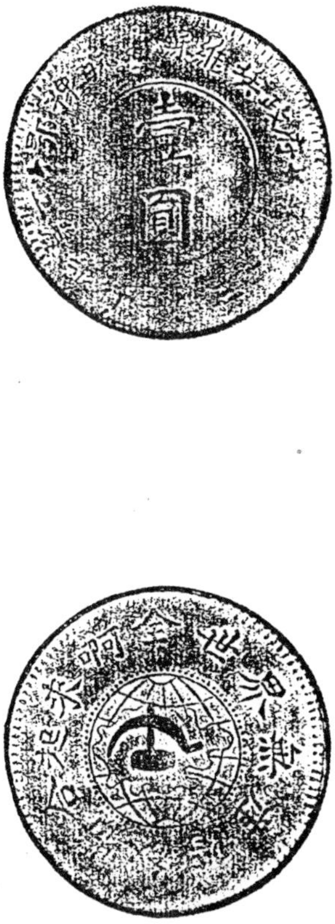

1699

1700

1701

1702

1705

1704

1703

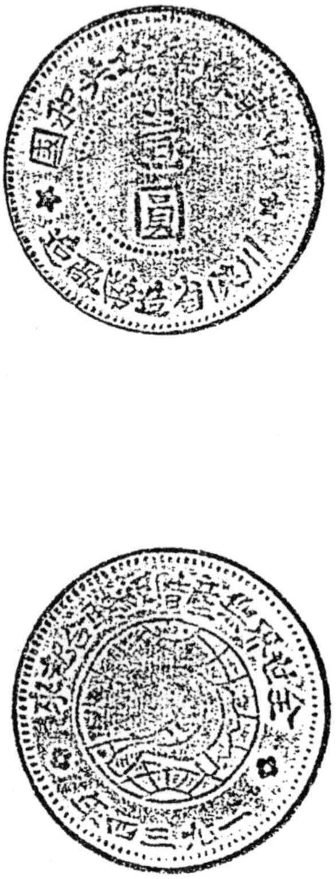

1706

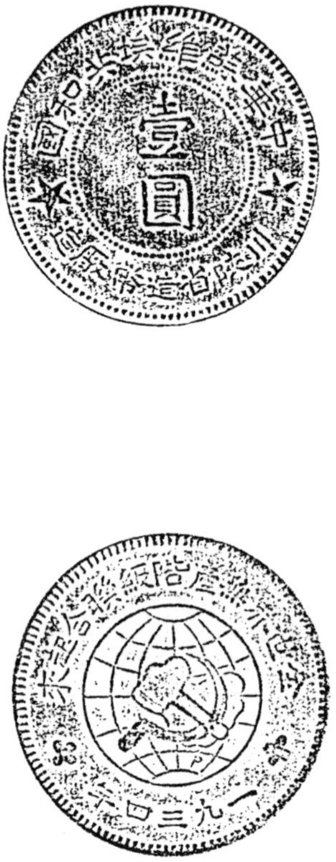

1707

1708

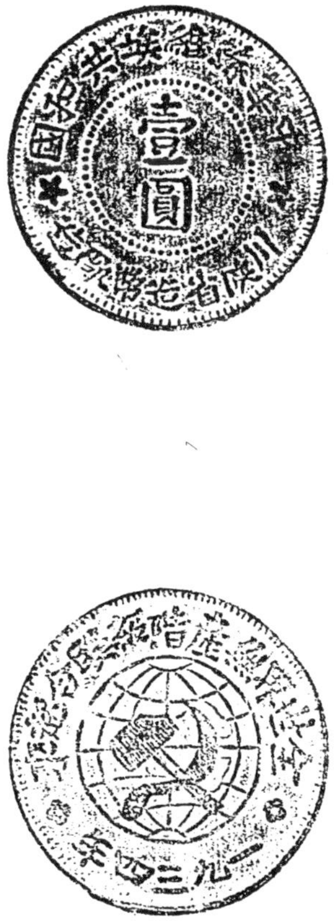
中華蘇維埃共和國
壹圓
川陝省造幣廠造
全世界無產階級聯合起來
一九三四年

1709

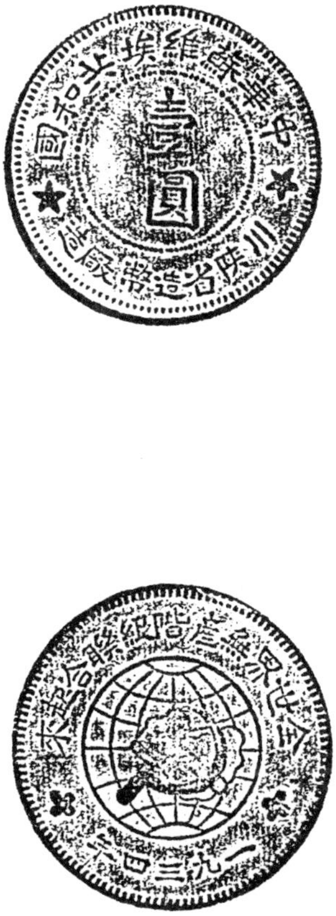
中華蘇維埃共和國
壹圓
川陝省造幣廠造
全世界無產階級聯合起來
一九三四年

1710

鎳鋁幣

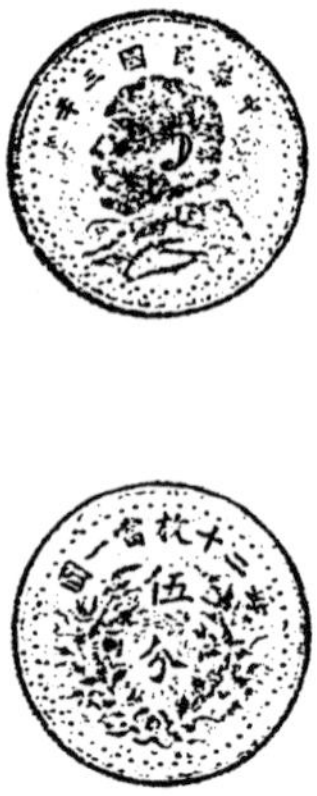

鎳 **1711**

鎳 **1712**

鎳 1713

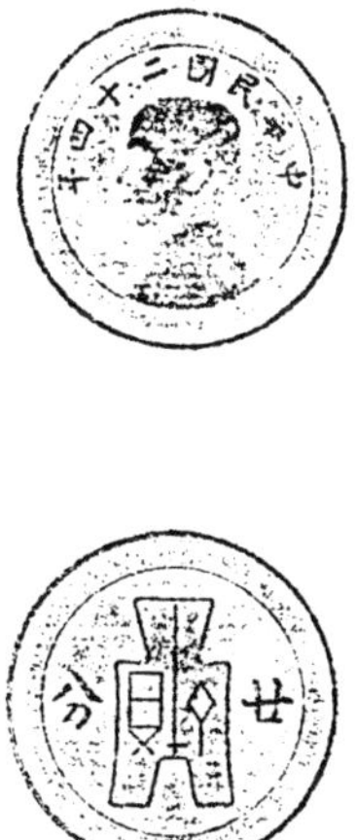

鎳 1714

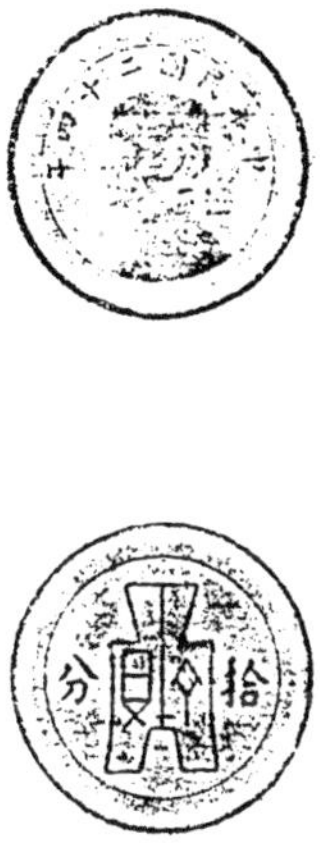

鎳 1715

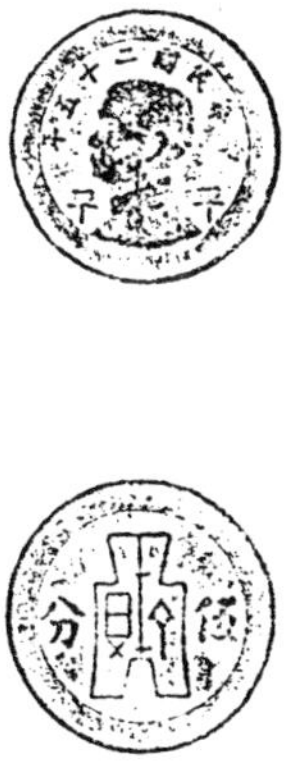

鎳 1716

鎳 1717

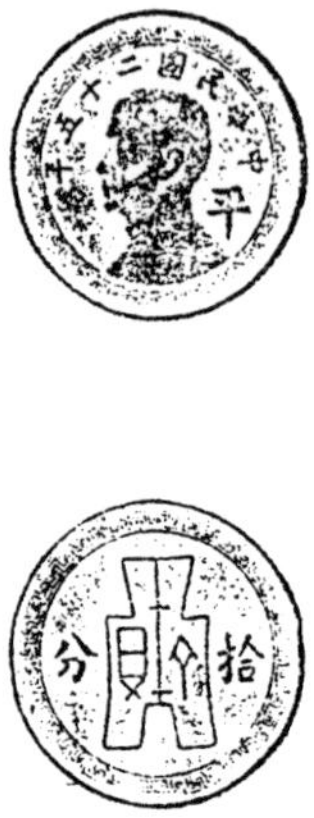

鎳 1718

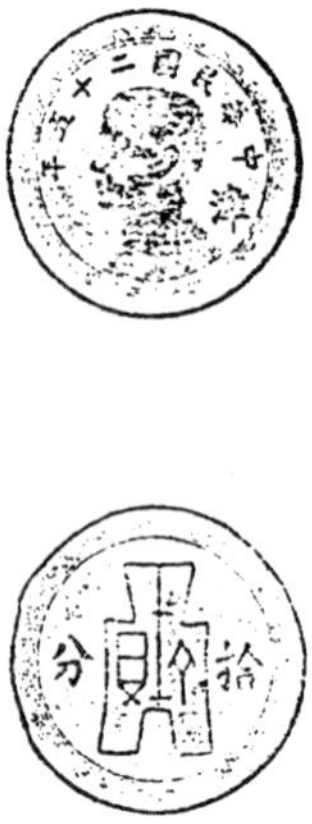

鎳 1719

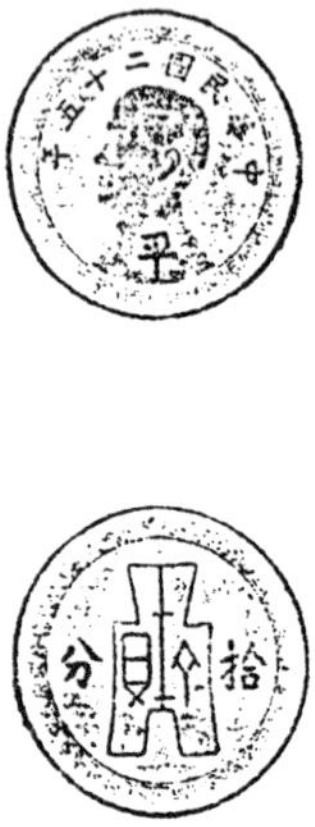

鎳 1720

鎳 1721

鎳 1722

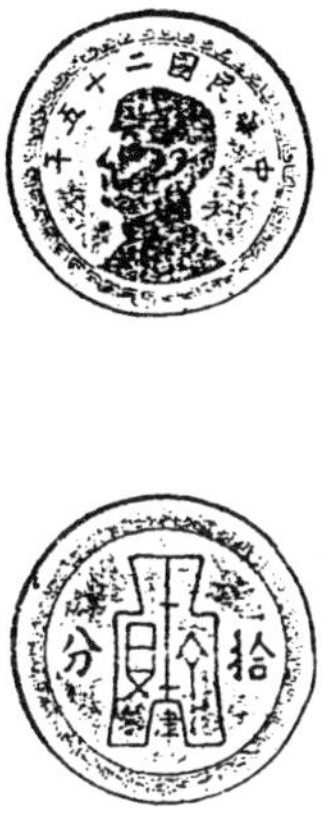

鎳 1723

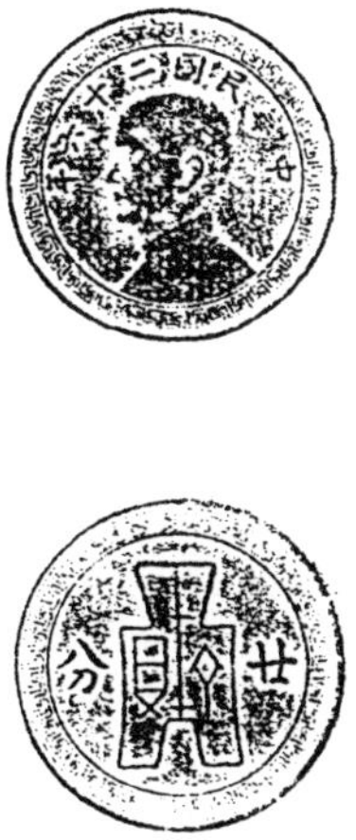

鎳 1724

鎳 1725

鋁 1726

鋁 1727

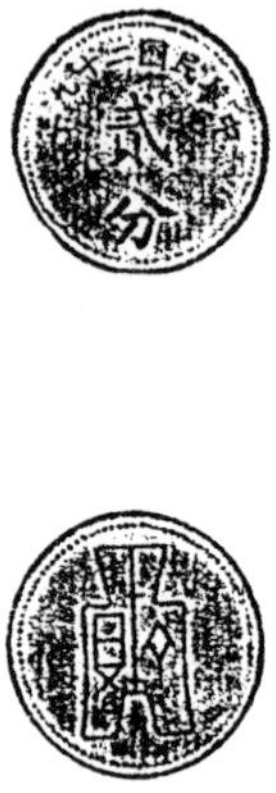

鋁 1728

鎳 1731

鎳 1729

鎳 1732

鎳 1730

銅幣

1733

1734

1737

1735

1738

1736

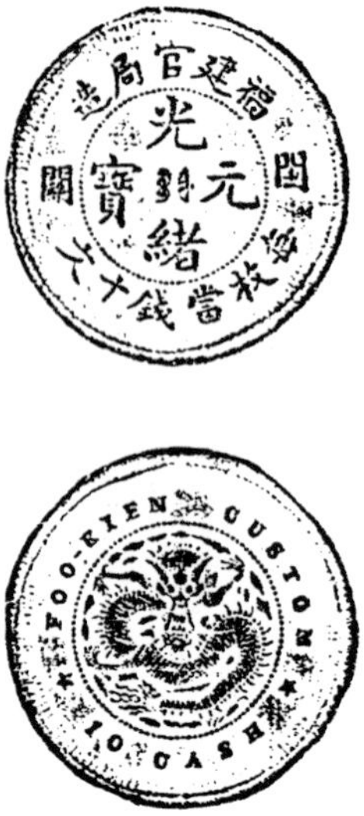

1741

1739

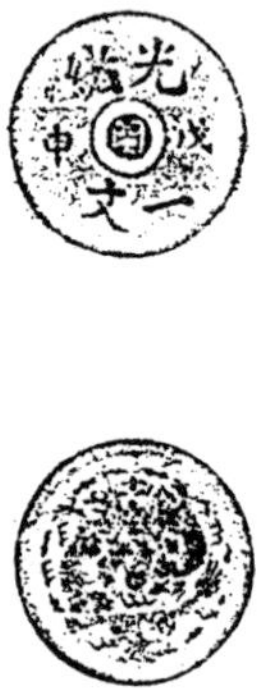

1742

1740

1743

1744

1745

1746

1749

1747

1750

1748

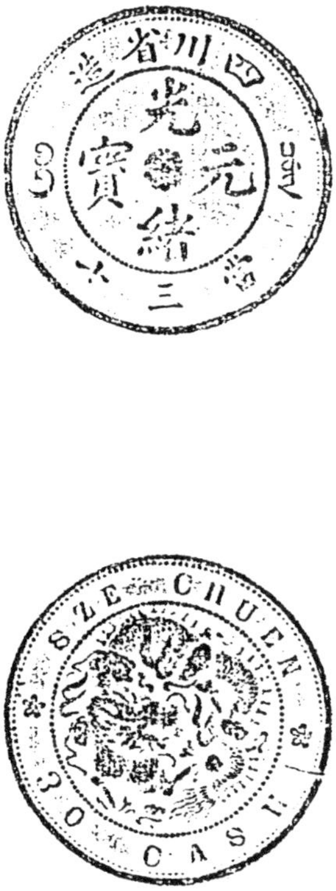

1753

1752

1751

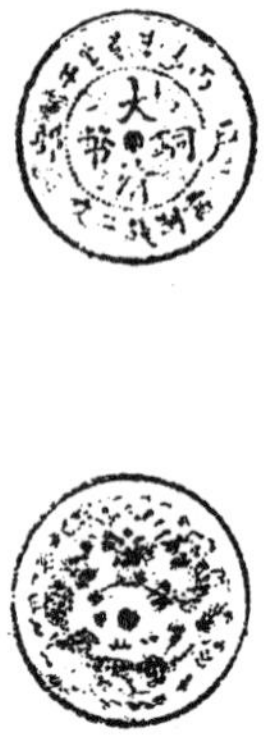

1756

1754

1757

1755

1758

1759

1760

1761

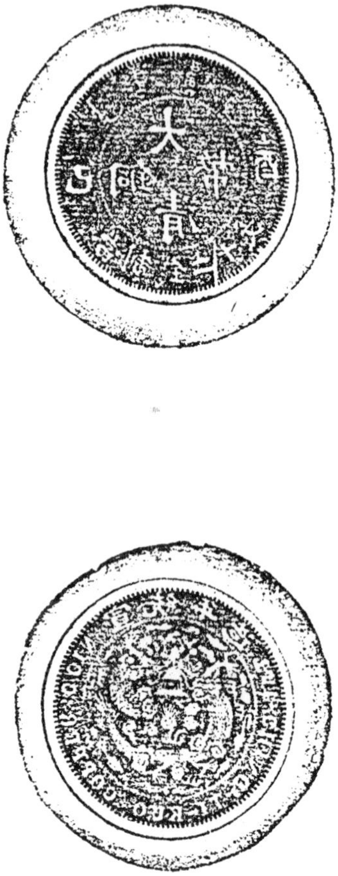

1763

1762

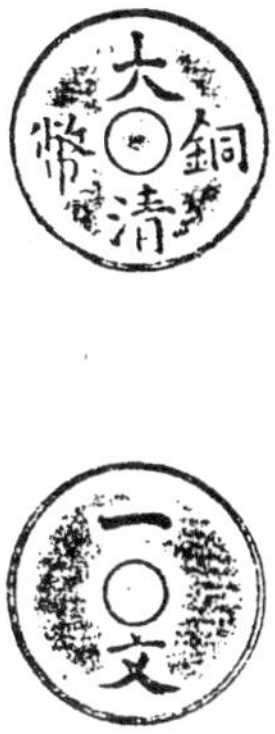

1766

1764

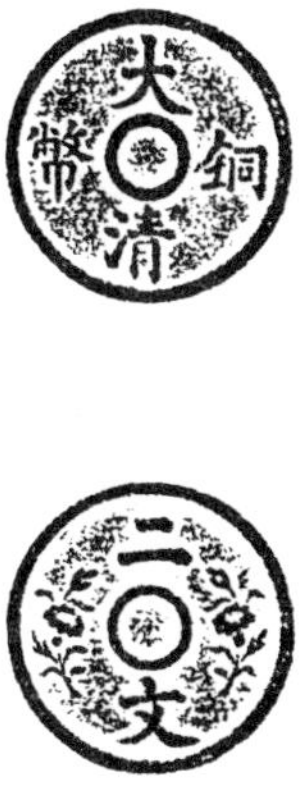

1767

1765

1769

1768

1770

1773

1771

1774

1772

1777

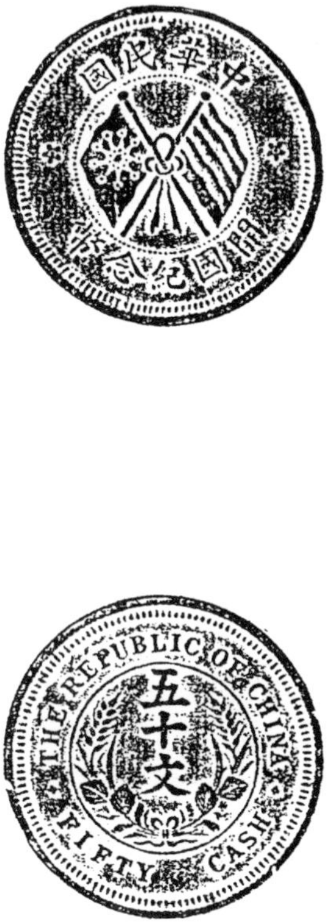

1776

1775

1780

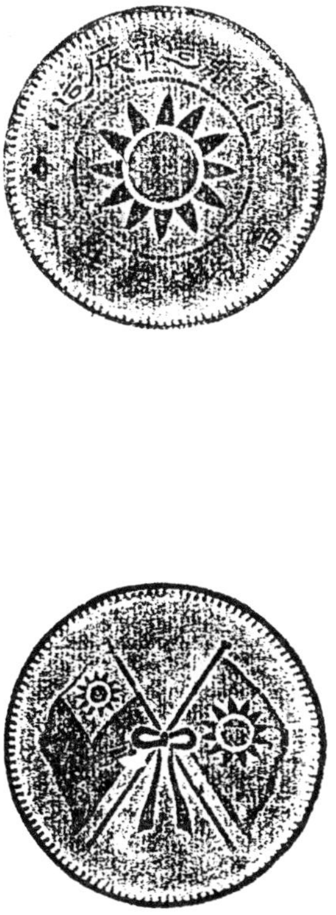

1779

1778

1783

1782

1781

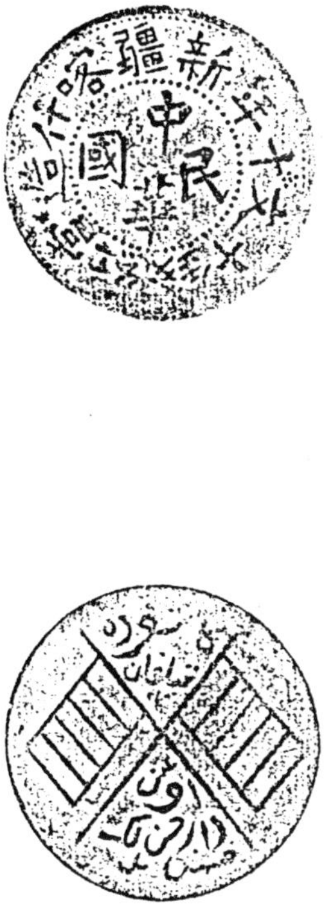

1786

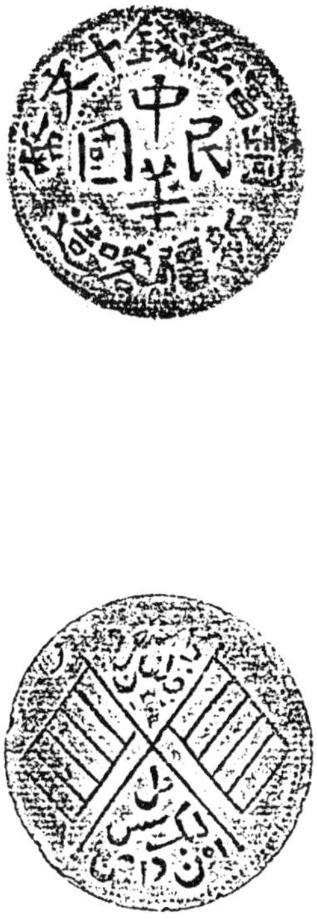

1785

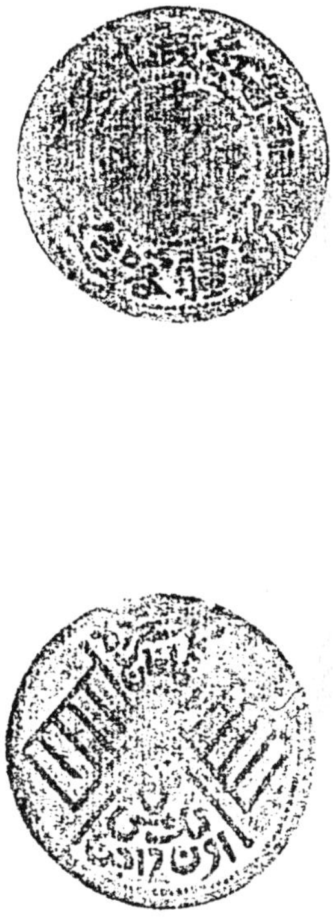

1784

1788

1787

1789

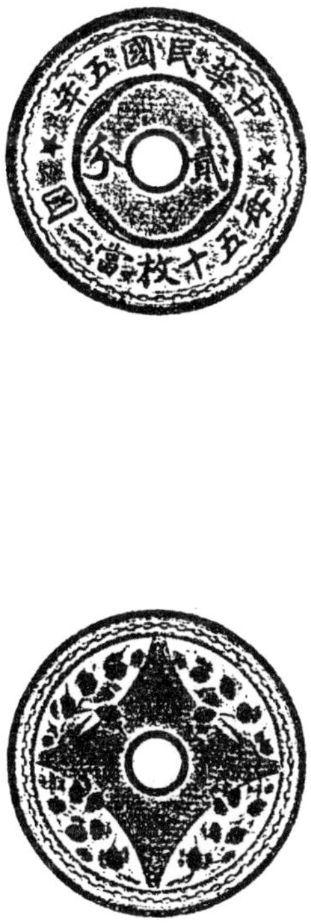

1792

1791

1790

1793

1795

1794

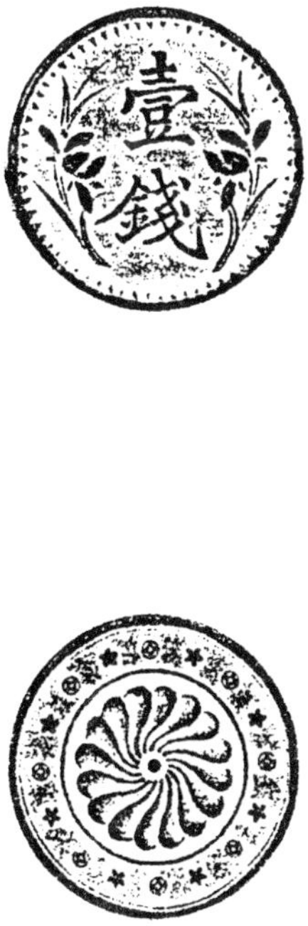

1798

1797

1796

1801

1800

1799

1804

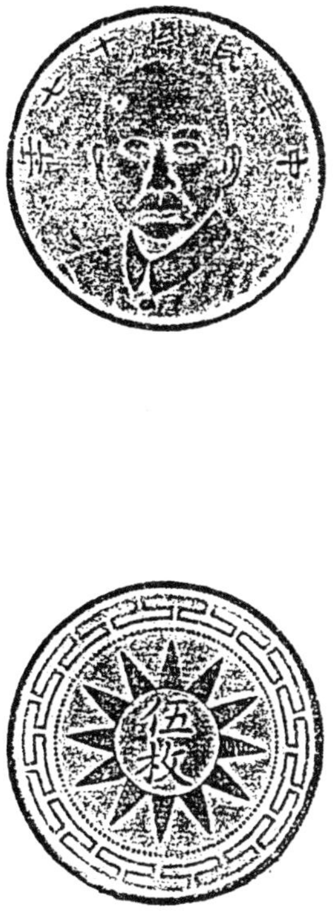

1803

1802

1805

1806

1807

1808

1811

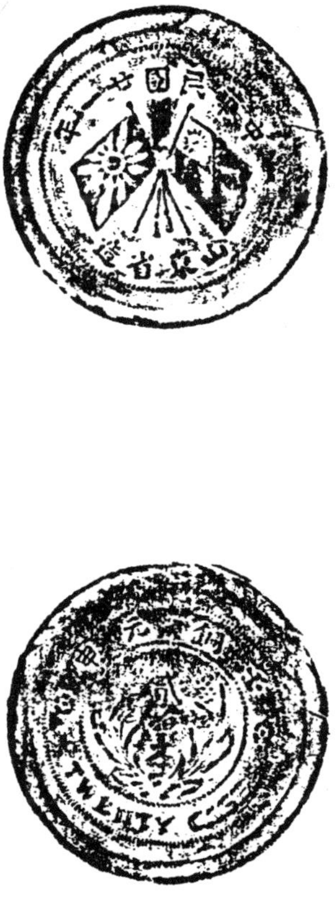

1810

1809

1814

1812

1815

1813

1817

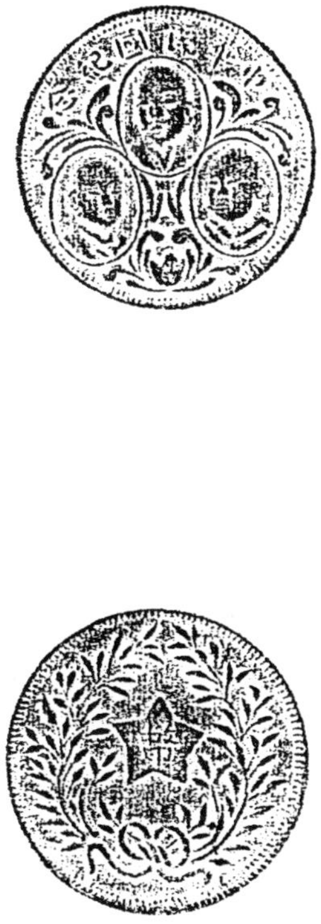

1816

外國機製幣　金幣

1818

1820

1819

1821

1822

1824

1823

1826

1827

1825

1830

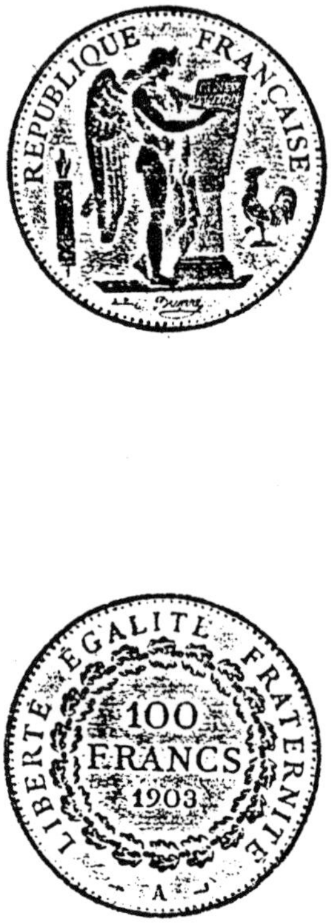

1829

1828

1831

1833

1832

1835

1834

1836

1838

1837

1839

1840

1841

1842

1843

1844

1846

1845

1849

1848

1847

1850

1853

1852

1851

1856

1855

1854

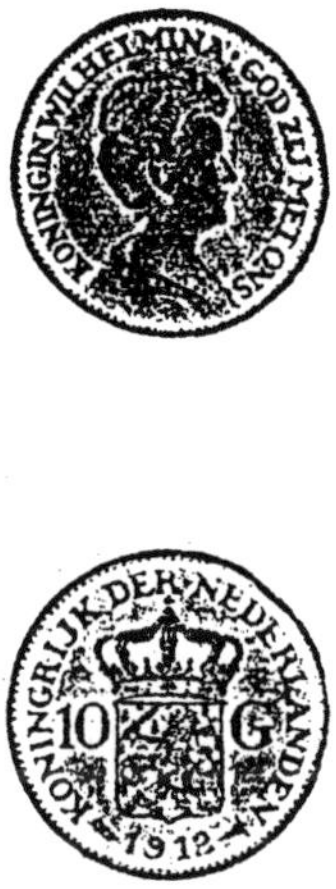

1859

1857

1860

1858

1863

1861

1864

1862

1867

1866

1865

1868

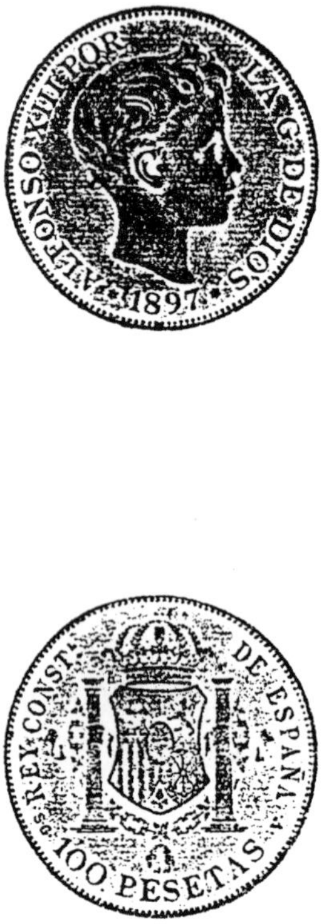

1870

1869

1873

1871

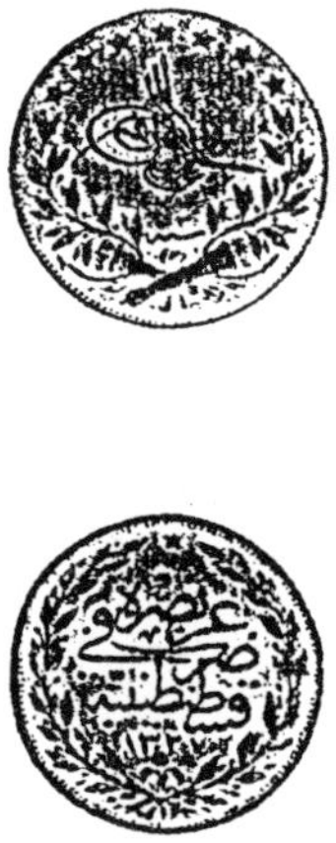

1874

1872

銀幣

1875

1876

1878

1877

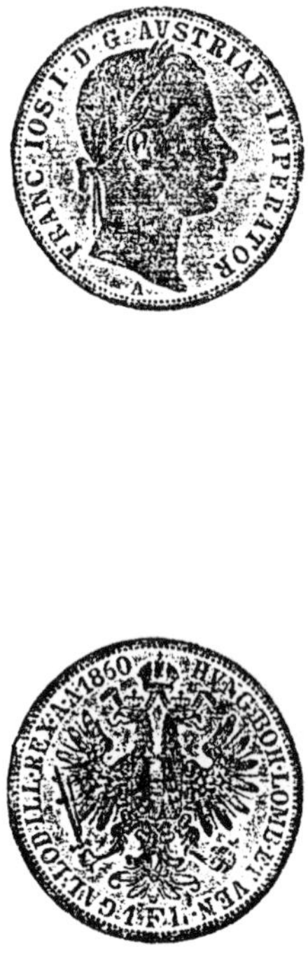

1881

1880

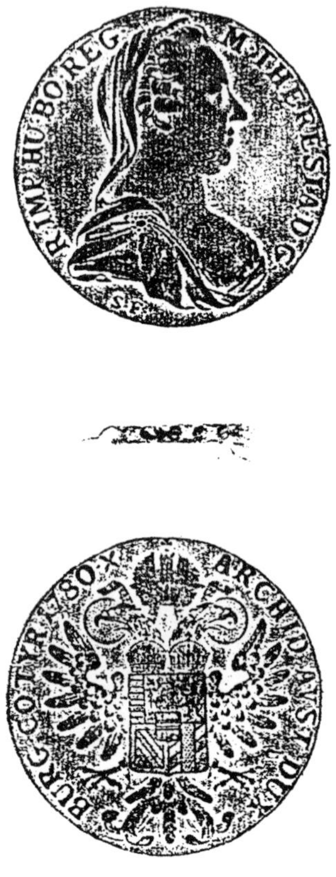

1879

1883

1882

1884

1887

1885

1888

1886

1891

1889

1892

1890

1895

1894

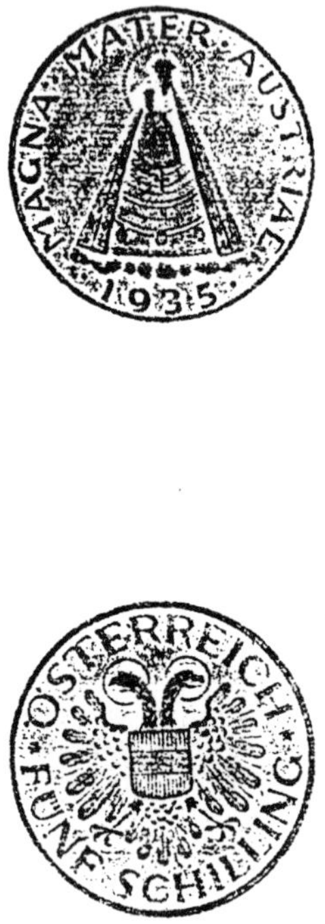

1893

1898

1897

1896

1901

1900

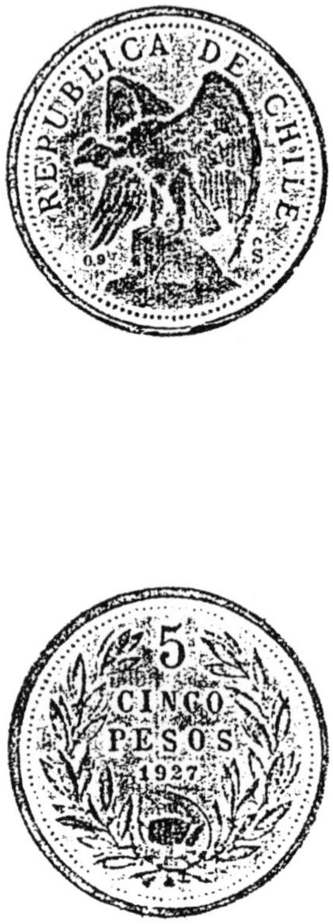

1899

1904

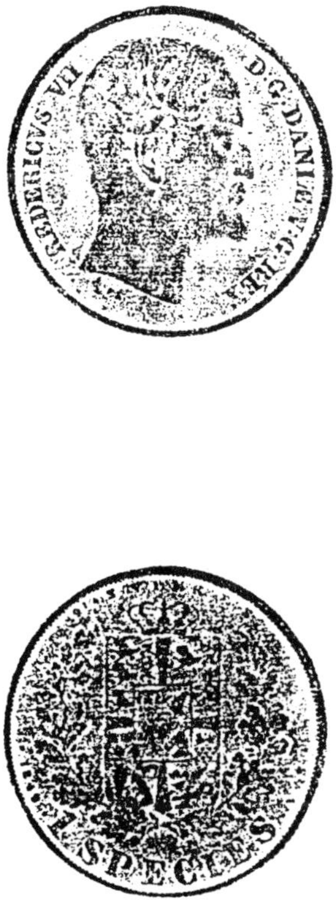

1903

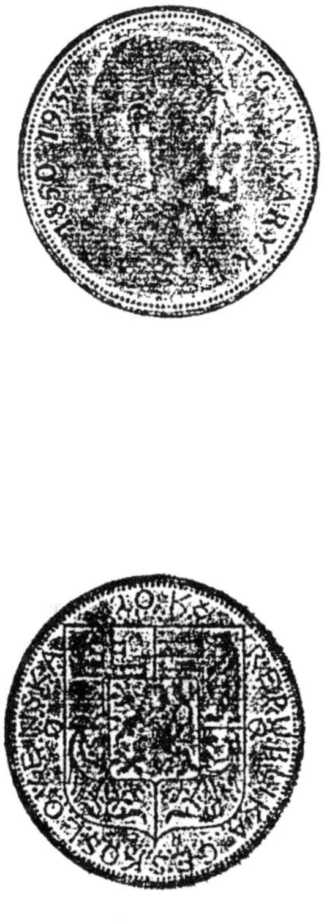

1902

1905

1906

1907

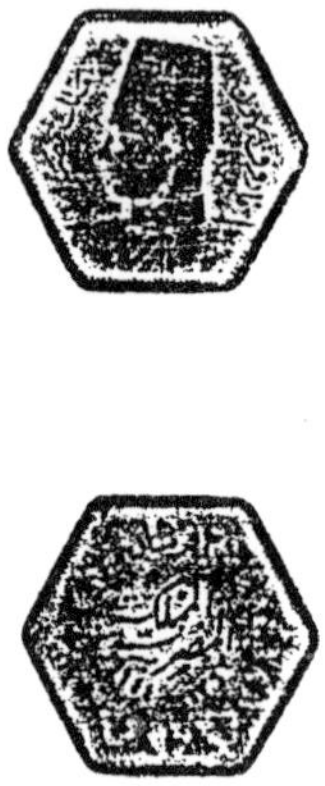

1908

1911

1910

1909

1913

1914

1912

1917

1916

1915

1920

1919

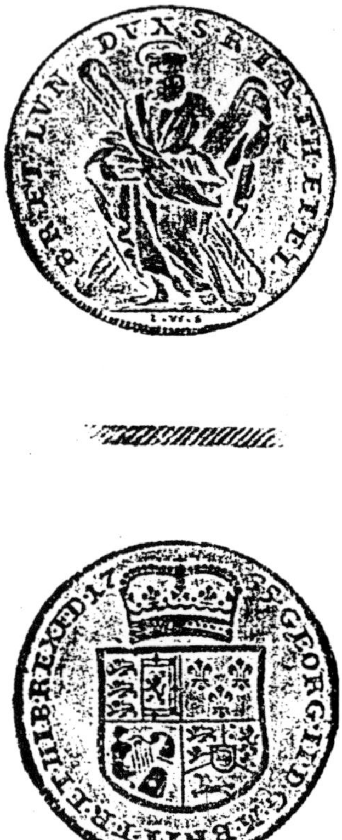

1918

1923

1922

1921

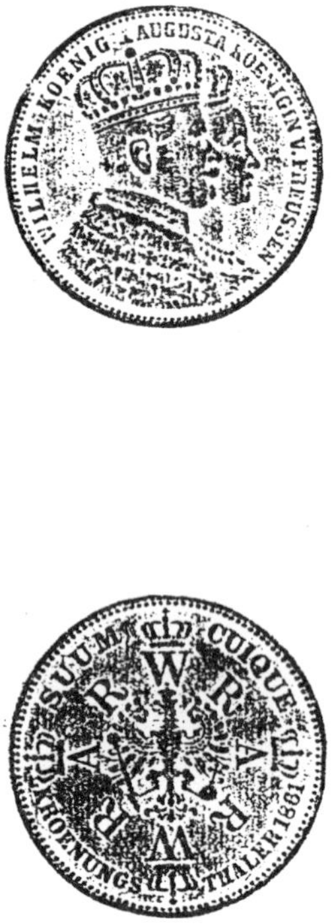

1926

1925

1924

1929

1928

1927

1932

1930

1933

1931

1936

1935

1934

1939

1938

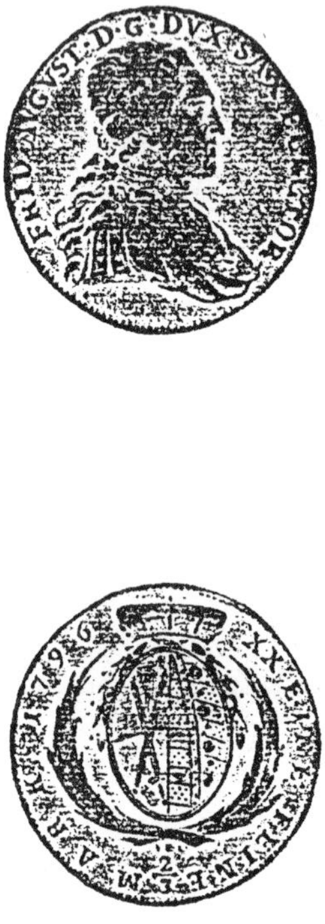

1937

1942

1941

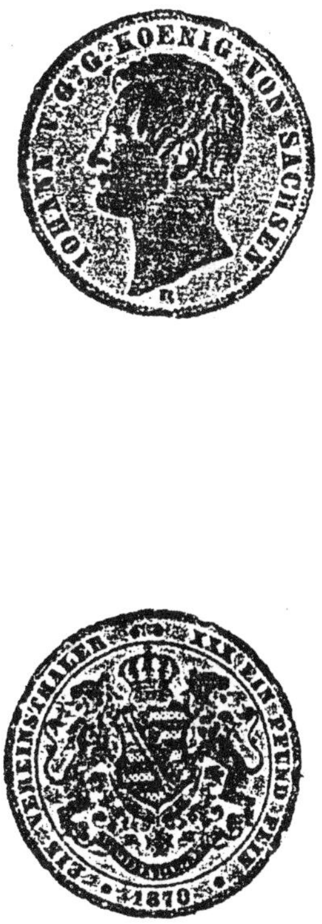

1940

1944

1943

1945

1948

1947

1946

1949

1951

1950

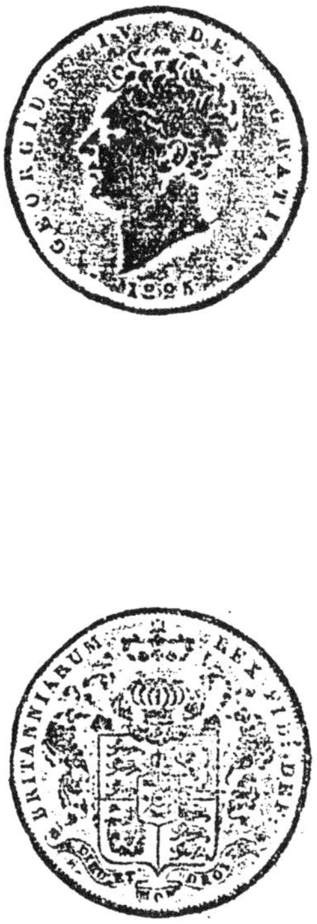

1954

1953

1952

1957

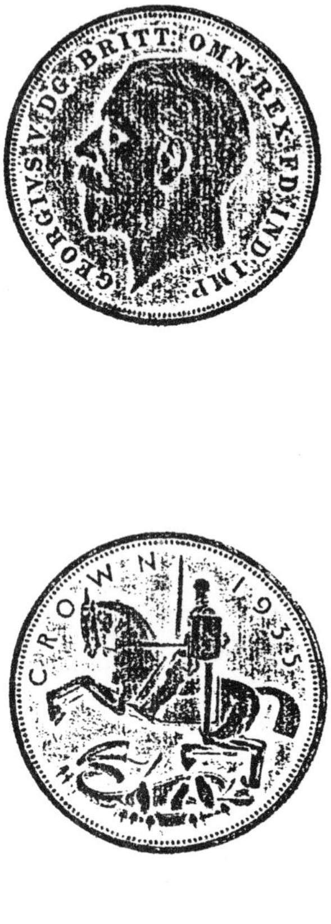

1956

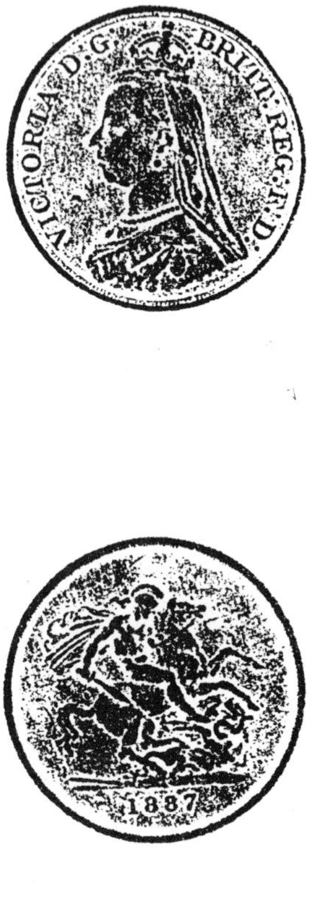

1955

1958

1960

1959

1961

1963

1962

1966

1965

1964

1969

1968

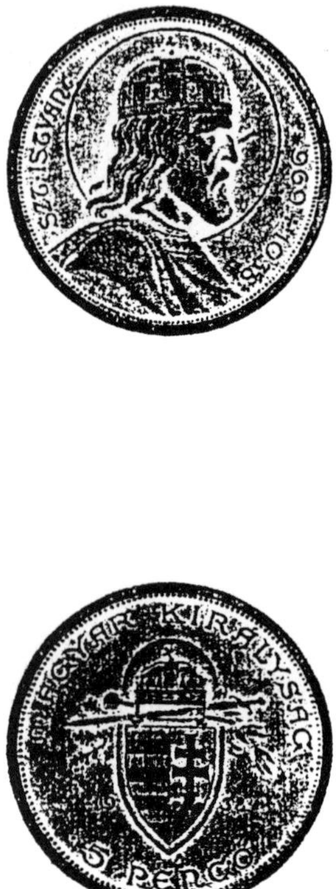

1967

1970

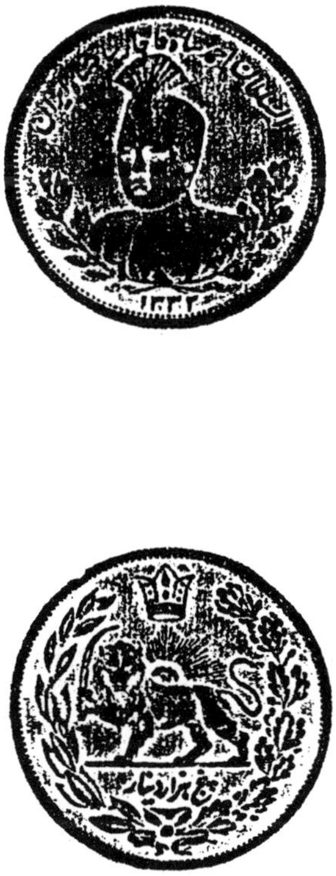

1972

1971

1975

1974

1973

1976

1977

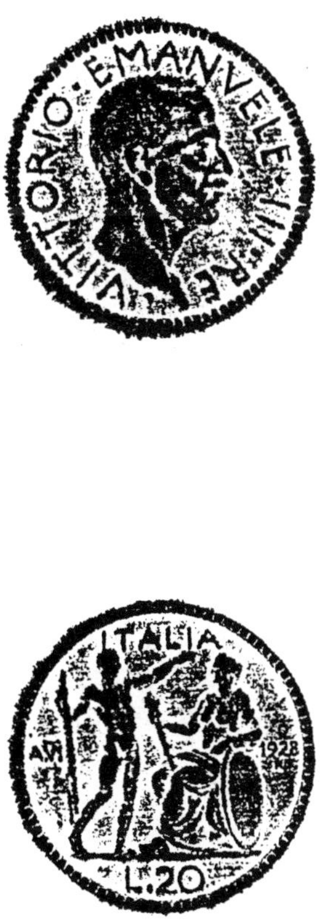

1978

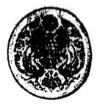

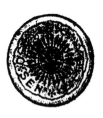

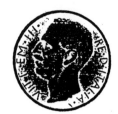

1981

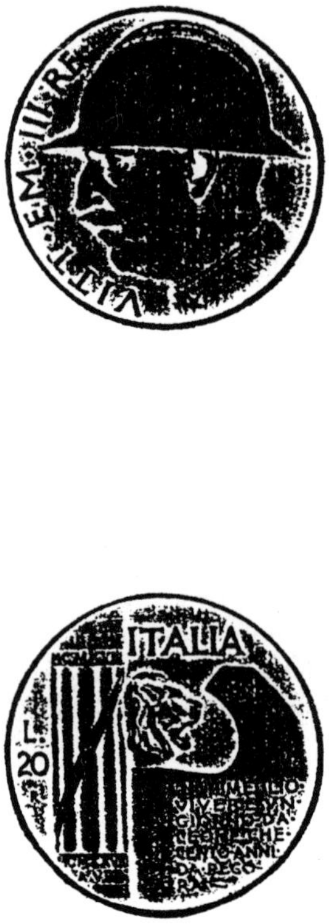

1980

1979

1983

1982

1984

1987

1985

1988

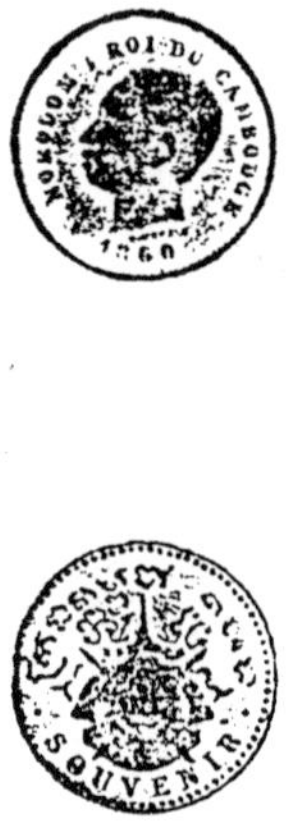

1986

1989

1991

1990

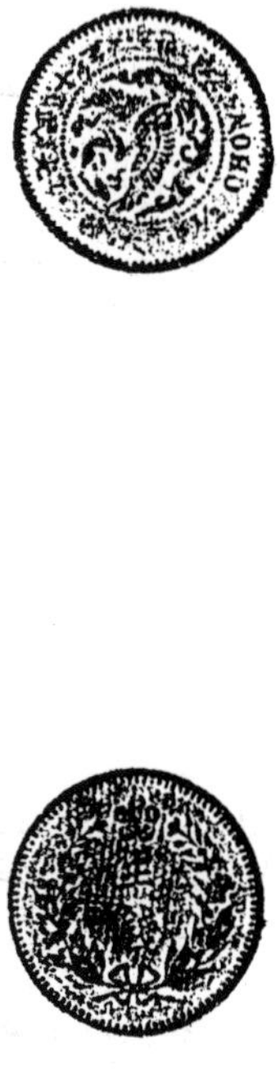

1992

1993

1994

1997

1996

1995

1999

1998

2001

2000

2004

2003

2002

2007

2006

2005

2010

2008

2011

2009

2013

2012

2014

2017

2015

2018

2016

2021

2019

2022

2020

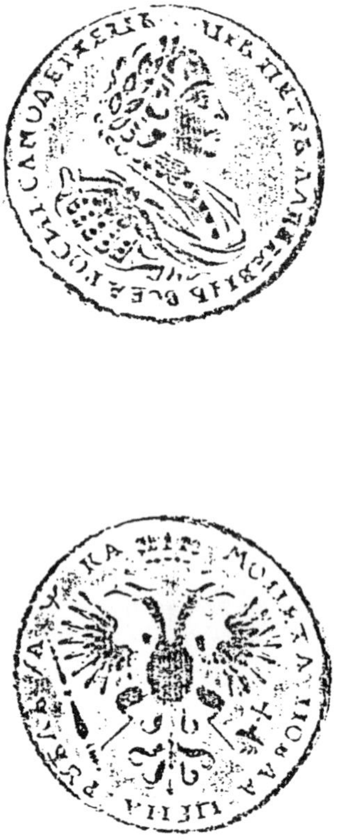

2025

2024

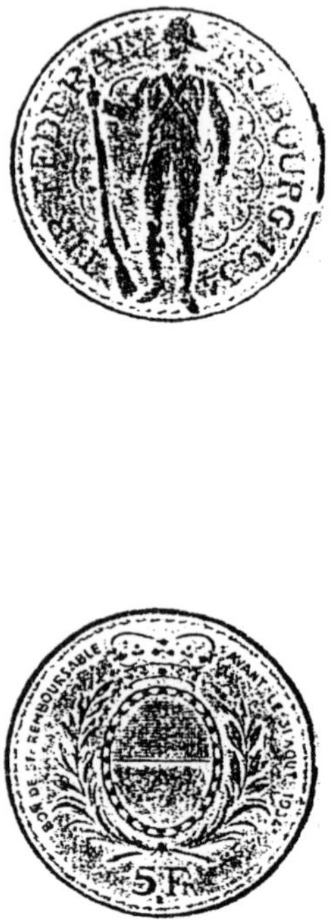

2023

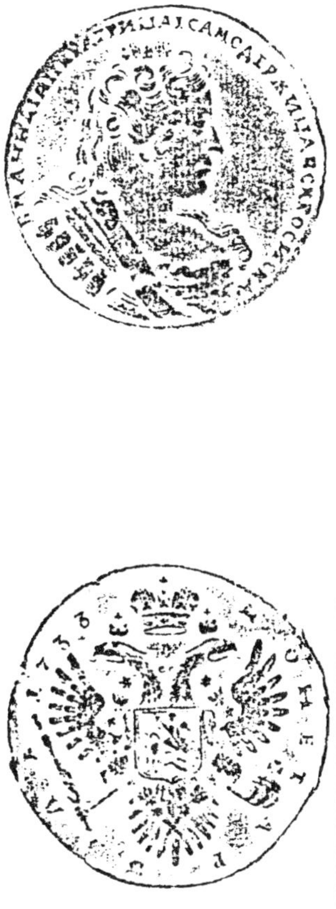

2026

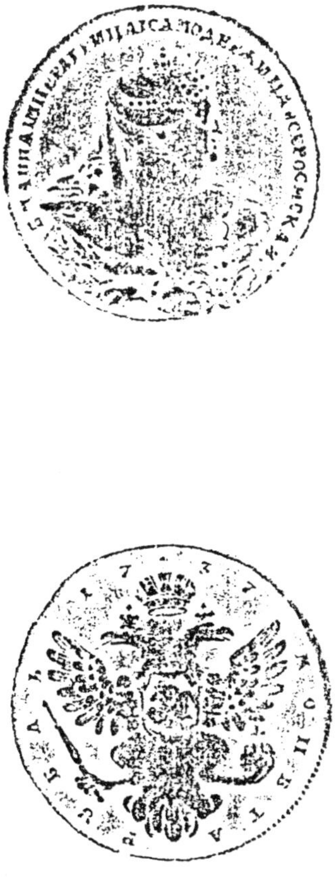

2027

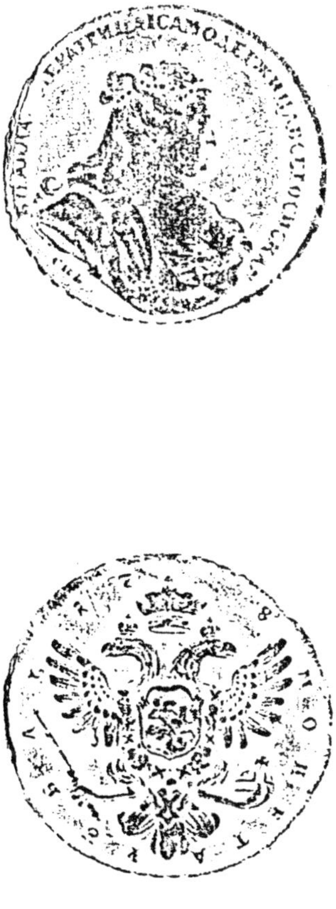

2028

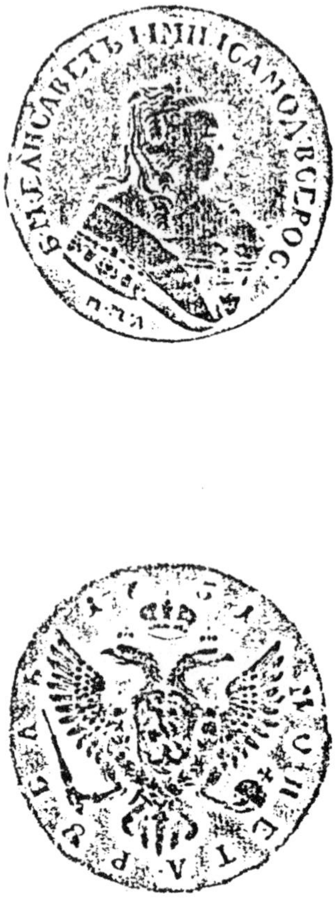

2029

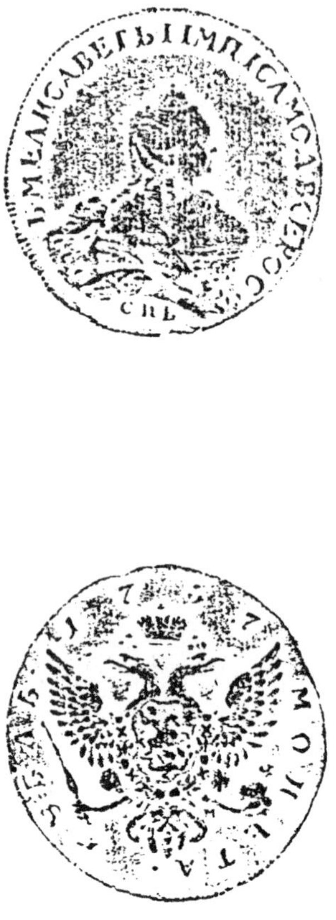

2030

2031

2034

2033

2032

2037

2035

2038

2036

2041

2039

2042

2040

2043

2044

2045

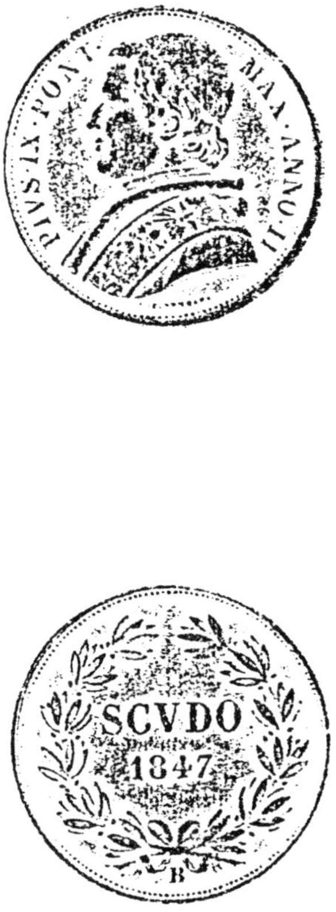

2048

2047

2046

2051

2050

2049

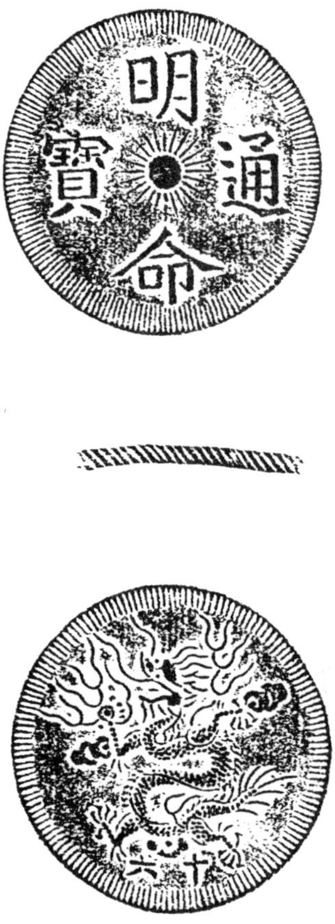

2052

2053

2054

後記

先父晚年，做了三件事情。一是整理錢幣講義；二是選輯珍泉拓本；三是撰寫自傳。五六十年代，他供職上海文物商店，爲帶培學生，曾講述錢幣課程，後來整理成文，不期十年動亂中失散，至今不明去向。他致力最深的是「自傳」，撰寫後期，體力已經衰竭，但堅持每天必寫，精神好時能寫一兩小時，精神差時，手筆顫抖得厲害，半小時，十幾分鐘，也堅持寫，哪怕是幾十個字，百來個字，終算了却一樁心事。有時，突然想起某一件事，隨即記録，決不拖延，手頭其他事情，一概放下。「腦力不足用，唯以勤治」，是他晚年經常掛在嘴邊的一句話。就凭着這樣的毅力，終於成稿三卷。我曾讀過其中幾節，多是早年集錢的回憶，實地造訪的記録，泉友往來的訊息，以及珍品名錢的來龍去脈。可惜集幾十年之心血，文革初期，竟被他親手所焚，先他而去。他和泉幣朝夕相處，六十餘載，結攢起大量泉拓，從中選輯珍泉名拓二千餘幀，彙成此集，這便成爲他晚年幸存的唯一成果。

該集原本分列二十三册，每册均有自題書簽。在彙總整理過程中，我們基本遵重老人原意，只在章節編目和個别地方作了某些調整。原册尚有幾處空缺，當是爲增補所留，或是他没有來得及從雜散拓本中尋找出來，歸入册中的。今爲維持原貌，成書時不再作新的添補。

這本拓集，注重錢幣珍品的蒐羅，因普通品概不入集，故不求面面俱到。但爲讀者查閲方便，大致按時代順序排列，同時也照顧同類錢幣的系統性，如古錢部分的先秦錢幣，先列布幣，再刀幣，再蟻鼻錢……布幣中又先平肩弧足空首布，再斜肩弧足空首布、橋足布、鋭角布、方足布、長布、尖足布、圓足布、三孔布。刀幣排列亦如此，既照顧時代先後，又照顧鑄行區域。其他諸如吉語錢，將馬錢等，不再一一細述。一些時代、性質尚難斷言的錢，暫列待考類中，以便再作研究。中國機製幣部分，亦遵循這一體例，如銀幣，大致分爲地方銀餅、晚清機製幣、民國機製幣以及蘇維埃銀幣。晚清機製幣，又先列地方製幣，再列中央製幣。地方製幣則按省區分别排列。對於外國機製幣，爲便於查對外文資料，則按英文國名的第一個字母相遞排列。鑒於水平，在拓集編纂中，仍有很多不當之處，敬請讀者教正爲幸。

此集能夠得以出版，多蒙千家老美意促成，並親爲之序，啓功先生、史樹青先生分別爲本書題簽，又承中華書局劉宗漢先生和中國錢幣學會秘書處同志們的熱忱相助，王安同志則爲拓圖版式付出了辛苦，謹此致以真誠謝意。

戴志强
沈鳴鏑　一九八九年四月